景物上海

老城厢的诗和梦

The Mystery of Shanghai

陈卫家 主编

Poems and Dreams of the Old City Area

上海大学出版社

图书在版编目（CIP）数据

最初上海：老城厢的诗和远方/陈卫家主编.——上海：上海大学出版社，2020.12
　　ISBN 978-7-5671-4067-7

Ⅰ.①最… Ⅱ.①陈… Ⅲ.①城市史–史料–上海
Ⅳ.①K295.1

中国版本图书馆CIP数据核字(2020)第217118号

责任编辑　黄晓彦
整体设计　缪炎栩
技术编辑　金　鑫　钱宇坤

最初上海：老城厢的诗和远方
主编　陈卫家

出版发行	上海大学出版社
地　　址	上海市上大路99号
邮政编码	200444
网　　址	www.shupress.cn
发行热线	021-66135109
出 版 人	戴骏豪
印　　刷	江阴市机关印刷服务有限公司
经　　销	各地新华书店
开　　本	787mm×1092mm　1/16
印　　张	20
字　　数	400千
版　　次	2020年12月第1版
印　　次	2020年12月第1次
书　　号	ISBN 978-7-5671-4067-7/K·226
定　　价	68.00元

版权所有　侵权必究
如发现本书有印装质量问题请与印刷厂质量科联系
联系电话：0510-86626877

编委会

主编：陈卫家

编委：曹　炯　邵　泉　尤　炜　丁　懿　陈卫家
　　　陈长伟　赵勤明　黄建强　张剑明

统筹、撰文：陈长伟　赵勤明

顾问：李伦新　陈　东　冯小敏　邓伟志　陈祖安
　　　马长林　吴少华　梅红健

编务：鞠　眉　戴继斌　张荣英

序 一

上海是国家历史文化名城，有着七百多年历史的老城厢，是孕育上海现代城市的母体，是滋生上海城市文化的源头，它也见证了整个上海城市发展的历程。写上海城市以及上海老城厢发展沿革的书很多，但《最初上海——老城厢的诗和远方》，却用一种比较独特的方法，向我们诠释了上海和老城厢的发展历程，以及由此带来的一些思考。

该书以"最初上海""上海的诗经""最近的远方"三部分，通俗易懂地向人们介绍了最初上海走过的七百多年历史。与其他此类书的不同之处是，它以《诗经》风、雅、颂的分类形式，以及《诗经》赋、比、兴的表现手法，讲述了最初上海筚路蓝缕一路走来的发展历程，讲述了关于城市沿革、社会发展和风土人情等现代人比较感兴趣的许多历史故事。

通过讲述江河湖海、上海开埠、西风东渐、文明嬗变等城市演变故事，让人们进一步了解了上海城市发展过程中，沧海与桑田的繁华肇始、围城与开放的历史选择、城市的发展特质与历史价值等缘由。从中可以知道上海城市发展的起源、历史演变的过程、社会文化的形成等各种关系，也可知道诸如筑城拆城、路网形成、道路得名、开放发展的许多逸闻趣事。

书中说道：有人说，如果上海老城厢是一部史诗，那它就是上海的《诗经》……本人非常赞同这种说法，老城厢就是承载上海七百余年社会生活的《诗经》。这本书亦通过《诗经》的表现形式和手法，全方位介绍了老城厢的市井文化、码头文化、会馆文化、园林文化、书画文化、楹联文化、城隍文化、先贤文化、收藏文化、商业文化、饮食文化、宗教文化、茶馆文化、慈善文化、书院文化和旧书文化。娓娓道来的一段段文字、一个个故事，把我们带到了诗一般的最初的上海，带到了梦开始的以往申城。

从这本书中，我们可以通过比较详细的叙述，知道许许多多以前或许并不了解的事情。无论是沪上八景、上海竹枝词、上海闲话、戏院剧场、独脚戏、白相城隍庙、豫园花灯、端午龙舟竞渡，还是上海码头、会馆公所、城市园林、海派书画、各种楹联、上海城隍庙、城市先贤，或是民间收藏、商业街市、各帮菜系、各类宗教、书场茶馆、慈善济困、书院学宫、沪上旧书等，都有比较全面的介绍。可以说，它是上海成为全球卓越城市过程中，展示城市历史风貌和特色必不可少的历史乡土人文资料。

  作为上海城市源头的老城厢,它曾有过一直是上海政治、经济、文化中心的辉煌,本书亦以翔实的材料作了较为精湛的表述。珍藏老上海的城市记忆,让世世代代申城后人,内心永远留有那些诗和远方,无疑是本书的编撰宗旨。但我以为,编者更想表达的意思应该是:在上海加速推进建设发展的过程中,怎样通过留住城市记忆,延续上海历史文脉,更好传承和光大城市精神;怎样处理好发展与保护的关系,解答好历史城市文化保护这一世界性难题,才是我们必须承担的十分重要的历史责任。

  总之,这是介绍上海及老城厢发展历史可读性很强的一本新书,非常值得一读。这也是作为曾在上海老城厢这一区域长期工作过的本人,对那片土地表达深沉的挚爱的一份衷心推荐。

李伦新
2019 年 11 月 8 日于乐耕堂

序 二

古时，上海滩在八月十八"潮头生日"那天，可在陆家嘴江面看得黄浦之水卷起"银涛万叠"的壮美景观。"十八潮头最壮观，观潮第一浦江滩。银涛万叠如山涌，两岸花飞卷雪湍。"《上海县竹枝词》对此有精彩的描述。由此，可以联想到上海滩七百多年来积淀的传统文化，或如银涛排空源源不绝，或如细浪拥岸叹为观止。虽然，上海历史文化的"十八潮头"难免泥沙俱下，但它仍以开山者的气魄和闯海人的胸襟，拍打出老城厢传统文化的绚丽景致。

《最初上海——老城厢的诗和远方》一书所梳理的老城厢十六种传统文化现象，无疑是大浪淘沙的结果。磅礴而来，悠扬荡开，充分展现出"海纳百川、追求卓越、开明睿智、大气谦和"的上海城市精神之涓涓源流的来龙去脉。

城市文化决定了一个城市的品性，城市文化的风骨决定了一个城市不断发展的方向。作为"最初上海"的上海老城厢，以及生活在这块土地上的城厢先民，在文化多元、艺术多态、风俗多变、基因多类的社会大潮中，以独具特质的精神品格，接纳、扬弃、融合并创造出一座城市超凡脱俗的品位及勇立潮头的风骨，从而不断营造出这座城市兴盛发展的勃勃生机。

海派文化脱胎于江南文化，又通过碰撞和扬弃与西方文化得以集结，所以形成了灵活、纤巧、开放、浪漫、世俗、唯美等特点，衍生出讲究实用、精于算计而又细腻、精致的特征。《最初上海——老城厢的诗和远方》站在上海城市发展的源头，以跨文化的宽广视野，就上海老城厢本土传统文化形成、融汇与坚守的脉络，为读者作了全方位的梳理，充分揭示了老城厢传统文化的生命潜能以及对上海这座城市的历史价值。书中那些似乎成为了碎片的历史事件和人物故事，以及客观冷静的历史评说，为我们如何延续历史文脉、留住城市记忆和推进城市更新，提供了有益的选择。

《最初上海——老城厢的诗和远方》以《诗经》现实主义的表现方法，运用《诗经》六义构建书体框架，艺术地表现了老城厢文化的熠熠光彩。书中辞气从容，节奏舒展，文脉清晰，意蕴深长，典出有据，繁而有序，字里行间处处显示出浓烈的乡愁与美好的乡愿。

书到今生读也迟，学海无涯苦做舟。研究老城厢是为了留住城市文化的年轮印记，她的一呼一吸曾刻画出多少代人的人生轨迹。历久弥新，是为了海派文化之根的存续发展。

上海从古至今历来都是机遇和挑战并存之地，面对各个时期的严峻挑战，以城市文化为城

市灵魂，牢牢抓住稍纵即逝的机遇，开创促进城市永续发展的新动力，一直是历代上海人引领城市转型的最佳选择。《最初上海——老城厢的诗和远方》这本书，在促进上海永续发展方面，为我们提供了非常好的借鉴。

　　衷心期待通过这本书，能为关注上海老城厢历史文化传承、关心支持上海老城厢发展的广大读者，带来愉悦并引起共鸣与思考。

陈杰

2019年11月18日于上海

前　言

从城市历史看，"最初的上海"是个不甚清晰的相对概念。因为就上海而言，其"最初"的时间定义与空间边界由于古代疆海互动、世事变迁而难有系统的定论。

说上海的历史古老，是因为从已发现的大量史前文化遗存来看，距今已有五六千年；说它年轻，是因为其与中国繁若星辰的古都名城相比缺了一些底气，毕竟它的主城市区大部分两千年前还在汪洋之中尚未成陆。

根据现代考古研究发现，七千年前上海一带的海平面已上升至目前位置，六千年前上海的西部高地便有了先民从事原始农业的足迹，从而掀开了上海历史的首页。从新石器时期起到春秋战国时期，这一地区经历了马家浜、崧泽、良渚和马桥文化的沿袭与演进，创造出与黄河流域、中原地区不同特色、不同风格的远古文化，成为中华远古文明发祥地的重要组成部分。

汉唐遗水、宋元集镇、明清街市和江南住民的组合，曾经造就了前近代长江三角洲星罗棋布的江南古镇。身处长三角平原濒海前缘的上海，并不满足身处末世的江南市镇地位，期望在新的舞台上有更大的作为。海洋退去、江河冲击渐渐孕育了它的城市主体，海洋文化、开放创新实实铸就了它的城市精神。它所占定的天时地利人和，使得它在后来的历史挑战中，

清道光年间画工曹史亭所作十六铺写生图

发生了一系列颇具传奇色彩的巨变,为中国社会的转型开创了一片新的天地。

吴会云间,吴越文化为秦时江南地域文化。靖康之后,江南文化成了南宋后中国的文化代表。随着西风东渐,海派文化自明末起开始逐步推动中国融入世界。难得的是,在小小滨海县城逐步形成的老城厢文化,却是经历了这三个相承相袭并牵动中国最终进入社会转型的文化大周期。

最初上海、最初的上海主城何在?它经历了什么,它饱经荣辱一身的文化创造对于今天的上海——这个际会全球风云的世界级城市意

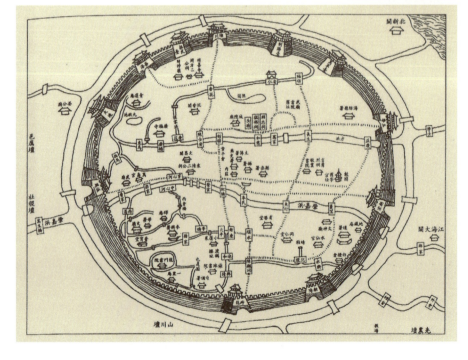

1. 1298—1933年上海县署位置
2. 清同治年间上海县城地图

前言

味着什么？了解并思考这些过往的历史，应该是非常有意义的一件事情。

上溯七百年前的江南通海之处，长江与太湖泄流交汇而成的河道在三角洲密如蛛网，它们逶迤、蛇行着穿过一个个市镇……那些古朴的跨河石桥、木桥与枕河人家依次接踵。河水波澜不惊，淌过一个个桥洞流向东去入海的大江。载满营生的木船在黄金水道上悠悠穿行，柳岸沿河商肆渐渐熙攘起来。走在市井的石板或土路上，连绵不断的院落黛瓦白墙之间折射出青灰色的斑驳光影，无数个临街的门洞背后深藏着一道道神同形异的景致。炊烟袅起，渔火灯路，空气中飘荡着江风吹来的淡淡咸腥气味。这里，小桥流水江村的柔婉光景历经沉浮竟然持续了七百多年。

这个地方，便是最初上海最早的老城厢。它是大上海真正的起点，也是无法舍弃的根脉。它因水而兴，由商而繁，舟楫相望，车辇汹汹。它身处百多年国运裂变、中西文化撞击的前沿，以开放包容的姿态，用数百年时间哺育了上海今天的繁荣。

当上海还是一个不起眼的濒江临海小县城时，它的行政衙署、信俗庙场和商肆人家，竟然在如今几乎成了这个全球城市的中心一个叫做光启路的地方，默默存在了六百多年。

世人有曰："十门海上，春秋三百。""早朝宗夕仪凤，宝带朝阳跨龙通；

1. 20世纪30年代的光启路
2. 旧时上海古城墙
3. 1912年拆城纪实

最初上海 老城厢的诗和远方

左晏海右障川，尚文拱辰福佑隆。"说的是，曾经先后有过十座城门的上海城墙筑于1553年，拆于1912年，存在了359年。早在460多年前以上海古城城墙与护城河围合而成的环，是名副其实的上海城市一环。其间，老城厢城墙与护城河道的那个环存在了359年，拆城以后筑起的环城圆路至今存在了100多年。

昔日的老城厢借着达江通海之便利，与十六铺码头连成一片，汇集了一批沪上最早的钱庄、酒肆、银楼、金店、戏楼、茶馆、客栈以及许多后来驰名百年的商号局行。一时间水陆八方客商竟然在东门、南门外集聚起147个同业会所，虽然这里城头灰暗、尘土扬路，却奇迹般地出现了"一城烟火半东南"的百业繁剧，即便后来在光怪陆离的番商租地面前，这里仍然市井喧哗、世俗依旧。百多年来，来

1. 上海城市中心的传统市井
2. 老城厢的弄堂

自四面八方打拼在这片土地上的男人们,无不宽厚精明而又兼容忍耐地讨着生计;行走在石库门弄堂外面弹硌路上的女人们,总是透着那份从容持家的清素倔强。

数百年来,黄浦江的渔火闪烁、城隍庙的香火袅绕、窄街巷弄的烟火人间,始终显示着这方土地上的代代住民面对时代变迁,所保持的拥抱变化与理性坚守的品性。

1920年5月8日,《湘江评论》主编毛泽东与旅沪新民学会会员选择上海老城厢的半淞园开会,毛泽东负责编辑新民学会会务报告,并作出了"潜在切实,不务虚荣,不出风头"的决议。规定新会员入会四个条件是:纯洁、诚恳、奋斗、服从真理。

1920年9月,16岁的邓小平和一批赴法勤工俭学青年在十六铺新开河北面的法兰西码头登上渡轮,摆渡到杨树浦码头转乘法国盎特莱蓬号邮轮,开始了漫长的追寻救国之路。

1921年7月,中共一大在老城厢西门外不远街区的一幢石库门房子里召开,为黑暗中国点燃了光明前行的火炬。

1931年,瞿秋白被"王明路线"错误撤销党中央领导职务后,到上海养病并参加左联领导工作。白色恐怖之中的他和夫人杨之华居无定所,迁居11次,后住入紫霞路68号冯雪峰好友谢澹如家中。1932年8月,经冯雪峰介绍,瞿秋白至拉摩斯公寓第一次拜访了鲁迅。9月1日,鲁迅和夫人许广平亦至紫霞路68号寓所回访了瞿秋白。在那片有着密匝民居的华界里弄,瞿、鲁两人一见如故,倾心交谈,相逢恨晚。从此他们频繁往来,开始了为人们所传颂的伟大友谊。瞿秋白在紫霞路住了一年多,做了大量革命工作,紫霞路68号房屋后毁于"八一三"炮火。

还有那么多走出方浜的商业精英,走出乔家路的人文精英,走出董家渡的实业精英……这一切和老城厢有过最初的人生交集似乎并不偶然。

消失了城墙,模糊了城廓,散乱了天际线,老城厢依然有着繁华都市中最代表东方文化的平静与温馨。和历史上曾经发生过的许多事情一样,近现代老城厢不乏走过有智慧有能力、敢于在疾风暴雨般社会变迁中承担历史责任的一群人,他们追求真理、膜拜科学、图新革旧、实业救国。在他们最初的人生征途中,老城厢的淳朴民风与包容大度为他们遮风挡雨,送他们匆匆走向远方。

一组组钩沉历史的文字,一帧帧泛黄陈旧的图片,给历史留下更多的是处于不断剧变之中的文化价值取向,它是比任何实物遗存都要珍贵无比的精神与文化资源。其为:做人的包容开通与慈善信念;处事的自强自治与守信之道;性情的低调侠义与勇于担当。这些品格与民风,无论社会怎样变迁都永远值得珍视。

夕阳楼顶，历史的烟云已经消散，老城的背景一片模糊。尚存的那几片弄堂低屋中，还有些叶藤缠绕的石库门门楣雕花残留着。小巷陋铺间各地方音的嘈杂与屋檐下还留着坚守的人群，强烈暗示着这里的历史行将翻开新的一页。

初月临空，沿江灯火通明如同筑起了璀璨斑斓的光墙，使身后的老城厢披上一片朦胧的光影。上海的很多人其实都是从弄堂里走出来的，他们后来的人生足迹天南海北，庙堂之高江湖之远，相信都难以消解他们对故土乡关的别绪离情。

面对如此厚重如此可爱的万家灯火一地风物，为在追新求变创造现代生活的同时，留住一些上海老城区七百多年所积淀的独特文化和市井生态的历史记忆显得无比要紧。

让我们脱离浮躁，耐心了解脚下这片土地平凡而又不平凡的过去，并以此激发起对这方水土文脉的尊重，从而把这些支离破碎的城厢旧事寄托、渗透到续写的历史手笔之中。

Preface

From the perspective of urban history, "the original Shanghai" is a relatively unclear concept, because the "initial" definition of time and spatial boundaries for Shanghai are difficult to make a systematic conclusion due to the interaction between ancient borders and seas and changes in world affairs.

A large number of prehistoric cultural relics show that Shanghai has 5,000 to 6,000 years of history, so it can be said that Shanghai has a long history. While, compared with China's numerous ancient capitals, Shanghai lacks some confidence, for most of its main urban area was still in the ocean 2000 years ago after all. Therefore, it can be said that Shanghai is young.

According to modern archeological studies, the sea level in Shanghai had fallen to its current level 7,000 years ago. On the highlands of western Shanghai 6,000 years ago, ancestors had been engaged in primitive agricultural activities, which opened the beginning of Shanghai's history. From the Neolithic Period to the Spring and Autumn Period and the Warring States Period, this region had experienced the lineage and evolution of the Majiabang, Songze, Liangzhu and Maqiao cultures, which created ancient cultures with different characteristics and styles from the Yellow River Basin and Central Plains.

The combination of Watertown of the Han and Tang Dynasties, market towns of the Song and Yuan Dynasties, street markets of the Ming and Qing Dynasties and residents in the south of the Yangtze River once created the ancient towns in the south of the Yangtze River in the pre-modern times. On the edge of the delta plain, Shanghai is not satisfied with its status as a town in the south of the Yangtze River, and looking forward to doing more in the new stage. The retreat of the sea and the impact of rivers have nurtured the main body of Shanghai City gradually, and the marine culture and open innovation have cast its urban spirit. In the face of historical challenges, perfect conditions have made a series of legendary changes in Shanghai, creating a new

world for the transformation of Chinese society.

Wu and Yue culture is the regional culture of Jiangnan in Qin Dynasty. After the Jingkang rebellion, Jiangnan culture became the cultural representative of China after the Southern Song Dynasty. With the spread of western culture to the East, Shanghai culture began to promote China's integration into the world from the end of Ming Dynasty. What's rare is that the Old City Area culture gradually formed in the small coastal county inherits the three cultures and promotes China to enter the cultural cycle of social transformation.

What did the original Shanghai experience and where was its main city? What does its long-standing cultural creation mean for today's Shanghai, a world-class city? It is of great significance to understand and think about these past histories.

700 years ago, the rivers in the Yangtze River Delta were like cobwebs, meandering and snaking through towns. The ancient stone bridges, wooden bridges and riverside houses are placed one after another. The river is placid, flowing through bridges and caves to the East and into the sea. The wooden boats full of campers are walking along the golden waterway, and the business shops along the river are gradually bustling. Walking on the stone or earth road in the city, the continuous courtyards between the white walls reflect the mottled light and shadow of cyan gray. Behind the countless street doors opening, there are landscapes of the same shape and different spirits. In smoke curled up from cooking and fishing fire lighting road, the air is floating with a light salty smell. After ups and downs, the soft scenery of small bridges and flowing water has lasted for more than 700 years.

This place is the Old City Area, the Original Shanghai. It is the real starting point and root vein of Shanghai. It flourishes because of water and commerce. It has witnessed the fission of the national movement for more than one hundred years, and is at the

Preface

forefront of the integration of Chinese and Western cultures. With an open and inclusive attitude, it takes one hundred years to nurture today's Shanghai.

When Shanghai was still a small county town near the river and sea, its administrative office, custom temple field and shops had existed in a place called Guangqi road nowadays more than 600 years. Guangqi road is also the real center of Shanghai today.

The Shanghai wall, which had ten gates, was built in 1553, demolished in 1912, and had existed for 359 years. As early as over 460 years ago, the ring surrounded by the ancient city wall and the moat was the first ring of the Shanghai city. That ring had existed for 359 years, and the ring road built after the city was demolished has been in existence for over 100 years.

By the convenience of transportation, the Old City Area was connected with Shiliupu Wharf, bringing together a group of the earliest money houses, wine shops, silver houses, gold shops, theaters, tea houses, inns and many famous commercial offices in Shanghai. For a time, merchants from all sides of the water and land established 147 shops in the east and south gates. In the dark and dusty roads of the city, prosperous scene as "half of fireworks in the city is in the southeast" appeared miraculously. Even after the strange concessions appeared later, that area was still noisy and worldly. For more than a century, the men who come from all sides and have worked hard on this land, are all generous, savvy and patient; the women walking on the impeachment road outside Shikumen Lane are all simple and stubborn.

For hundreds of years, the fishing fires of the Huangpu River, the incense of Chenghuang Temple, and the smoke from narrow streets and alleys have witnessed the compatibility, adaptability, and rational persistence of the people on this land.

On May 8, 1920, Mao Zedong (The pioneer of the People's Republic of China), then editor-in-chief of the *Xiangjiang Review*, and members of the

Xinmin Society met in Bansong Garden in the Old City Area. Mao Zedong was responsible for editing the report of the Xinmin Society. The meeting held that Xinmin Society should adhere to the attitude of "potentially practical, not vanity, and not show the limelight", and new members must meet the 4 conditions: purity, sincerity, struggle, and obeying the truth.

In September 1920, 16-year-old Deng Xiaoping (The General Designer of Chinese economic reform) and a group of work-study youths to France boarded the ferry at the French wharf in Shiliupu, ferryed to Yangshupu Wharf to transfer to the French liner André Lebom and opened the long road to explore the way to save the country.

In July 1921, the first congress of the Communist Party of China was held in a Shikumen house outside the west gate of the Old City Area, lighting the torch for dark China.

In 1931, Qu Qiubai, one of the early leader of Communist Party of China, produced by Chinese Nationalist Party as the ruling party went to Shanghai to recuperate himself and take part in the leadership of the League of the Left-Wing Writers (a leftwing literature organization built and led by CPC in 1930s). In "White Terror", he and his wife Yang Zhihua moved 11 times, and then lived into No. 68 Zixia Road. In August 1932, introduced by a friend, Qu Qiubai visited Lu Xun (famous literator; revolutionist; a leading figure of LLW; a founder of Chinese contemporary literature) for the first time in Lamos Apartment. On September 1, Lu Xun and his wife Xu Guangping also visited Qu Qiubai at No. 68 Zixia Road. Qu and Lu became good friends in the Huajie lane, which has a dense residential area. Since then, they had been in frequent contact and started the great friendship praised by later generations. Qu Qiubai had lived in Zixia Road for more than a year, and had done a lot of revolutionary work. No. 68 house in Zixia Road was destroyed in the "August 13" artillery fire.

So many business elites out of

Fangbang, cultural elites out of Qiaojia Road, and industrial elites out of Dongjiadu…It's no incidence that they met with the Old City Area in their first life.

The city walls have disappeared; the city outline has been blurred; and the skyline has been scattered. The Old City Area is still the best representative of the oriental culture. History has been similar. In the stormy social changes, the contemporay and modern city has left a trail of ancestors who dare to bear the historical responsibility for others. These people pursued the truth, advocated science, and saved the country through industry. In the initial journey of life, the simple folkway and tolerance of the Old City Area shelter them from the wind and rain and escort them to the distance.

A group of historical texts and old pictures are spiritual and cultural resources that surpass the value of any physical remains, leaving precious cultural values, which are "tolerance and opening of life and charity faith; self-reliance, self-government and the way to keep faith; humility, justice and courage of taking responsibility". These characters and customs, no matter how the society changes, will not be out of date and will inspire future generations continuously.

At the top of the sunset building, the smoke of history has dissipated, and the background of the Old City Area is blurred. The remaining carved lintels, the noisy local sounds and the crowd under the eaves all indicate that the history here will turn over a new leaf.

At the beginning of the month, the lights along the river are shining like a bright and beautiful light wall, which makes the Old City Area covered with a hazy shadow. We believe that those Shanghai people who walk out of the lane hall have their footprints all over the world. In Spite of the long distance, it's hard to dispel their separation from their hometown.

In the face of such a thick and lovely scenery, it is very important to keep some unique cultural and

urban ecological historical memory accumulated in the old urban area of Shanghai for more than 700 years while pursuing new changes and creating modern life.

　　Let's get rid of impetuosity, leave a little patience to read the land under our feet, and believe that its ordinary and extraordinary past will definitely make us respect the context of the land and water. Let's write these fragmentary old stories into the history, place them in our memory, read them from time to time and chew them slowly.

目　录

最初的上海（上编）
第一章　沧海与桑田的繁华肇始 / 002
　　一、江河湖海的神奇造就 / 002
　　二、西方列强的窥探发现 / 005
　　三、脱胎换骨的文明嬗变 / 011
第二章　围城与开放的历史选择 / 018
　　一、一城烟火，半江舳舻 / 018
　　二、浜浦相连，沧海桑田 / 026
　　三、路出名区，鲜活脉络 / 031
第三章　特质与价值的历史定格 / 042
　　一、内敛与深厚繁实的文化特质 / 042
　　二、包容与公德见著的文化符号 / 045
　　三、开放与民间自治的独创成例 / 048

上海的诗经（中编）
风篇：江风徐来
第四章　风情万卷的市井文化 / 058
　　一、沪城八景 / 058
　　二、上海竹枝词 / 067
　　三、上海闲话 / 068
　　四、老城厢的戏院影剧场 / 069
　　五、独脚戏 / 074
　　六、白相城隍庙 / 075
　　七、豫园花灯 / 079
　　八、端午龙舟竞渡 / 080
第五章　民生荟萃的码头文化 / 084
　　一、开埠前后上海航运状况 / 084
　　二、开埠后上海码头的繁盛 / 086
　　三、商机孕育与风俗传播 / 089

第六章　敦谊辑帮的会馆文化 / 100
　　一、会馆公所的兴起 / 100
　　二、会馆公所的社会功能 / 102
　　三、上海会馆公所的实例 / 106
雅篇：正声雅乐
第七章　大隐于市的园林文化 / 112
　　一、上海最早的城市名片豫园 / 112
　　二、一邑之胜露香园 / 120
　　三、城隍庙石日涉遗 / 121
　　四、潮汐池水也是园 / 123
　　五、半江黄浦入淞园 / 123
　　六、了无遗痕半泾园 / 128
　　七、吾园桃花何处去 / 129
第八章　破格创新的书画文化 / 130
　　一、海派书画的主要人物 / 130
　　二、海派书画的风格及组织 / 136
　　三、与海派书画共生的海上笔墨 / 139
　　四、与海派文化同兴的小校场年画 / 141
第九章　雅集江南的楹联文化 / 143
　　一、园林的楹联 / 143
　　二、城隍庙的楹联 / 147
　　三、文庙的楹联 / 148
　　四、会馆公所的楹联 / 149
　　五、商市与大宅的楹联 / 151
颂篇：人杰地灵
第十章　民间信俗的城隍文化 / 155
　　一、一庙三城隍 / 155
　　二、城隍庙的四司九殿 / 157
　　三、城隍庙的民间信俗 / 161
　　四、城隍庙的庙园市 / 163

第十一章　星汉灿烂的先贤文化 / 165
　　一、上海城市的杰出代表 / 165
　　二、上海老城的仁人志士 / 168
　　三、民族经济的实业巨子 / 174
　　四、风云上海的人文先驱 / 180
　　五、中西医学的典型代表 / 184

最近的远方（下编）

赋篇：一地风物

第十二章　江山半壁的收藏文化 / 189
　　一、海派收藏的特点 / 189
　　二、沪上收藏大家之雅集 / 191
　　三、沪上收藏爱好者之俗藏 / 194
　　四、海派收藏的盛世繁荣 / 196

第十三章　笃诚开放的商业文化 / 201
　　一、方浜边上的银楼 / 201
　　二、侯家浜边上的珠玉汇市 / 203
　　三、老城厢的商业街市 / 206
　　四、店招匾额的人文蕴涵 / 211

第十四章　兼收并蓄的饮食文化 / 216
　　一、本帮菜的源头与传承 / 216
　　二、本帮菜特色菜馆 / 218
　　三、本帮菜中的名菜 / 221
　　四、上海的各帮名店名菜 / 225

比篇：世态人情

第十五章　神教相安的宗教文化 / 232
　　一、佛教 / 232
　　二、道教 / 235
　　三、天主教 / 238
　　四、基督教 / 240
　　五、伊斯兰教 / 241
　　六、妈祖信仰 / 243

第十六章　众生百态的茶馆文化 / 245
　　一、街角巷尾的老虎灶茶店 / 245
　　二、弦索悦耳的书场茶园 / 247
　　三、情调别致的休闲茶馆 / 248
　　四、商贾汇聚的应酬茶楼 / 250

第十七章　义浆仁粟的慈善文化 / 254
　　一、上海的慈善团体和机构 / 254
　　二、上海的慈善活动 / 258
　　三、南市慈善的实例 / 261
　　四、沪上民间慈善家 / 263

兴篇：地方特色

第十八章　近代书院文化的前驱 / 268
　　一、上海的学宫 / 268
　　二、邑城的书院 / 270
　　三、沪上首开近代教育 / 275

第十九章　小铺乾坤的旧书文化 / 279
　　一、沪上旧书业的兴起 / 279
　　二、城隍庙市场的旧书业 / 280
　　三、沪上时下的旧书业 / 281

结束语 / 284

参考文献 / 291

Contents

Part I The Original Shanghai

Chapter 1 Prosperous Beginning with Sea and Fields / 002
1. The Magic Achievements of Rivers and Lakes / 002
2. Spies Found by Western Powers / 005
3. Civilized Rebirth of Thoroughly Remould Oneself / 011

Chapter 2 Historical Choice Between Close and Open / 018
1. Fireworks in a City, Ship in the Half of River / 018
2. Connection Between Rivers and Seas, Dramatically Changes / 026
3. Famous Urban Area, Flourish Roads / 031

Chapter 3 Historical Position of Character and Value / 042
1. Cultural Characteristics of Introversion and Profound / 042
2. Cultural Symbols of Tolerance and Morality / 045
3. The Original Example of Openness and Private Autonomy / 048

Part II The Book of Songs in Shanghai

Chapter 4 Street Culture / 058
1. Eight Scenes of Shanghai / 058
2. Shanghais ZhuZhi Poems / 067
3. Shanghai Dialect / 068
4. Cinema Theater in the Old City Area / 069
5. Shanghai Solo / 074
6. City God's Temple of Baixiangcheng / 075
7. Yuyuan Lantern / 079
8. Dragon Boat Race / 080

Chapter 5 Dock Culture / 084
1. Shanghai Shipping Status Before and After Opening Ports / 084
2. Prosperity of Shanghai Terminals After Opening Ports / 086
3. Incubation of Business Opportunities and Dissemination of Customs / 089

Chapter 6 Hall Culture / 100

    1. The rise of the Guild Hall / 100

    2. Social Functions of the Guild Hall / 102

    3. Example of Shanghai Guild Hall / 106

Chapter 7 Garden Culture / 112

    1. Yuyuan Garden: Shanghai's Earliest City Card / 112

    2. Luxiang Garden: a Place of Interest / 120

    3. Rishe Garden: Part of Remains in City God's Temple / 121

    4. Yeshi Garden: Tidal Pond / 123

    5. Bansong Garden: Half of Huangpu Water / 123

    6. Banjing Garden: No Trace Left / 128

    7. Wu Garden: The Peach Blossoms / 129

Chapter 8 Calligraphy and Painting Culture / 130

    1. The Main Representativs of Shanghai Style Painting / 130

    2. Style and Organization of Shanghai Style Painting / 136

    3. Works of Shanghai School / 139

    4. New Year Pictures of Shanghai Elementary School / 141

Chapter 9 Couplets Culture / 143

    1. Couplets of Garden / 143

    2. Couplets of City God's Temple / 147

    3. Couplets of Wen Temple / 148

    4. Couplets of Guild Hall / 149

    5. Couplets of Street and House / 151

Chapter 10 Temple Culture / 155

    1. One Temple and Three Buddhas / 155

    2. Four Divisions and Nine Halls / 157

    3. Folk belief Customs / 161

    4. Temple Garden Market / 163

Chapter 11 Luminaries Culture / 165

　　1. Outstanding Representative of Shanghai / 165

　　2. Benevolence in Shanghai Old Town / 168

　　3. Industrial Giant of National Economy / 174

　　4. Humanistic Pioneer of Shanghai / 180

　　5. Typical Representative of Chinese and Western Medicine / 184

Part III Nearest Dreams

Chapter 12 Collection Culture / 189

　　1. Features of Shanghai Style Collection / 189

　　2. Collector's Collection in Shanghai / 191

　　3. Custom Collection for Shanghai Collectors / 194

　　4. Flourishing Prosperity of Shanghai Style Collection / 196

Chapter13 Business Culture / 201

　　1. The Silver Building next to Fang Bang / 201

　　2. Jewelry Market next to Houjia Bang / 203

　　3. Commercial Market in the Old City Area / 206

　　4. Humanistic Implication of Shop Plaque / 211

Chapter14 Food Culture / 216

　　1. Origin and Development of Local Dishes / 216

　　2. Specialty Restaurant of Local Cuisine / 218

　　3. Famous Dishes in Local Dishes / 221

　　4. Famous Restaurants and Their Local Dishes in Shanghai / 225

Chapter15 Religious Culture / 232

　　1. Buddhism / 232

　　2. Taoism / 235

　　3. Catholicism / 238

　　4. Christianity / 240

    5. Islamism / 241

    6. Mazu Belief / 243

Chapter16 Teahouse Culture / 245

    1. Tiger Stove Tea Shop / 245

    2. Book House Tea House / 247

    3. Leisure Tea House / 248

    4. Entertainment Tea House / 250

Chapter17 Charity Culture / 254

    1. Charities and Institutions in Shanghai / 254

    2. Charity Events in Shanghai / 258

    3. Charitable Examples: Nanshi Charity / 261

    4. Folk Philanthropist in Shanghai / 263

Chapter18 Academy Culture / 268

    1. School of Shanghai / 268

    2. College of Yicheng / 270

    3. Shanghai Modern Education of Shanghai / 275

Chapter19 Old Book Culture / 279

    1. The Rise of the Old Book Industry in Shanghai / 279

    2. Old Book Industry in City God's Temple / 280

    3. Current Old Book Industry in Shanghai / 281

Conclusion / 284

Reference / 291

最初的上海

〈上编〉

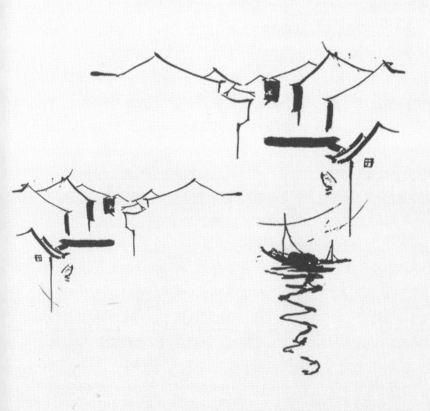

第一章　沧海与桑田的繁华肇始

一、江河湖海的神奇造就

先秦时代，中原王朝泛称中原（黄河中下游）周边四方的部落为"蛮、夷、戎、狄"，把长江中下游以南各部落统称为"越"或"百越"，并认为周边四方和"百越"的这些部落族人是落后的，不开化的。农耕文明最早是在中原地区兴起的，人类第一次通过自己的活动增殖了天然的产品，人们亦由耕地、播种、收获，开创了农业时代。彼时的"蛮、夷、戎、狄"四方部落，还处于"原始采猎业"和"原始农牧业"阶段。

社会经济的快速发展，使人类由原有"自给自足"封闭式的农耕文化阶段，进入了航海文化阶段。被农耕文化浸染五千年的中华民族，无法在航海文化方面有大的作为。特别是到了明朝，由于几百年实行的海禁，中华民族更是失去了海洋这一活动舞台，海洋观念的弱化，自然造成了海洋文化的没落。

但在历史上，作为"南蛮""百越"之地的不少沿海港口市镇，依然在海洋文化弱势发展的夹缝中顽强地勃兴，亦真真切切地推动了江南区域经济的发展。这些沿海港口是一个整体，无论从时间还是在空间分布上，它们的更替兴废都具有明显的延续过程。

到了北宋，兴起了一个生机勃勃的港市群体。江南沿海港口在这一时期的崛起，有其深厚的历史缘由，也因此形成了上始镇江、下迄杭州繁荣发展的南北航运，沿线的主要港口有镇江、江阴（黄田港）、杨舍、黄姚、青龙镇、杭州等。这一时期，在杭州、秀州华亭（青龙港）等地先后设立了市舶司、市舶务等机构，专门管理通商事宜。

南宋以后，政权偏安东南一隅，失去了大面积农耕区域，财政尤为困难，所以特别倚重港口收入，因而在江南港口增设了市舶司、市舶务或市舶场。此时上海境内的重要港口青龙港，因吴淞江下游航道的淤塞，被迫改道，曾经繁华一时的青龙镇逐渐丧失了长江口良港的地位，而日趋萧条冷落，以至后来部分船只改泊于上海浦，上海港遂代之而起。南宋咸淳二年（1267）正式设立镇治，因地处上海浦西侧，便称"上海镇"。元至元十四年（1277）在上海镇设立市舶司，为全国七大市舶司之一。

元代及明前期，江南的主要海港并不在上海，而是位于长江入海处、上海北部的刘家港（今江苏太仓东浏河镇）。刘家港既是国家漕粮北运的基地，又是当时江南最重要的商港，中外商贾云集，号称"六国码头"。郑和下西洋（1405—1433）时，其中有几次就是从刘家港扬帆启程的。

从宋元到明清，上海港口环境发生了很大变化。明代的几次水利工程，特别是永乐年间

第一章 沧海与桑田的繁华肇始

对黄浦的治理，起着重要的作用。明初，吴淞江下游因江水携带的泥沙堆积而严重淤塞。而黄浦也因泥沙日积，水流不畅。吴淞、黄浦是宋元以后太湖的两大主干河道，流水阻隔，直接影响到整个区域的排泄。一遇大水，水无所归，旋即积患成灾，贻害甚烈。在相当长的一段时间内，江南地区的苏州、松江、嘉兴、湖州等府连年发生水灾，朝廷屡次派官员治理，均未见效。江南本是赋税重区，而频遭水灾，朝野忧虑。

永乐元年（1403），江南又发大水。吴淞江入海处百余里，沙泥充斥，芦苇丛生，渐成平陆。整治这一带的河道已到了刻不容缓的地步。朝廷派户部尚书夏原吉赶赴江南治水。夏原吉，湖广湘阴（今属湖南）人，洪武时以乡荐入太学，历任户部主事、户部右侍郎、左侍郎。担任户部尚书不久，即受命治水。夏原吉风尘仆仆来到江南，巡视灾情。这一年，江南的灾情十分严重。明成祖朱棣再派户部侍郎李文郁去辅助夏原吉，同时下令免去江南当年的租税。夏原吉在江南进行实地勘察，集思广益，采纳了本地人叶宗人建议放弃吴淞江下游故道，确定导吴淞江之水北出刘家港的治水方案，并疏浚范家浜，引黄浦水以归于海。治水方案得到朝廷批准，夏原吉随即征集十万民工，开始大兴水利。他身先士卒，亲自上阵，"布衣徒步，日夜经划，盛暑不盖"与民同劳，酷日下随从要给他张伞，他拒绝道："民劳，吾何忍独适。"以致后来上海地区流传民谣："尚书治河，功多怨多，千百年后，功在怨磨。"这次治水，首先从夏驾浦（也有书作"下界浦"）等导吴淞江之水北达刘家港，而暂时放弃吴淞江东段，这一工程即后世所谓的"掣淞入浏"。工程完成，刘家港水势大增，"面势宏阔，泷涛奔壮为西水入海孔道"，使海船巨舶可以自由进出。明初刘家港兴盛，与此不无关系。

在上海，夏原吉主持开凿范家浜等工程，疏浚了吴淞江、大黄浦、赤雁浦、范家浜共一万两千丈。这是一个庞大的工程，役民浩繁，

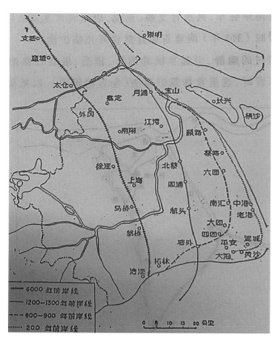

上海地区海岸线变迁示意

而重点则是疏浚位于上海县治东北的范家浜。工程完竣后,"通海引流,直接黄浦,阔三十余丈,遂以浦名"。当时虽仍有范家浦之名,但实际上已成了黄浦的一段。于是,形成了一条以大黄浦—范家浜—南浦所组成的"新黄浦",实现了江浦合流,吴淞江也汇入于黄浦。黄浦汇纳诸流后,水势大增,滚滚东流。从此远洋巨舰可以直抵上海城下,为上海港日后崛起创造了条件。

宋元时期,朝廷虽然也时常出面干预沿海的商贸活动,但总的说来还是比较自由的。到了明清,海禁才成为事实,本已是面貌一新的上海港,也因"工不出乡,商不越乎燕齐荆楚",风尚为之一变,上海港开始沉寂无声了。依江傍海的上海人,转而又像内陆百姓一样,从农务本,煮酒捕鱼,男耕女织,市镇男子亦晓女红。

自康熙时弛禁,设海关,通市贸易,江南港口才逐渐得以恢复。"康乾盛世"的到来,社会稳定,百业俱兴,为港口的发展营造了一个良好的外部环境。海禁既开,受抑已久的上海人又开始重操旧业,造船下洋,捕鱼贸易,行货海外。崇明、上海的本地船帮十分活跃,

1. 旧时浦江水流的航拍
2. 旧时上海洋泾浜桥

私造大船，满载南北货物，终年往来于南洋、北洋，以及内河。凡远近贸易，皆入吴淞口进泊黄浦，县东门外舳舻尾衔，帆樯如林，蔚为奇观。"每日满载东北、闽广各地土货而来，易取上海所有百货而去"，上海港成了南北货物的重要集散地。作为区域间贸易大埠，上海港也吸引了各地商人。闽粤浙鲁客商云集，竞相逐利。"商贾造舟置货，由福建厦门开船，顺风十余日，即至天津，上而关东，下而胶州、上海、乍浦、宁波，皆闽广商船贸易之地，来往岁以为常。"广东、福建沿海之民，有着悠久的经商历史。他们扬帆北上，很早就来到上海。清乾隆时《上洋竹枝词》云："东门一带烟波阔，无数樯桅闽广船"，"近日上洋风俗改，市人尽效嚼槟榔"。

清道光十五年（1835），上海城厢内外与黄浦、吴淞两江指臂相连的主要干流南有蒲汇塘、肇嘉浜、薛家浜，北有李从泾、新泾。江苏巡抚林则徐《批上海县请疏浚李从泾新泾河工程禀》："仰苏州布政司，会同苏松太道，即速转饬该县督率绅耆人等，刻日赶紧筹议，通禀察核。"在林则徐的主持下，疏浚工程顺利完工。自此上海自然水系形成的或人工开掘挖就的塘、浜、沟、泾有了一个大贯通。

上海地区的河道枝杈蔓生，盘绕错杂，密密匝匝地分布于上海县城厢内外，将上海县城与苏松太、杭嘉湖以及通崇海地区的各府、州、县、厅，和数以万计的镇、市、乡、村联为一体。上海从设县建城以后，就处于长江三角洲这一"世界上人工水道的最大集合的区"。以黄浦江、吴淞江为主干的整个水系之贯通，使上海县南部的诸多河道，能以较为安全的航路，内联苏、杭而运河，外贯长江通大海。绕城而过的黄浦江，既深又阔，提供了优越的深水内港和充裕的泊位，是长江三角洲整个水网之中一个优良内港。

上海大海滨其东，吴淞绕其北，黄浦环其西南。广辽沈之货，鳞萃羽集，远及西洋暹罗之舟，岁亦间至，地大物博，号称繁剧。诚"江海通津、东南都会"虽有溢美之处，却也清楚地表达了上海崛起缘由。上海的成长，显然与江河湖海，与海上贸易的开辟，与港口发展是密不可分的。

二、西方列强的窥探发现

最初的上海与外部世界的交通，完全依托于江、海及内河航运。上海开埠使得上海航运结构发生了很大的变革。开埠后第一个十年的变化，主要集中在东南沿海航线和中西远洋航线上，开埠后第二个十年的变化，则集中于北洋和长江航线上。

开埠前，东南沿海帆船航运的重心在广州，而上海绝不是东南沿海帆船航运业的中心。为

最初上海 老城厢的诗和远方

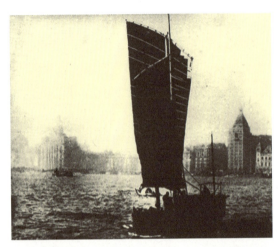

1
2

1. 早期黄浦江上的沙船
2. 清末苏州河沙船林立

了区分各地帆船不同的船帮、不同的语言以及不同的习俗，那时的东南沿海海面上，出现了一道壮丽的景观，来自不同口岸的船舶分别涂有不同的色彩："江南用青油漆饰，红色钩字；浙江用白油漆饰，绿色钩字；福建用绿油漆饰，红色钩字；广东用红油漆饰，青色钩字。"这固然出于清政府的命令，但也有实际的需要。

每个不同口岸各有地盘、会馆和商业伙伴，自成体系，唯船的颜色不同，可以一望即知。当时各地船帮的经营活动，各地帆船往来的国家、地区，大体上相同，并不存在航运区域或运输物资品种的分工，也不存在某一港口对其他港口的强有力制约。开埠以前，上海在东南沿海航运业之中的地位还不及福州、厦门和宁波。

开埠以前，英、美、法、荷兰等国的"自由商船"可以自由航行于印度与广州之间，当然也突破了广州一口通商的约束，渐渐进入了中国东南沿海航线，但是始终没能进入上海。

然而在上海城厢东门外，却早已有了条"洋行街"。据英国东印度公司职员林德赛（Huyh Hamilton Lindsay，1802—1881，中文译名胡夏米）记述，这里"陈售欧洲羊毛制品的店铺，比我们以前在其他中国城市中见到的多得多"。那这"洋行街"上陈售的西洋物品是怎样来的呢？涌入上海城厢的洋货主要有两条途径，一是"粤奸商，雇驾洋船，就广东口外

第一章 沧海与桑田的繁华肇始

夷船，贩卖呢羽杂货并鸦片烟土，由海路运至上海县入口"；二是江浙一带中国商人，从停泊于宁波或杭州湾钱塘江口小洋山的英、美走私趸船上，将英国毛织品、鸦片等用帆船经上海县南部河道辗转输运到上海县城。当时，西方各国的船舶是不能直接驶入上海的。

越是商船被禁止驶入上海，西方各国越是想违禁闯入上海。开初大英帝国为了商业利益，臭名昭著的东印度公司就上书英国政府，建议进取上海，把它作为与华北通商的枢纽。

1832年春夏之交，英国帆船"阿美士德号"冒险驶进吴淞口，立即被"鸣炮示警"，而且被告知"夷船向无在上海贸易之例，未便上海接纳"。英国东印度公司职员林德赛携同普鲁士传教士郭士立（KaFriedrich August Gatzlaff，1803—1851）等，受公司派遣乘坐"阿美士德号"帆船，自澳门出发考察中国东南沿海商业、防务情况。随行的中国仆人穿着洋装，充当翻译。这次远航旅程有19天（6月20日—7月8日）是在上海地区度过的，他们数次出入上海县城，拜访地方官府，向华人散发布教、贸易的小册子，并访问了崇明岛。

旧时江上煤船

这是英国商客首次造访上海,引发一连串的传奇故事。

此阿美士德原本是个被嘉庆皇帝驱逐出北京城的英皇特使,当以阿美士德名字命名的帆船顺利驶入黄浦江后,郭士立和林德赛即被道台衙门以"礼貌和友善的表白"奉为上宾。以致在后来的19天里,林德赛等人可以自由出入上海城,了解上海城的要塞防务、商业经济、社会民情,估算上海港口的吞吐量,掌握上海水道的航运密度,而不受任何干涉。

当"阿美士德号"抵达上海,船只停靠在离吴淞口外仅数英里处,林德赛一行驾一小艇进入上海县城。不久上海市民发现这些外国人在做一件有趣的事情:有一群高鼻子、蓝眼睛夷人蹲在吴淞江与黄浦江交汇处的泥沼里,在芦苇丛生、遍地泥泞的荒滩里他们不顾蚊叮虫咬,一进去就是五六天时间,吃着干粮,睡着帐篷,不时地观察吴淞江与黄浦江的潮起潮落,还不时地拿着圆筒(望远镜)对着江面来往的船只望来望去,一会又拿着笔在纸上记着什么。敬业的林德赛一行是最初认真细致考察上海的外国人。而上海的老百姓则看到这些高鼻子、

英国帆船"阿美士德号"抵沪

第一章 沧海与桑田的繁华肇始

蓝眼睛的外国人"吃饱饭没事干,钻在芦苇荡里闷头玩",并把此事当作饭余茶后的笑资。

林德赛等人非常专业地对上海吴淞江与黄浦江进行了最初的实地考察,敏锐发现上海潜在的商业价值。他们以连续7天的统计,发现经吴淞口进入上海的船只超过400艘,有来自天津和东北装载面粉、大豆的北洋沙船,有来自福建的商船,还有不少来自台湾、广东、东印度群岛的船只。他们发现从吴淞口沿黄浦江进入上海县城的水道宜于航行,沿江两侧的河渠纵横交错,土地精耕细作,与荷兰几乎有异曲同工之妙。县城南部的港区,有宽散的码头和巨大的货场,泊岸的水深也足以使帆船停靠并沿码头卸货。城外的江面有近半里宽,中心航道水深36~48英尺,简直是一处天赐的优良海港。

林德赛他们认为,上海具有优良的港湾和宜航的河道,吴淞江源自太湖,穿越运河,经淀山湖直达苏州,从这里与无数宜航水道彼此沟通。如外国人特别是英国人能在上海获准自由贸易,所获利益将难以估量。但是,对这些明显的事实,上海官员却不敢正视,甚至根本不予考虑。清朝官员刻板坚持"上海向无夷船贸易成例,法不可违","彼等应遵成例,从速离去,回广州贸易"的陈规。

"阿美士德号"在上海停留了19天,官府不允许他们进城下榻,只是将英商安排在天

旧时吴淞口的船只

后宫歇息。而平民百姓对林德赛一行抱有相当的好奇和热情,也为历史留下意味深长的一幕。当林德赛一行在天后宫附近上岸时,马上吸引了人们的目光,并被团团围住。那里一下聚集了几百人围观这些高鼻子、蓝眼睛的外国人。之后,"阿美士德号"带着感慨和遗憾驶出上海港。这是上海第一次向世人展示了上海港诱人的风采。

八年后(1840),西方列强窥探发现的商业中心、中国中部的大门,最终还是被西方列强的大炮给轰开了。

1844年签订的中美《望厦条约》第三款规定:"嗣后合众国民人,俱准其携带家眷赴广州、福州、厦门、宁波、上海,共五港口居住贸易。其五港口之船只,装载货物,互相往来,俱听其便。"中法《黄埔条约》则谓:"所有佛兰西船,在五口停泊,贸易往来,均听其

便。"这些条款明确地给予了欧美商人进入中国领海，以及进入上海的航运权。但是，条约并未涉及外国船只在中国东南沿海的沿海航运权。之后，一批又一批的西方双桅船、夹板船、鸦片趸船和装备精良的飞剪船驶进了吴淞口，沿着黄浦江来到了上海城下。这是开埠以后上海航运业最为显眼的变化。

1843年10月8日订立的《中英五口通商附粘善后条款》（即《虎门条约》），允准英人携眷赴广州、福州、厦门、宁波、上海五港口居住，不相欺侮，不加拘制。但中华地方官必须与英国管事官各就地方民情，议定于何地方，用何房屋或基地，系准英人租赁；其租价必照五港口之现在所值高低为准，务求平允，华民不许勒索，英商不许强租。根据这些条款，英国派来的第一个代表团，于1843年11月8日来到上海。为首的巴富尔（George Balfour，1809—1894）于1842年12月1日，被正式任命为英国驻上海第一任领事。当巴富尔向上海道台衙门提出领事馆选址问题时，华方官员表示：上海县城内已经十分拥挤，找不到房屋，须在县城外找寻空房。历来上海官衙有如此惯例：凡来沪外省人的行会都被安置在城外，英国人也是外来者，自然应在城外。

据说，巴富尔等离开道台衙门以后，街上有一个商人主动搭讪，表示可以为他们提供一所一流的宅第。此人姓姚，广东人，在沪经商。巴富尔接受了他的建议，住进了姚氏住宅。洋人初住上海，吃饭、喝水、穿衣等一举一动都有人围观。后英国人又从一位城内姓顾的人家那里租到一处住房，位于大东门西姚家弄，名敦春堂，坐北朝南，院子里有四幢两层楼房，上下共52间，有水井、厕所，押金640两银子，巴富尔对此处比较满意。

巴富尔为上海开埠所作的准备，总的说来，比较顺利。1843年11月14日，他发出告示，通告英国人，英国领事馆已设立，馆址位于东门和西门之间城墙附近的一条街上，并宣布上海将于11月17日开埠，所有条约的有关条款均自该日起生效。11月17日，上海正式开埠。

上海开埠前夕，上海县航运业的重心，是北洋航线上的沙船业。另外，上海县在东南沿

20世纪30年代十六铺码头成为洋货堆栈

海航线上的帆船航运，也有悠久的历史。航行于南中国海，进出于上海的帆船，大多来自东南沿海其他城市。当时上海的国际航运规模不算大，航线仅限于日本及南洋诸国，上海参与国际航运的规模远不及东南沿海其他城市。在长江三角洲区域性内河航运网络中，以及长江与南北大运河航线上，苏州才是枢纽城市，上海县城仅是一个相对重要的转运港。

随着开埠，上海被拖进了这样一个国际环境之中：西方资产阶级在欧洲早已建立了近代化的大工业，并推动着国际航海和陆路交通业的迅速发展，为西方资产阶级奔走于全球各地创造了前所未有的条件。上海开埠以后，大批从事中西贸易的外国船舶，驶入传统的江海航线，逐步摸清了上海及各开放口岸的水网情况，并依据经济发展的需要，加以开发利用。于是，在各条航线上，上海传统的航运业为争取生存、发展，从初期的消极抵制，转而急起竞争，上海城市的航运结构，率先在东南沿海航线，而后在远洋航线、北洋航线、长江以及内河航线，依次发生了深刻变化。

上海虽襟江带海，但海上经营区域却受严厉限制，只能从事南北沿海埠际贸易及中日贸易。开埠通商则意味着上海已成为欧美环球海上贸易走廊在远东的一个新成员。上海正是从这个起点出发，率先划定外侨居留区界址，进而以一个远东新兴城市的姿态进入世界舞台。

这段经历匆匆而过，留下百年足迹，一个空前深刻的历史巨变从此启动。上海作为近代中国都市文化的一种类型，不同于香港，不同于远东出自殖民文化模式的口岸城市，而是在局部范围（公共租界）内实行侨民自治的远东近代都市。同时，它也成为近代西方文明输入中国的桥梁，使彼此隔绝的中西文化在上海迸发出一系列可惊可喜的有趣碰撞，留下了近代中国转型时期的传奇故事。对上海诸多历史密码的解读、讲述，至今还仅仅是开始。寻访上海近代的独特经历，也是走进这个逝去的世界、打开它深藏记忆的一把钥匙。

三、脱胎换骨的文明嬗变

1843年上海开埠以后，在中外贸易的推动下，西方文化、西方的生活方式、西方的工业文明，西方的近代工商观念与社会平等观念，以及追求自由和生活世俗化等一系列新的价值观念，汹涌澎湃般地传入上海，同时上海也以惊人的速度朝着近代化国际性大都市大步迈进。

在此过程中，上海从城市规模到市政格局，从生产力到生产关系，从社会结构到城市功能，从市民生态到市民心态，从谋生方式到都市习俗，无不发生了异乎往古的深刻变迁。开埠后上海社会的变迁是从租界社区开始的，而后逐

渐推及整个华界社区。

在埠际贸易活跃时期，上海城内人口的剧增，城厢区的弄、里、坊及街巷获得了较大规模的拓展，据同治《上海县志》载：此时的上海县城已是街巷纵横，里、弄、坊错杂的所在了。具体而言，城厢区有里、弄、坊61个（包括城内2个，城东南34个，城西南5个），街巷72条，总计133个通道。里、弄、坊及街巷分布的疏密在某种程度上反映了城厢区的经济布局。

上海百年历史存在着城内与城外两个完全不同世界的发展模式。诚然开埠后的上海城并没有因为其开埠而走出原有中世纪城市的格局，依旧是传统城池的破败与拥塞：街道纵横狭隘，阔只六尺左右，行人混杂拥挤，垃圾粪土堆满道路，泥尘埋足，臭气刺鼻，市政建设方面几无尺寸之进。

海禁解除，给滨江的城厢东南地区的发展提供了前提条件，于是在东门外形成了新的商贸之区。因地近江边，交通便利，贸易繁忙，人烟稠密，楼宇相连，成为一个新的商业中心。自北而南依次有外洋行街、里洋行街、咸瓜街、油车街、篾竹街、糖坊弄、仓基弄、染坊弄等，这些商业街多东西向排列，左邻大东门大街，

旧时吴淞江上繁忙的航运景象

第一章　沧海与桑田的繁华肇始

1. 旧时吴淞江的岸景
2. 早年浦江上来往的大小船只

右近沿江码头区，以经营南北土产为主。

开埠后的上海城厢社会依然保持着一派繁荣的景象。城厢的建筑、规模依旧，但城内的街巷已由嘉庆年间的63条扩展到开埠后的100余条，原有的商业闹市区继续呈现出发展的态势。城隍庙四周的小街、小巷、小弄堂依然是各种手工业铺子汇集之所。城东门外十六铺到南码头一带依然商贾云集热闹非凡，各地运销的商品到此装卸，租界的供应也到此批发。

城内的交通依然以独轮车、轿子为主。城隍庙周围游人如潮，士民官绅依然过着悠闲的慢生活。尽管城北的"夷场"已开始日新月异地发展，但城市的中心依然在老城厢。然而，随着"夷场"的崛起，对外贸易的迅速推进以及由此导致的城市经济结构的改组与转型，上海城厢社会阶层结构开始发生深刻的变化。

开埠确实给上海带来了经济的飞跃、近代化进程的加快，并使上海具备了世界性的眼光，具备了融合与消化各种文化的强大能力。原本白纸一张的近代工业，很快就有了以纺织、造船、印刷、机器制造、卷烟生产等为代表的各大产业。

上海城脱胎换骨的文明嬗变从衣食住行开始。

开埠之前上海城厢人的衣着为削发打辫，箭衣小袖，深鞋紧袜；开埠后"任其华美，云缎外套，遍地穿矣"，让人有翻天覆地、恍如

旧时行驶在外滩的各种人力车

隔世之感。上海服饰从原本的简朴同一而转为奢华时髦，很快形成了奢华、繁杂、精致的风格与特点，成为国内公认的流行服饰中心，左右着中国服饰时尚变化，其一衣一扣、一鞋一袜，为四方追捧与仿效。

上海开埠，引发了苏州、宁波、苏北、广州、福建等地好几拨移民潮，众多移民的涌入，带来了各地不同民俗、不同饮食等多元的文化，上海浓油赤酱的本帮菜也由此定型。本帮菜诞生之初，以家常、平民化为特色。秃肺、圈子、腌笃鲜、黄豆汤这些普通和廉价的菜肴都是本帮菜的生力军。后来上海菜不断吸取外地菜特别是苏锡常菜的长处，逐渐形成了取料鲜活、品种众多、品味适中的特点，许多本帮菜馆创出了看家菜，培育了一批本帮菜名厨，大大提高了本帮菜的品位。除了本帮菜，上海还出现了北京菜、天津菜、镇江菜、川菜、闽菜、粤菜、宁菜、湖州菜、杭州菜、绍兴菜、无锡菜、安徽菜、素菜、西菜，在上海真可谓可以吃遍天下。

开埠后，在初入上海的洋人眼里，上海城厢有不计其数的污水沟和纵横交错的小河，到处是坟墩头，低矮肮脏的茅屋是用竹子与干泥搭成的破棚子。外商在一段时间里也在租界内大肆搭建毗连式的木板简屋，高价出租给涌入租界的华人居住，形成了里弄式街坊的雏形，后被租界当局取缔。于是，上海都市民居建筑——石库门建筑便应运而生。早期石库门民居是中西兼容的产物，它既吸收了某些江南民居的风格，又具有西方都市民居的特点。由中国传统院落式住宅演变而来的这种毗连式民居，占地经济，外观井然有序，有新颖而非轩朗古旧之感。石库门民居集中了中西都市民居建筑之长，并形成独特的上海风格。它的上述特点和功能，使它迅速成为晚清上海最大众化的民居。

老城厢里的本土人，看到了之前从未见识过的一切，内心产生了巨大的震撼。于是他们不再把北面的租界叫"夷场"了，而改口叫"洋场"，最后也有了"十里洋场"的专称。走出老城厢华界，人们看到了自来水、煤气路灯、电话、自行车、公共汽车、火轮船、铁马路等西方文明的声光电化。同时也早于全国其他城市，享受起以往中世纪社会所没有的摩登事物来。

开埠初期，在洋行与华商之间出现了一个

第一章　沧海与桑田的繁华肇始

中间阶层——买办和通事。由于洋商既不识中国语言，又不谙中国固有的商业习惯及度量衡，根本无法与华商直接进行交易，于是通过买办与通事的周旋，促使华商和洋商之间贸易的成功。这一阶层便成为当时上海社会中迅速致富的一群，亦成为一股不可小觑的势力。开埠后对外贸易中心也由广州北移上海，内地和沿海省市客商的涌入，使得上海形成了"坊巷客土杂居"的格局。因为商人在当时是社会中最活跃的一种力量，五方杂居的结果便给上海的大规模开发与迅速发展带来大量的资本，也给上海社会注入了前所未有的生机和活力。

开埠之初受"华洋分居"之制的限制，城厢与租界井水不犯河水，于是上海形成了色彩鲜明的两个截然不同的世界。一边是"冒险家的乐园"，是迅速崛起的"新的城市"；一边是富庶的深受江南文化浸润的中世纪县城。两个世界之间横亘着一条"夷夏大防"。1853年太平军进入金陵，上海小刀会起义乘势而起，一批又一批被战火和饥饿驱赶的达官贵人、平民百姓纷纷涌入上海，彻底打破了"华洋分居"和"夷夏大防"的局面，一变而为"华洋共居，五方杂处"。上海城厢与租界亦从混乱中迅速走向繁荣。

上海被迫开放通商口岸后，有了近乎异常的快速发展，实现了由一个滨海县城向国际都市的蜕变。上海社会的活跃与繁荣也直接反映在城市的娱乐生活方面。那些年西人带来了赛马、划船、戏法，本地居民则保留有戏园、酒楼、茶馆、烟馆、书场等，形成了"梨园之盛，甲于天下"的繁荣局面。顺应近代政治、社会的大变革，一些娱乐演出场所由旧式茶园发展为新舞台，演员结构也开始有女性涉足，戏曲内容亦从纯粹娱乐发展到兼具启迪民智，新的

1. 1869年自行车进入上海
2. 旧时在外滩往来的各国行人

最初上海 老城厢的诗和远方

1. 旧时航运繁忙的苏州河
2. 旧时苏州河河景
3. 旧时苏州河畔的俄国领事馆

社会观念于是悄然形成。

"海派"一词从上海的近代走向了现代，狭义的海派，指京剧、绘画、文学等具体艺术品种中的上海流派。后来内涵扩展、延伸，成为一种文化类型和文化风格，乃至包括审美情趣、生活方式，所涉人事亦不复限于上海一地。

"海派"一词几经国人争论，今人重提海派，意在寻回和光大上海人心中的某种特色、某种辉煌。其一，创新。海派敢于突破陈规旧俗，不断创新、更新，标新立异，有开风气之先的举动。其二，开放。海派文化中传统保守势力较小，襟怀开阔，从不拒绝外来文化，也善于吸收外来文化。其三，灵活。海派文化反应快，变化多，为市民文化的商业性、趋时性、多变性的表现。其四，多样。形式丰富多彩，不拘一格。仅就戏曲而言，京、昆、越、淮、评弹等各种地方戏，在上海都能自由发展，每一剧种又衍生出多种流派。海派文化的另一个特点是宽容。宽容是与开放联系在一起的，但又不等于开放。不论是对待外地的文化，还是外国的文化，也不论进步的文化，还是落后的文化，海派文化都能采取比较宽容的态度，兼容并蓄，有海纳百川的气度。

第二章　围城与开放的历史选择

一、一城烟火，半江舳舻

河道狭窄、石桥叠架、民居傍岸和小船静泊……

现在的人们很难想象今日繁华的上海城市中心在历史上漫长的数百年中，呈现的竟然也是如同周庄、同里与乌镇一般恬静的水乡镇落面貌。

往历史深远处追溯，上海地区曾是一片汪洋，六千年前上海的海岸线在"奉贤—松江—南翔—外岗"以西这样一个范围之内，那时的吴淞江与浦江两水呈平行状态自西向东而流，没有汇合点，直接泻入东海。公元8世纪上海的海岸线不断被沙土冲击，逐渐东移，延伸到"周浦—江湾—月浦"一线，唐代华亭县设立前后这一带的陆地可能尚未完全涨成，当时有文献把华亭县东部海面统称为"华亭海"，今上海老城厢当在其内。此时的吴淞江，自西向东流经老城厢北面的旷野，黄浦江则西来，流经南汇下沙附近突然来了个九十度北拐，直向老城厢东部流去，再与吴淞江相交陆家嘴以北，成为吴淞江的支流后同奔东海。

吴淞江古称松江，上海开埠以后，称境内的吴淞江为苏州河，河道宽阔，系太湖下游主要出水口。两晋之间，长江中下游加速开发，水土流失加剧，长江含沙量增加，长江口泥沙堆积加快，在潮汐的作用下，吴淞江河口开始淤浅变窄。东晋，入海口在今青浦县东北旧青浦镇西的沪渎。唐代中期河口在今江湾以东，宽达20里。北宋，太湖其他泄水通道都已阻绝，仅剩吴淞江一个主要出海口。郏亶《吴中水利书》记松江南岸有上海浦、下海浦、南及浦、江芑浦、烂泥浦等，间距5里、7里。旧志云上海浦在县治东，后为今黄浦所并，河口已东移至今复兴岛以东内高桥附近的南跄浦口，宽约9里。今之吴淞江河道东西窄，中间（江苏省吴县东坊至直）较宽。吴淞江全长125公里，自上海市青浦县赵屯乡入上海市，至外白渡桥汇黄浦江，上海境内长53.1公里。境内最宽600～700米，市区最狭40～50米，曲折多变，从北新泾至外白渡桥有急弯9处。

黄浦江古称黄浦、大黄浦。晚近又有附会战国春申君黄歇封于吴地，率民治水松江，导流入海，开拓一条由太湖始流，穿越嘉兴、枫泾、松江三个古镇从东南入海的南江，水道因此称为黄浦、黄歇浦、申浦、春申浦等。北宋郏亶《吴中水利书》详载松江（吴淞江）两岸江浦水流有260余条，未提及黄浦，当时或无黄浦之水，或水流过小而缺载。南宋，始有黄浦之名的水道。黄浦为今黄浦江上游闸港、三林塘之汇。江浦之聚为古黄浦和吴淞江汇合之处，黄浦为吴淞江南面的支流。黄浦在宋元时，从华亭东流入上海界，其流折而东北，汇多条水流始与

第二章 围城与开放的历史选择

吴淞江合。至明嘉靖元年（1522）黄浦江水系全面形成。今黄浦江干流82.5公里，上段自米市渡至闸港28.5公里为东西向，河身较顺直，河面宽约300米，河底标高-8～-20米，松江毛竹港口附近最深。干流至闸港（大治河西口）转为南北向，长54公里。龙华镇以下长40公里，河道弯曲，穿越市区后在吴淞口汇入长江。黄浦江水系在上海市境内流域面积5193平方公里，占全市总面积81.9%。两岸有50余条支流，上游三大源流。

岁月悠悠，沧桑巨变，南朝成陆后的上海老城厢地区，随着海岸线缓慢东移，经唐宋至北宋初期始成早期住民聚落。吴淞江下游两岸有众多河浦浜泾，水岸边散落着许多自然村落。吴淞江有两条支流，一条叫下海浦（下海浦在清同治年间被填没，今虹口区提篮桥附近仍留有下海庙），一条叫上海浦（上海浦即黄浦江，原先是吴淞江的支流）。一些人居住于上海浦两旁，渐次形成了几个大聚落。上海后来置镇立县，人们在考辨其名称来源时，一时竟也说不清它的由来，事实上"上海"因东临上海浦而得名。据至元《嘉禾志》卷五载：上海浦位于松江府城东北90里，可知其范围大约就在后来的上海县城周围。后因吴淞江不断淤塞，往来船舶只得改而停泊上海十六铺以东的浦江江面，附近村落随舟车频繁、商贾熙攘而逐渐扩大。各住民聚落民风纯朴，又分别以经营农桑、纺织、捕鱼、酿酒为生。北宋熙宁年间，十六铺岸边设酒务——上海务，征收酒税。当时上海务的酒课、税课、河泊课三项年税收为银657锭，而当时的青龙务仅为104锭。按酒、税、河泊课征收情况，在元代嘉兴一域各市镇中，上海排在第六位。因控江海之利，积极开展商业贸易活动，促进物品流通与交易，上海镇的地位日益隆显。南宋咸淳三年（1267）在方浜南岸设市舶提举分司，即类似海关的税

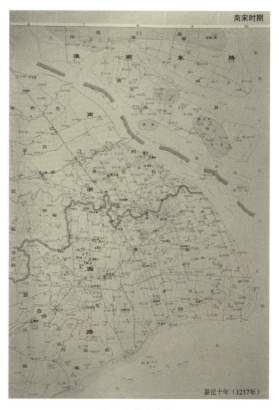

1217年的上海地图

明时期

万历四十五年（1617年）

清时期（二）

同治二年（1863年）

收、外贸管理机关，住民也建坊筑桥，铺路凿井，形成了上海城镇的雏形，始成镇治。邑城由此成为大上海的城市发展源头，继而积淀起上海绵绵相袭的城市精神与住民性格。

元代至元二十七年（1290），松江知府以华亭县地大户多，民物繁庶难理为由，提议另置上海县。朝廷同意松江府的提议，准允划出华亭县东北的长人、高昌、北亭、新江、海隅五乡凡二十六保，分设上海县，立县于镇。至元二十九年（1292），上海县正式成立，领户72500余。上海从此成为一个县级的独立政区，与华亭县并为松江府的属县。新兴的上海县，东西广160里，南北袤90里，官民田地山池涂荡共计202顷4亩。数十年间，上海县人口骤繁。至明洪武二十四年（1391），上海县有人户114326，人口532803，其中，男性278874口，女性253929口。上海县承担的税额也在逐年增加。明洪武年间，在上海县征米496521石，小麦67560石，大麦3907石，黄豆7214石，斑豆4201石。当时，松江一府实征米麦数为1219896石，上海县税额占了五成以上。故时人有"（上海）负海带江，天下称壮县"之说。经过几十年的发展，上海县已一跃而为"东南壮县"。上海正式设县，县治官衙设在方浜南岸（今光启路）上。清雍正八年（1730）上海入驻"分巡苏松兵备道"，道台官拜三品。巡道衙门设在方浜南

1. 1617年的上海县地图
2. 1863年的上海县地图

第二章 围城与开放的历史选择

岸（今巡道街东）上。上海形成县治后，官府在邑城设市舶司、巡检司、米仓、酒务、商务、水驿、急递铺、县学等官方行政、教育机构。上海政治、经济、文化中心由此形成，一时风光无限。

上海县初立，以旧榷场为县署。元大德二年（1298），即上海建县六年后，遂移县署于市舶司址。然而，作为县治，上海却长期无城池可据。明代东南沿海并不太平，其中最突出的问题就是"倭乱"。自元末明初以来，上海沿海地带已屡受海盗、倭寇骚扰。明王朝注意加强海防建设，在东南沿海一带开始建卫立所。上海县镇因无城池可据，以致接连遭受五次寇祸，一次更比一次惨烈，县署、民居尽为火焚，街市半成焦土，停在江中的"粮艘悉被烧毁"，民众流离失所。饱尝倭寇蹂躏的人们，终于意识到筑城抗倭的必要性。在一批地方乡绅的强烈要求与热情支持下，松江府从嘉靖三十二年（1553）九月同意上海兴工筑城，不到两个月时间，上海城便完工告竣。此距上海建县已整整260年。这座新兴的上海县城，位于松江府城东北九十里，城周回九里，城墙

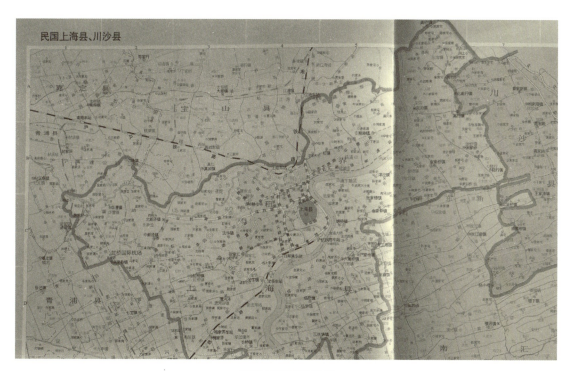

民国上海县历史地图

高二丈四尺，有陆门六：东门曰朝宗，南门曰跨龙，西门曰仪凤，北门曰晏海，小东门曰宝带，小南门曰朝阳。另有水门三，肇嘉浜横贯县城，东西各置水门一座，另于方浜入城处建水门一座。四周设防，设敌楼、平台，并建雉堞三千六百余。城东北处建有层台三座：万军台、制胜台、振武台。城墙外环绕水濠，宽六丈，深一丈七尺。在城墙与水濠的环绕之中，上海县城与四野隔开，成为一座规模初具、兼有政治和经济双重功能的中世纪城市了。上海城处吴淞江与黄浦的交接处，地理位置险要，上溯

1. 清末老城墙
2. 旧时城外的河浜和木桥
3. 旧时上海县城的城墙和箭楼

江南内腹，下通江海。它的兴筑，在兵防上具有重要的战略意义，并在此后抗倭斗争中迅速发挥了很大作用。上海城筑成不到几个月，嘉靖三十三年（1554）正月就有一股倭寇侵入，直抵上海城，上海军民沉着应战。上海守军在新筑城墙上，置神枪手伏击，痛击袭城之敌。敌见伤亡惨重，不得不离城而去，散往四郊抢劫。三、四月间，上海又进行第二次保城战斗，因有城池据守，倭寇始终未能攻进城内。上海县城保卫战的胜利，极大地支持了江南其他地区的抗倭斗争。上海城厢也由此成为明中叶以后几个世纪上海县的政治、经济、文化中心，并一直保存到近代。

城市的历史方位，是指历史发展进程中一

第二章　围城与开放的历史选择

个城市的地理、政治、文化和经济，在民族、国家和区域中所处位置。一个地区是否发展进步，或者是萎缩没落，只有从历史发展的坐标上去观察才能更加准确。一个社会的变革，只有从时代变化的对比中去把握才能更加清晰。明晰上海老城厢的历史方位，对于深刻认识老城厢传统文化有着重要的意义。

上海老城厢的发展，有个重要的历史节点，即1843年上海开埠。上海自元至元二十九年（1292）设立行政县治后，历经五百多年的发展与进步，至开埠时，老城厢已经相当繁荣。具体表现在如下几个方面。

城厢经济出现繁荣。一是当时沙船业的繁盛。沙船业主要为漕粮北运，后来逐步扩展为海运贸易；二是棉纺织业的繁荣，上海所在的松江府是明清时期全国棉布生产的主要产地；三是商品贸易的繁荣，形成较大的商品集聚，城厢内外出现了一大批以商贸行业命名的街道，以及大量发展的会馆公所，由此可以佐证各行各业商品贸易的繁荣程度。

城厢社会规模扩展。明清时期上海城厢街巷逐渐增多，现存最早的明弘历《上海县志》记载，城厢有巷5条。明嘉靖《上海县志》记载的街巷已有10条。清嘉庆《上海县志》记载上海县城已达63条之多。史料记载至清道光上海开埠前，上海城厢已是"城东南隅人烟稠密，几无隙地"。清嘉庆十五年（1810）上海县人口已达52.75万口，其中有相当数量的外地籍商人在上海城厢从事商业贸易活动，人口增长超出当时全国的平均水平。开埠前上海城厢的商业精华在十六铺地区，城内的商业

1
2

1. 旧时上海县境以河为路以舟代车
2. 旧时江南水乡风光

重点在东门、南门内和城隍庙周围、红栏杆桥、虹桥头、松雪街等处。城厢西部则人烟稀少，部分土地还用于农业生产。太平天国战事使得各地人口再一次向上海城厢聚集，商业更是再度繁荣。珠宝玉器等一些奢侈品行业首次在城内侯家浜（现侯家路）两岸出现。

文化教育独领风骚。城厢内外以豫园、露香园、日涉园、也是园等为代表的园林精妙雅致、建筑艺术高超；李延敬、蒋宝龄、吴历等人为代表的海上画派独树一帜；以徐光启为代表的天主教徒促进了天主教在老城厢的传播；官办的镇学改为了县学（也称为学宫），还有儒学者自办的学习机构"书院"以及由地方绅士集资创办的"义塾"。学习机构林立，由此展现出当时老城厢教育的兴盛。

由此表明，围城时代老城厢的人口快速增长，经济不断发展，一时繁荣繁华雄冠东南。然而随着租界的出现，以及社会管理方式的发展与进步，上海城市的经济中心开始北移，老城厢逐步丧失了原本商贸中心的地位。鉴于社会管理、商业贸易、市政建设、道路交通、环境卫生诸多方面的落差，老城厢无可奈何地失去了往日的繁华景象，逐渐陷于沉沦。

中华路、人民路圈围起来的环城圆路，全

1912年拆城填壕筑民国路（今为人民路）

第二章　围城与开放的历史选择

1912年拆城填壕筑民国路（今为人民路）

长4500米。该路的前身为环绕老上海县城墙外围的护城河，拆除城墙后成为具上海老城厢浓烈辨识度的一条环城道路，公交11路（双环）至今仍然在这条路上转圈环行。正是这面积仅区区2.2平方公里的老城，犹如孕育生命的胎盘一样，经历百多年的磨难、战乱和新生，衍化成今天的超大型国际都市。这条马路串起曾经有过、如今不复存在的老、小北门，大、小东门，大、小南门和老、小西门等城门，成为当今回忆那些"城南旧事"所在方位的永久标识，也是可以穿越过往历史、激活休眠记忆、追寻封存已久人事、意会古城孤寂旁落历史故事的载体。

上海城厢的繁荣，始于明代。嘉靖三十二年（1553）上海筑城时，没有沿袭一般江南小县城的旧制开设东西南北四座城门，而是在东南两个方向各筑了两座城门，即：大东门（朝宗门）、小东门（宝带门）；大南门（跨龙门）、小南门（朝阳门）。另外还有两座水门，一座跨方浜自小东门边进入城内，另一水门跨肇嘉浜自大东门边进入城内。

当时有竹枝词唱到：一城烟火半东南，粉壁红楼树色参。美酒羹肴常夜五，华灯歌舞最春三。上海城厢的的繁华集中在大、小东门和小南门外，那里有诸多早期形成的集贸市场和配套商业贸易的服务业，还有许多各地来沪者建立的会馆公所。每年阴历三月天后生日，庆贺的灯市从大南门外大街直接小南门和小东门外的洋行街及江海大关，绵延数里，彩棚彩旗花灯歌舞，各家店铺争奇斗胜。多于西北方向开设的四座城门大大方便了黄浦江货运货物的集散，以及城外城里各式人等的进出与流动。

上海开埠后城厢与租界的交流频繁，孤独的一座北门似乎阻碍了华界与租界的诸多交流，所以就着"小刀会"事件时被法国军队大炮轰垮的城墙缺口，又开设了一座新城门即新北门（障川门）。再后来，城墙逐渐成为影响上海对外交往、经济发展和城区空间发展的障碍物，于是又增开了小西门（尚文门）、小北门（拱辰门）和新东门（福佑门）三座城门。到1912年拆城墙、填壕沟、筑马路时，上海城共有十一座城门。由此可见，古老的城门变化也从一个侧面见证了上海城厢繁荣起步与困顿发展的过程。

二、浜浦相连，沧海桑田

路网是联络城乡、交通各地的纽带。田野聚落曰村，津涂凑集则为市、为镇。尽管市镇在各地的兴起情形不一，但路网从来都是一个市镇生存与发展的重要条件。上海老城厢的路网结构与因此演化的弄堂文化，是具有真实形象的历史表述，有着风格独具且难以复制的城市异质化特征。路网结构及位于其内的大量传统建筑，为过去几十至几百年前因水系地理构造先天所限，不同行业分布和地界性质变异，以及建筑单体与里弄功能不同等原因而形成的。这些大小不一、形状各异的地块形成组合关系，构成异质化的街坊边界和建筑群体，不仅丰富了老城厢历史街区的街道形态格局，也留下了老城厢社会历史演化的痕迹。如今这种传统的路网结构已经消失了很多，历史建筑更是凤毛麟角。

上海老城厢起步于江南水乡，沪上河流的命名有：江、河、港、浦、泾、沟、沥、洪、泾、渎、浜等10余种，其中"河"属一般通称，"江"为大河通名。古代先民并不是随意将水道用"河"这一通名来命名的，通常将东西流向的河流称之为浜、港；将南北流向的河流命名为泾。城厢内外天然水系发达，河渠纵横，浜、泾、港等河流将仅有九里城围的城厢腹地切割为泽国水乡，星罗棋布的水网如人体经脉通达四方，被称之为"有舟无车的泽国"。

河浜水系历来是江南水乡交通运输的重要资源，为保持其民生价值的延续，千百年来的官民体制和低下的生产力，一直对河道水系的疏浚与水乡的生态平衡给予了极高的重视。到了战乱频起的近代，老城厢河浜淤塞，航道不

1
2

1. 开埠前上海县城及护城河，分水门、路门
2. 旧时上海县城小东门边的水门

第二章　围城与开放的历史选择

畅，自然状况恶化。以后，随着城市的发展，西方公共卫生观念的传入，自然河浜的利用价值不再，于是拆城墙、填城壕，填浜筑路成了曾经水网纵横的老城厢的宿命选择。河浜生态走向路网生态，无疑是上海老城厢空间架构和地标辨识沧海桑田演化的展现。老城厢内外的肇嘉浜、方浜、薛家浜、陆家浜、侯家浜、中心河等自然河浜丧失殆尽，原有的江南水网景象出现了急转直下的退化。城厢内外弯曲狭窄、水道痕迹明显的那些街巷，则成了有别于他处

1	2
3	4

1. 旧时水门和城壕
2. 旧时上海县城的护城河
3. 旧时上海县城郊外河浜
4. 旧时上海县城郊外河浜泊船

027

最初上海 老城厢的诗和远方

从村落走向集镇走向县城，水网密布小桥错落的上海旧城，在方浜这条黄金水道上建筑了不少雕刻精致、风格迥异的桥梁。随着朝代更迭，方浜上的桥梁亦在增减。清同治《上海县志》的上海县城图记载，方浜之上从东到西依次排列着益庆、长生、葛家、如意、馆驿、陈士安、广福、东马、西马等桥梁；由南向北依次排列着香花、北香花、安仁、福佑等桥梁。大小桥梁竟达十四五座之多。每座古桥必有一段尘封的历史，方浜上千姿百态的桥梁，不仅装点了城厢泽国绿水白云蓝天的美丽景色，也见证了匆匆奔走于桥之两端的人们、他们和他们的后代不甘于浦港浜泾羁绊的情怀和努力。老城厢的史书上写着的画面是这样的：水无常状，桥不同形，桥畔市声喧嚣，舟船划波奔走，水面渐至混浊……据清嘉庆《上海县志》记载城厢一带，宋末有近30座桥，至清代已达56座桥。沧桑与厚重的方浜早已潜行地下百年，这些跨河而建的诸多桥梁也随城厢的发展沿革或废弃或拆除，留给后世的唯有"陈士安桥路""虹桥弄""西仓桥街""万生桥路"等与古桥关联的路名，以及老城厢那番水城光景的无穷悬念。

埠际贸易的活跃以及人口的剧增，使得城厢区域的弄、里、坊及街巷获得了较大规模的拓展。据清同治《上海县志》载：此时的上海县城已是街巷纵横，里、弄、坊错杂的所在了。而这些里、弄、坊及街巷并不呈标准的南北或东西走向，而是弯弯曲曲、东拐西弯的。因为街巷基本上为填水道而成陆路，难免留下深刻的水流痕迹。里、弄、坊及街巷的分布与疏密，也在某种程度上反映了城厢区域大致的经济布局。上海开埠，万舸争流，给地近黄浦江的城东南地区的发展提供了有利条件，那里交通便

1. 旧时城墙拆除后的老北门民国路（今为人民路）
2. 旧时新北门

第二章 围城与开放的历史选择

利,贸易繁忙,人烟稠密,楼宇相连,很快成为一个新的商业中心。

上海开埠,中外贸易中心逐渐从广州移到上海。租界的开辟,在上海内部出现了两个相对独立的区域——租界城区和华界城区。由于受"华洋分居"之制的限制,开埠之初租界与城厢基本上是井水不犯河水。这种华洋有别的格局并没有维持多久,随着1853年小刀会起义及太平军三次兵临上海城下,被战火驱赶的难民,争先恐后地涌入租界社区。"华洋分居"一变而为"华洋杂处","夷场"也因此在混乱之中迅速走向繁荣。老城厢商贸中心地位因此受到极大冲击,加之其市政设施和管理落后,城市环境逐步恶化。一系列重大变故促使华界也采取了一些变革措施,如进行政区改制。1912年1月上海将原城镇乡制改为市乡制,上海县设上海、闸北、蒲松、洋泾4市及引翔、法华等15乡,县城厢称为上海市。

开埠以后,原先北门外大片农村土地短时期内迅速转化成了城市土地,演绎出近代上海城市设施建设模式变革之大剧,一大批石库门建筑拔地而起,取代了原城厢单独的豪宅院落和零星的小家小户建筑。当时上海县行政区划为十二保,二百十四图,总面积600平方公里左右,约合90万亩(包括土地与水面)。其中沿浦新兴商业区600亩,城区总面积约为400亩。开埠之初,上海城厢内外虽然还有屈指可数的大地主,家资甚富,田数千亩,但总体上却已经处于以自耕农或佃农占有小片土地为主的状态。开埠后城郊农业用地被高速发展的房地产业所吞噬,新型的石库门建筑的大量出现,从某种角度上缓解了不断涌入上海城厢的流民、难民居无定所的困难。

城东内外以新兴的航运、商业经济为主的社会人居结构,与城厢内以消费经济为主的人居结构,在建筑设施上形成了相当大的差异。城厢内的建筑注重修葺精美的宅邸、苑囿、寺庵、学宫等,并辅助有储备漕粮的仓储,以及各种含义的牌坊。城内的街衢也设有飞檐画栋的接官亭,气派的东门大街,铺设有洁净而防滑的青砖,坦坦荡荡,直抵道署、县署衙门。城内不乏豪华宅邸、苑囿,著名的有也是园、咸宜堂、九间楼、书隐楼、郁宅等,大多是朱门粉墙之外,桃杏四布,曲水环绕,垂柳成行,宁静幽雅。出入的道路,或以青砖铺设,或是水道入门。真所谓"深园垂帘静昼长",颇为雅静别致。相当典型的江南园林建筑风格,宁静幽雅地表现出一片田园城邑风貌,也凸显了官僚及城居大户的文化意态。

县城东门至南门沿黄浦江一带,景观则迥然不同。新辟的街巷虽狭窄但店铺鳞次栉比,堆积的货物琳琅满目,加之摩肩接踵、熙熙攘攘的人群,使得那里各路商帮云集,各地商货于此辗转买卖,故而有了不同商贩和手工业作

坊集聚的花衣街、豆市街、咸瓜街、箧竹路、糖坊街，以及各路客商云集的会馆街、会馆弄、徽宁路、南京街、洞庭山弄。城东商业板块的建筑也有蔚为壮观者，最著名的是天后宫及商船会馆；其他如泉漳会馆、潮惠会馆、浙绍公所，以及各地商帮的祭祖场所和供社会性戏剧演出的戏院、戏台。城南的建筑，或被称之为"市房"，它们一排排一列列地沿着交叉错杂的街路拥挤在一起，构成曲里拐弯的"弄堂"，形成富有老城厢特征的居住形态，这些简屋中的居住者，大多为来自各地的小本经营者和借此糊口的贫民。

上海老城厢的路网结构反映出与其历史文化脉络相适应的特征。在老城厢不同社会层次居民混居而成的各个街区中，均有着各自相异的特色、独特的功能、不同的故事。城西散落着以名邸、书院、园林、文庙为代表的士大夫文化群落，城北聚集着以城隍庙、小校场为代表的民俗文化群落，南部区域则以小家小户围合的民居群落为主，城厢内少有难民栖居的棚户群落。不同秉性的文化形态自然相容，反映出上海城市巨大无比的包容性。多形态的生命

旧时晏海门（老北门）

模式、复杂生态系统形成的城市雏形，附着于老城厢路网与地块并深刻表现出与整个城市明显不同的群体特征。

19世纪末至20世纪初，受租界影响，一种既符合占地经济、设计合理、结构坚固、外观有序的原则，又兼顾房屋买主、租户的消费能力的都市民居建筑——石库门应运而生，老城厢与华界地区的里弄住宅开始大面积兴造。早期石库门民居是中西兼容的产物，它既具备江南民居的风格，又有西方都市民居的特点。其单体平面及结构由中国传统院落式住宅演变而来，一般分上下两层，符合江南小康人家择楼而居求其高爽的要求。其毗连式的总体排列又直接导源于欧洲都市联列式民居，占地经济，外观井然有序，给人一种紧凑新颖之感。

老城厢的路网结构衍生了最早、最本土的上海弄堂文化。早期石库门在老城厢的兴起和风靡，绝不是某位建筑师的一时灵感或别出心裁所致，它是由近代上海城市的特点与发展需求所决定的。由联排的石库门建筑所构成的老城厢弄堂，最能代表近代上海城市文化的特征。很多老城厢的原住民几辈人，在这些狭窄的弄堂里度过了日久天长的生活，创造了形形色色、风情独具的弄堂文化。逼仄的人居空间催生出亲密的邻里关系，大小弄堂成了居民们相互交往的公共活动空间。纵横交织的路网犹如动脉，把老城厢切割成无数四通八达的弄堂，弄堂建筑之间形成的小通道，虽然细窄却充满着家院般的简朴生机。弄堂文化折射出老城厢民居形式不同、声色各异、最富平民化的空间艺术特征。上海城厢文化的空间架构，经历了由水路走向陆路、从城里融入城外的演变和开放过程。

三、路出名区，鲜活脉络

地名往往承载着一个城市的历史记忆。后人可以通过地名触摸到传统文化怦然跳动的鲜活脉络，解析出无形的历史文化遗产，使得上海老城厢已经隐形的过往枝节能够很好地展现在人们面前。浏览民国以来不断翻新的上海城区地图，上海老城厢大街小巷的路名堪称一座上海文化的富矿，有着不胜解读的人文内涵。老城厢有许多以行业、官所、姓氏、花园、河泾等命名的街巷。如豆市街，是以堆放黄豆的仓库和用黄豆做酱油的作坊而得名。花衣街就是上海最大的棉花交易场所。外咸瓜街、老硝皮弄、王医马弄、糖坊弄体现出行业特色。而县左街以县衙得名，巡道街以巡道衙门得名，馆驿街以馆驿得名。姚家弄、梅家弄、唐家弄则以某豪门望族姓氏得名。露香园路、半淞园路、先棉祠弄是以私家花园、祠堂为名。大东门外的洞庭山弄，是一条东起中山南路，西至外郎家桥街，长236米，宽4.2～5.3米的小路，因为这条小巷与停靠来往苏州洞庭山班

最初上海 老城厢的诗和远方

船的洞庭山码头毗邻,靠班船"跑单帮"的太湖洞庭山行商来上海贩货时,总带一些"时鲜"的洞庭山枇杷来卖,久而久之人们就将原来的"梅园街"称之为"洞庭山弄"了。洞庭山弄的街西头原有一家戏院,名为梅园大戏院,沿路均为民宅。南码头西北处早年有条不长的"南京街",沿路入户的都是南京籍的住民。

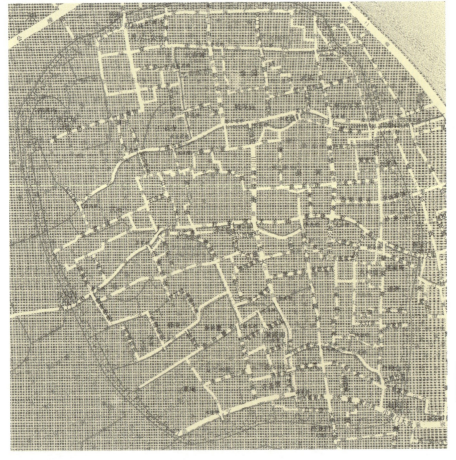

1
—
2

1. 学院路
2. 城墙时代

第二章 围城与开放的历史选择

1853年3月19日太平军攻克江宁（今南京），太平天国宣布定都金陵城，改名天京，正式建立了与清王朝相对峙的太平天国农民政权。在战乱期间大批南京城内的居民携家带口逃难来上海，原为乡邻的南京人都安家于上海老城厢南码头西北处，后人们就将此处的街巷称为"南京街"。在一份《上海市新旧路名对照》的资料里，有个旧时路名叫"旧学前街（东段）"，对应的路名就是现在的"学院路"，资料中又列举了另一处旧路名为"新学前街"，对应的是现在的"文庙路（西段）"。这份路名资料反映了老城厢曾经先后出现过的两处文庙、两处学宫的历史。一个个稀奇古怪、五花八门的路名，看似名出无序，但其背后都包含着一个个动人的历史文化故事，隐藏着深刻的城厢人文底蕴。

方浜路是一条弯曲狭窄，保留着方浜水流走向深刻痕迹的道路。它毗邻豫园、城隍庙，曾以"庙前大街""城中大街"为名，是连接十六铺码头（小东门）和城隍庙、豫园地区的人流走廊。百多年前，方浜路周边汇集了一批上海最早的钱庄、酒肆、银楼、金店、戏楼、茶馆、客栈以及各种商行，许多驰名沪上的百年老字号便源出于此。方浜路地区商铺林立，百业杂陈，人烟稠密，商业、手工业、餐饮业与娱乐业的发展极其兴旺，形成了当时"一城烟火半东南"的繁华局面。

方浜路不通汽车，商铺一家挨着一家，货摊一摊连着一摊。路上购物的、逛街兜马路的、观光游览的、为生计奔波的人群川流不息、喧闹不停。百姓们遇到逢年过节、男婚女嫁、老人祝寿、小孩出生、架梁建房、人来客往等大事，总要到方浜路和小东门去选购物品以充家用。

商业的不断繁盛为民俗文化的繁荣创造了必要的发展条件。明正德九年（1514），上海时任知县在方浜边建造了一个"大演武场"，习称"校场"。校场地近城隍庙，得益于"以庙兴市"而逐渐成为繁荣的商业区，主要经营笺扇、丝灯、锡器、玉器、书画、香烛等商品。据文献记载，清嘉庆年间有商人在演武场择址印制售卖年画，校场一带遂渐渐成了上海著名的"年画街"。到了清末，这种民俗文化现象则体现为独特的海派风格。那时的年画大多是以上海本地生活和租界洋场风俗以及时事新闻为题材，充满生活气息，是百姓普遍关心的事物景观，迎合了新兴市民阶层的需要和审美情趣。清末上海的社会结构发生了巨大变化，方浜沿岸的小校场年画亦忠实记录了这些社会变化。它的地域特点和艺术特点，也成了研究上海近代人们思维模式、文化心理和行为准则的重要依据。

方浜沿岸更典型的海派民俗文化现象便要数茶馆业了。茶和茶文化与社会民俗、经济生活相结合便衍生出了茶馆。在一定意义上，茶

旧时方浜路上的茶馆与饭店

馆反映了社会复杂的层次结构,折射出社会的各种矛盾,所以茶馆也是映射当时社会文化的重要窗口。方浜沿岸最早的茶馆具有明显的江南水乡特色,多为临水依岸、乌瓦粉墙、古朴雅致。茶客们可凭栏品茗,眺望水乡风光。明清时,上海不仅是商贾云集之地,也是文人墨客雅集之所,加上市民阶层的不断壮大,需要有适合他们的聚息之地。于是,方浜两岸的茶馆便成了他们理想的休闲去处,旧时上海人孵茶馆往往还兼有文学鉴赏、文化娱乐、社会交际等诸多目的。开埠之后,上海社会出现了百业交集、中西交汇、华洋共居、五方杂处、新风旧习共存共荣的独特现象,使得上海的古朴民风随俗推衍。新型的海派茶馆亦应运而生,此类茶馆不但具备解渴、小憩的功能,而且能满足当时社会、经济、文化进一步发展以及人们交往的需要,当然也不可避免地受到中外汇聚、五花八门特殊色彩的熏染。湖心亭、春风得意楼、玉壶春等均为那时方浜沿岸茶馆的典型代表,这些茶馆屋宇宽敞,堂口众多。茶馆内还设有书场,终日熙熙攘攘,热闹非凡。在这些茶馆里饮茶,还可品尝到各种特色小食。制作精良、美味可口的小点留传至今。

清同治《上海县志》记载:"方浜,东引浦水,由学士桥下入宝带门水关,经益庆桥、长生桥、馆驿桥、陈士安桥、广福寺桥,西至方浜稍傍城脚而止,此经流也。"方浜未填之前,有馆驿桥和陈士安桥在城隍庙庙门前跨方浜两岸,以为庙南的重要通道。馆驿桥边是邑城馆驿所在,故桥以此命名,还有一条小道也以此命名,即馆驿街,馆驿街仅百把十米长。馆驿是古代驿站所设的旅舍。驿站,是古代供传递军事情报、紧急公文的官员途中食宿、换马的邮递机构。明代在全国皆建有驿站,称为驿递,每隔十里置铺,铺有铺长;六十里设驿,驿有驿丞,

第二章　围城与开放的历史选择

驿站接待公差过境往来的官员。

上海县城的馆驿就紧靠在县衙边,这样便于他处来往官员,交办公事、入宿歇息,也便于驿卒食宿和更换马匹。馆驿街明了地显示了邑城馆驿的设置地。有了馆驿,那么邑城放养马匹的马厩又在什么地方?从城隍庙东进两百余米,有一条小巷叫马园街,那里原来就是馆驿的马棚所在地。

而沿方浜西去,离城隍庙百八十米远的地方有条巷子叫王医马弄。此弄是老城厢最古老的几条街巷之一,原叫王医马巷。王医马弄区域很大,几条巷子相互交叉构成路网。这几条小巷分别是王医马弄、北王医马弄、中王医马弄、南王医马弄。它们构成的王医马弄区域,北起沉香阁路,南至方浜中路,西端为侯家路,东边为旧校场路。

相传王医马弄与一名姓王的兽医有关。王医马原籍福建,在陈化成军中当马兵,他从祖上那里学得一些医学知识,这些医学知识后来都用在了替马匹治疗上。王医马在马队把马匹喂养得膘肥体壮,治疗马病也有一手绝活。陈化成从福建调任江南提督,所部驻防邑城内的小校场边。王医马在小校场的西首建了几间草房,这样可以就近照顾马匹,随时可以给军马治病。时间一长小校场边房屋不断出现,形成小巷,于是就以王医马的名字命名为王医马巷。作为上海老城厢名人的王医马各种传说很多,这样一位可妙手回春的兽医,想来也少不了给馆驿马厩的马匹医治疾病。

老城厢西北处的露香园路以著名的露香园而得名。露香园始建于明嘉靖年间(1522—1566),是湖南卸任道州太守顾名儒和其弟顾名世购地兴建的私家园林,又称"万竹山房"。传说因挖到了元代书法家赵孟𫖯(字子昂)所书之"露香池"石碑,故以"露香园"命名新园。露香园占地近40亩,园内有露香阁、露香池、碧漪堂、阜春山馆、分鸥亭、独管轩、积翠冈、青莲池、大士庵等诸多景观。

在露香园这座古朴、典雅的名园中,还诞生了明清上海一绝——顾绣。我国古代刺绣向来以宋绣为最著名,也最难学,一般闺阁女子皆望而生畏。而露香园顾家女子们却知难而进,在继承宋绣劈丝、配色和针法等优秀技艺基础上,创造出风格别致、富有质感、气韵清秀的刺绣艺术——顾绣。顾绣将中国唐宋以后的刺

聚奎街

绣艺术推向了一个新的高峰。顾绣作品均取材于意境高、艺术性强的古代名画真迹，融画理绣技于一体。所绣人物、山水、花鸟无不气韵生动，工致无匹，故当时有"顾画"之称，尺幅之素，价值数金，求者甚众。其绣法精致细腻，丝细过发，针纤如毫，配色精妙，随物而变。作品具有齐、平、细、密、富有立体质感的特点。当时市井中有"娘子鸣机丁氏布，美人刺绣顾家工，不胫走关中"的歌谣流传。露香园顾绣是上海民俗文化的一个典型代表，也是方浜两岸突出的文化成就。

聚奎街是一条很短且很小的街巷，但其有着很深刻的历史印记。元代上海建县后，县学（即文庙）亦随之由镇学改建而成。其设有大成殿、明伦堂和魁星阁（文星阁、聚奎阁）等建筑。魁星阁（聚奎阁）所在地边上的一条小街也就被称为"聚奎弄"，也就是现在的聚奎街。魁星阁成为上海县城中的一个著名街景。奎是文曲星，聚奎即为文曲星聚集的地方。咸丰三年（1853）小刀会起义，刘丽川的行辕设在文庙之内。由于魁星阁高，又距东门很近，便成了小刀会的一个观察哨所。后清军破城战火波及，文庙被毁。在被毁的文庙原址上，建起敬业书院新校舍，清咸丰十一年（1861）书院迁入新址上课，现在的聚奎街小学位于敬业书院的部分旧址中。位于西门的现在的文庙则为咸丰五年（1855）重建。

梧桐路位于老城厢的东北处，东起人民路，西至安仁街，全长359米，当时叫天主堂街。明末清初，徐光启的孙女在今梧桐路137号处买下了"世春堂"，将其改为天主堂，被称作"老天主堂"，还盖起了观象台。后康熙下谕禁教，老教堂被收回，改作关帝庙。据记载：世春堂"涂金染彩，丹垩雕刻，极工作之巧"。从始建年代来看，有"先有世春堂，后有豫园"之说。世春堂主人，就是豫园主人潘允端。后潘氏家道中落，徐光启的孙女购得世春堂改建教堂，外观与传统教堂建筑相异，属中国传统殿宇式建筑。大屋顶，飞檐戗角斗拱尚在，柱础为鼓形，牌楼式仪门。正堂横排五楹，正中三间为大厅，两侧各一间花厅。正堂前左右对峙建两层楼厢房。正堂中间有6根高约9米的楠木圆柱，明代青石鼓墩柱础。梁、坊、斗拱等均精致雕刻，鎏金染彩。堂前檐廊并置落地长窗，门窗及玻璃为清代末年风格。因梧桐路栽有行道树悬铃木（俗称法国梧桐），其枝叶遮蔽整个天主堂，且延伸至外面的天主堂街，因此称该街为梧桐路。1938年，天主教会在教堂南侧设立上智小学（1953年11月改为梧桐路小学，地址为梧桐路137号）。世春堂，这座全部楠木构架的明代古建筑，一直作为小学生的体育活动场所，楠木柱上钉着篮球架，楠木梁吊着一排排日光灯，高敞的厅堂一部分被隔成了办公室。1981年5月，世春堂被列

第二章　围城与开放的历史选择

为区级文物保护单位，经修缮后现作为豫园街道社区文化活动中心（分部）对社区居民开放，附近居民仍称它为老天主堂。

与由方浜演变而来的方浜路一样，乔家路原本也是一条河浜，即乔家浜。乔家浜东引薛家浜水进小南门（朝阳门）水关，西达也是园浜（今凝和路）。据载，明末名将乔一琦（上海乡人）世代居此，浜因乔家住宅得名。辛亥革命后，填乔家浜筑路，路以浜名命名。

与方浜路不同的是，乔家路不是老城厢的商业大街，而是沉淀着老城厢深厚浓郁人文气息的一条古老街巷。

乔家路上一路缀集有：

明代著名科学家、政治家徐光启故居"九间楼"。"九间楼"虽年代久远，却仍具昔日风格，楠木梁柱依然完好，柱础、雀替、斗拱和宽厚楼板等还是当年旧物，梁上镌刻卷水云纹。清初乔家路一带民房因在动荡中遭焚，徐家也未能幸免，原面阔九间的房屋大部分被烧毁。

乔家路143号，据传为明末将领乔一琦故居遗址，房屋西侧药局弄口的墙壁上钉有"最乐堂遗址"牌子。乔一琦诞生于官宦世家，他天资聪颖，年轻时就喜好驰马击剑，能驯服狂野烈马，而且刻苦练习书法，专攻怀素、二王笔法，人称"乔公子"。明代万历三十一年（1603），33岁的乔一琦得中武举，被委以把总，不久任辽东广宁卫（在锦州东北）守备，旋移驻山海关东之滴水崖，曾写大字"镇星之精"于石壁。后又任辽东镇江卫（在鸭绿江边）游击将军，严格操练士兵。万历四十七年（1619），乔一琦担任左路先锋，抗击后金进犯。在萨尔浒之役，乔一琦屡次指挥激战，曾所向披靡。最终，左路主将刘綎轻敌中计陷入重围，他率兵救援时使努尔哈赤的儿子、女婿殒命，自己也身中数箭，处于腹背受敌的绝境，但宁死不降，事迹入载《明史》。如今，在乔家路143号门前，尚存一块方形花岗岩旗杆石，正面刻

乔氏世谱

三支戟,民间传说寓意"连升三级"。

药局弄95弄1—2号,为药王庙(也称神农殿)遗址。自古以来,人们对悬壶济世的著名药师都非常崇敬,不仅在他们生前尊重有加,而且在他们离世后还将其尊奉为神。因神农氏即炎帝既是中华民族的始祖,也是尝百草疗疾病第一人,所以人们就专门祭供他。药王庙于清代嘉庆初年落成,房屋宽敞。前有戏台,中建大殿,后辟议事堂。嘉庆二十年(1815)进行重修时,形成条规:每年春秋,官府都要在此张罗施诊给药,援助缺医少药的贫民,从而有了"赐药局"之说,药局弄大概也由此得名。

与乔家路相连接的巡道街,因从前坐落于此的分巡苏松太兵备道道署即上海道台衙门而得名。上海道乃介于松江府、江苏省之间的机构。上海道台虽是正四品,却属重要官员,不少人曾升为正三品按察使或从二品布政使,也有担任巡抚者。

辛亥革命时,上海道台衙门被革命党人攻占,起义军发现末任道台刘燕翼和所有官员均已逃之夭夭,便找来煤油点火焚大堂。一时火光冲天,借着风势,仅半个钟头,道台衙门就被烧得只剩一堆废墟。它的遗址今为金坛路35弄集贤邨。

乔家路77号,为清代"上海船王"郁泰峰故居"宜稼堂"旧址。郁泰峰早年立志以文化、经济振兴家乡,他继父兄接手经营郁森盛沙船号后,拥有沙船近200艘,致力于开辟南北航运,发展海外贸易。郁家还设钱庄、商号、典当行等百余家,许多企业分布于上海县城,遂有"郁半城"之称。因郁泰峰热心于公益,常为做善事不遗余力,咸丰皇帝曾钦赐"从二品顶戴"。道光五年(1825),郁泰峰购得原乔氏"宜园",更名"借园",在此兴建"宜稼堂"。此系两层楼房,结构为砖墙立柱、抬梁式构架、榫卯结合。平面呈四合院状,共四埭三进,每埭五开间,正屋前有东、西厢房。每进的前后设门楼和天井,正屋和厢房之间设小天井,俗称"三进九庭心"。沿乔家浜还设统阳台,夜间点亮灯笼,用于河道照明。在楼东侧,另造双开间东厅,前排为戏台,中隔天井,北屋为花厅,屋后为假山,再后为船厅。西侧设长廊避弄,其南端为轿厅,北端为厨房。整座宅第在设计方面可谓匠心独具,崇古而又趋时,朴实中显豪华。"宜稼堂"虽经历晚清战火损坏和长期风雨侵蚀,但基本保持了完整的江南宅院风貌,是上海市中心现存的极为稀缺、弥足珍贵的两层双绞圈房。

乔家路113号,为清末民初上海著名实业家、慈善家、社会活动家、书画家王一亭故居"梓园"遗址。辛亥革命前王一亭加入同盟会,负责上海分会财务。上海光复后,历任上海军政府商务总长、华商电气公司董事、中华银行董事、大达轮船公司董事、湖州电灯公司董事

第二章 围城与开放的历史选择

长。1912年,当选上海总商会协理,后任会董、特别会董,他笃信佛教,曾任中国佛教会常务委员。他还致力于各种慈善事业,参与筹办华洋义赈会、孤儿院、残疾院、同仁辅元堂、难民救济会等。清末,王一亭购得郁氏"借园"部分园址,因内有一棵百年梓树,遂更名"梓园"。1922年11月13日,爱因斯坦携夫人艾尔莎访日途经上海,应邀到"梓园"赴晚宴,爱因斯坦在致词中说:"今晚来此,非常愉快。一到中国,就看见许多美术精品,使我有深刻的印象,尤其佩服王一亭先生的作品。"他在日记中也写道:"驱车穿过迷宫般的黑暗街道,去一位富翁画家(按即王一亭)家里吃中餐晚饭。房子外墙高冷,外面黑暗。里面,节日般灯火通明的走廊,环绕着浪漫的带有如画般池塘和花园的庭院。"当年,上海《民国日报》《时事新报》《大陆报》等都对此作了报道。如今,"梓园"遗址尚存一幢塔式楼房和一座两层佛阁。在后面,还有一排宽敞的平房,可见大大的斜顶、高高的廊柱和雕花门窗,据传它曾是王一亭的客厅和书房、画室。

乔家路、中华路口南侧,有一座建筑物被

旧时梓园池边的凉亭

旧时小南门警钟

称为"上海的埃菲尔铁塔",它就是小南门警钟楼。清代光绪二十八年(1902),上海县城开始有自来水。为了防止火灾的发生,城厢内外分段由各商号居户捐款备水龙、皮带和车辆,组成救火社。5年后,各救火社组成救火联合会。用于观察火警的小南门警钟楼落成后,当地消防可与租界相媲美。然而,没有人会料到,它最重要的两次鸣钟,却并非因为火警。

1911年10月10日,武昌起义爆发。在申城的革命党人,毅然决定率领救火联合会和商团武装等进行响应。11月3日下午2时,小南门警钟楼的洪钟被敲响,先9响,后13响,这是约定的暗号,起义队伍统一行动,上海道台刘燕翼慌忙躲进租界,上海知县田宝荣闻风而逃,江南制造局守军也于翌日上午投降,上海光复。1927年3月,上海工人举行第三次武装起义。21日上午9时,上海市民代表会议执委会常委召开紧急会议,决定中午12时起实行总同盟罢工、罢课、罢市,并由上海总工会代理委员长汪寿华发布命令。中午12时,以小南门警钟楼钟声为号,南市工人纠察队兵分三路,相继攻占淞沪警察厅和几个警察署,以及大南门电话局和南火车站,最后占领位于高昌庙镇(今高雄路一带)的江南造船所和上海兵工厂(两者前身为江南制造局),解除了军阀当局在南市的军警武装。

乔家路、永泰街口有一棵700多年树龄的古银杏,此为宋末上海镇留下的珍贵古树,至今枝繁叶茂,峻拔苍翠,为有着深厚人文气息的乔家路起到画龙点睛的奇妙作用。

文明的冲突贯穿了世界历史,全球化所到之处都会与本土文化产生冲突,本土文化的失落与焦虑在所难免,但上海本土文化似乎不存在失落,很少有焦虑。相信它的自信应该来源于老城厢文化的积淀。它首先是开放的。海纳百川,熔铸中西,化腐朽为神奇,创风气之先;不闭关自守,不故步自封,不拒绝先进,不排斥时尚。其次它具有创造性。善于吸纳新事物

等待拆迁的乔家路梅家弄

却不照搬照抄单纯重复,总是用独特的想象力,去激活创造力,再造一个与众不同的事物。另外老城厢文化还具有扬弃性。百川归海难免泥沙俱下,鱼龙混杂,但它却有着精明的选择,合理的保留,避免盲目,不会盲从。老城厢文化长期生存、活跃在一个紧仄的城市空间,能咫尺多元尽得相安更是令人叹服。其主要表现为:雅与俗、洋与土、先进与落后、主流与边缘、流动与稳定,都能同时显现一个平面,同处一个空间,同站一个舞台。

老城厢弥漫的民俗文化、市井风情、商业温度,以及不那么纯粹的西洋味道,是上海人最真实社会状况的多维反映。老城厢的住民在围城时代安分度日,坚守了诸多的与众不同。而面临围合大势已去的局面时,他们也能积极顺应潮流,打破城墙、开辟新路,融入新的城市环境。老城厢用包容万象的气度,把学理融化于世俗,在城厢外铺天盖地而来的西洋物质文明面前,显示出交融磨合中的兼容并包、冷静平实和聪明通透的文化特质。

第三章 特质与价值的历史定格

一、内敛与深厚繁实的文化特质

文化特质一般都具有群体性、时间性、空间性、层次性和有机性。上海老城厢文化的"内敛"这一特质，受"空间性"的影响更为明显。即传统文化在进化时必然会受当时自然环境条件、人文环境需求等方面的制约与影响。

上海老城厢的城墙与大多方方正正的城池不一样，城墙周长9里呈椭圆形。如同被岁月磨去了棱角一样的圆形城墙，慢慢浸润出老城厢人圆融做人的性格。在有城墙的359年（1553—1912）时间里，老城厢的城市形态是围合的。在2.2平方公里的区域内有官府衙门、县学书院、社会机构、庙宇道观、水陆交通、名门望族、私家园林、集市贸易等，可谓是"麻雀虽小，五脏齐全"。虽与外部世界相对隔离，却经济发展快捷，人口增长迅速。初为10条土路构成的城厢，逐渐发展为有60余条纵横交错、依地域形态而连通的街巷，再加上城内众多河道桥梁，以及先后出现的一些相对集中的行业街市，使得城内贸易异常繁荣。300多年以后，为顺应社会发展潮流，老城厢有了拆除城墙、填沟筑路之举。由于受限于城厢先前众多河道的羁绊，并未改造出南北贯穿、东西畅达的通衢大道，城内路网虽是由拐弯抹角小路小巷织成，却也延续着昔日老城厢原本的面貌。城厢道路尺度窄小，构成复杂，相对于北部租界地区的宽敞马路，几乎没有开放性可言。

城厢腹地常见两侧高高的墙壁、中间窄窄的巷道，造就了里弄街巷的私密与低调，显示出不肯张扬的内敛特质。城厢内住房土地相对紧缺，更多的房屋建成了占地经济、结构牢固、实用改良、外观井然、成排成片的石库门。石库门的每个院落占地面积有限，只能"螺蛳壳里做道场"。城厢出现的合院式结构的房屋关上大门，整个房子便与世隔绝；而内部形态是四周围合，仅中间的天井与外界相通。围合空间形态催生了城厢市民低调安分的生活态度，同时也使得他们多了一份藏愚守拙般的谨慎和精明。

上海开埠之前，限于客观原因，老城厢只是一个海滨小县城。虽然文化底蕴深厚、商业逐渐繁荣，但商业发展程度与商人力量的弱小，远不足自我孕育出可影响其他城市乃至全国的特色文化。开埠后各省商人纷纷进驻上海，上海城厢商业快速发展，商人力量也由此跃居东南之首，源于江南文化"内敛"性格中的内向反思能力和创变能力亦开始显现。那种善于吸纳新的事物、能够妥协包容的心态和能力，在人与人交往过程中既有引力，亦有斥力。所以当传统的上海社会、传统的城厢文化，在与南来北往和西风东渐的各种文化观念、商业行为、生活方式碰撞交汇中，就有了一份善于扬弃、

第三章 特质与价值的历史定格

取长补短、融合催新的从容。多元文化在整合、变异的动态过程中，铸就了上海城市新的文化、新的观念、新的商业行为和新的生活方式。华洋共处、五方杂居的结果，创造出了一种新型的、杂交混合的海派文化和海纳百川的上海性格。人文环境的主观需求，也在老城厢与各地多元文化的碰撞交汇中，影响并左右着老城厢文化特质的形成。多少年过去，老城厢人在围合的空间里，以其内敛的性格过着勤勉知足的生活。自然环境的客观条件与人文环境的主观需求，使得从小渔村起步、世代延续着内敛特质的老城厢，在碰撞和创新过程中蓬勃发展蜕变为国际性大都市一隅。

"深厚"释义有三：一是形容雄浑，博大；二是指人们学业、技艺的功底雄厚；三是宽厚，厚道。讲文化特征一般指有渊源及经过长期积累演化，所形成的地域性文脉或底蕴。老城厢文化之深厚的特质，表现在经过长期历史积累，有着独特的地域性与兼容厚道。

上海老城厢文化的深厚，可以从城厢的建筑艺术、精英荟萃、地名文化、市井文化、精神生活、宗教信仰、社会教育等多方面得到证实。它的传统民居建筑承载着上海城市近代建设史上最早的厚重，留驻着江南城市传统民居传承、演变的发展轨迹；它的路名有着并不唐突的文化诗意，每一条小街小巷背后都有着挥之不去的历史情结，传递出岁月的经纬与人文的信息；它的市井文化是一种由生活化、自然化、无序化形成的社会文化场景，积累七百年城厢百姓敦实简朴但又智慧精明的生活方式而

旧时街头菜场

形成。

老城厢的深厚人文底蕴弥散于城市上空。早在开埠前，便已商贸发达、教育优异、精英荟萃、人才辈出。科学先驱徐光启、政界领袖李平书、棉纺始祖黄道婆、秦观后代秦裕伯、一代武将乔一琦、商界魁首王一亭、沙船霸主郁泰峰、实业精英陆伯鸿等，还有顾绣名手顾缪氏、韩希孟等，从老城厢脱颖而出的人文先贤，深刻影响了不断变革发展的社会，推进了稳定社会的基本价值观的形成和规范。

老城厢所包容的丰富宗教信仰和多元精神生活，使得其曾经有过不计其数的寺庙庵观。这种精神仰望和价值意识的定向形式，在虚无中注入神圣的目标，其把握世界和生命的独特方式，具有为生活寻找支撑和意义的积极作用。

老城厢在中国近现代教育中形成的开创性地位，自然、科学的教育理念，以学生为教育主体、问难辩论式教学等这些新的教育思想，具有巨大的反封建的进步意义。

老城厢地域不广却长期容纳了丰富的社会阶层。"仕农工商学"同聚一城，相依相近相融，共同孕育了较为一致的社会规范、价值取向、伦理观念、心理状态与审美情趣。当外来文化如洪水猛兽般袭来，它没有丢弃传统文化本色，虽然脚步蹒跚但依然大步追赶，在开放融汇中创变出更为深厚的海派文化。

老城厢地区历经数百年沧桑曲折发展，凭借天时地利人和，创造过中国近代沿海小县城走向国际大都市的繁盛，坚守过中国江南传统城市的平实市态与风貌。水上航线的开辟带来沙船业的兴旺，棉花种植、纺织改良使得棉纺织业发达，浦江沿岸内外贸易让上海老城厢的经济初现繁荣，催生并定型了近代中国新型商业文化。商业繁盛也推动了社会文化的发展，城厢内外呈现出精英文化独领风骚、海上画派破格创新、书院私塾星布授学、会馆公所敦谊相帮、善堂济院义浆仁粟、庙观寺院香客信众云集的繁盛景象并尽书史册。

开埠后的老城厢，在内外强劲

早期上海街头的水果、蔬菜交易市场

的发展压力下,先发优势渐渐耗尽,只能"平实"如初。狭窄的弄堂、低矮的建筑、逼仄的民居,与城市西区北市的高楼大厦、优雅居所无法相比。直至21世纪的今天,依然遗留着许多与众不同的城市欠账,还有大批的城厢居民居住于拥挤的里弄老宅之中。尽管他们和整个城市一样享受着时代进步带来的许多经济、科技文明成果,但由于生活空间条件的限制,他们尚未摆脱几代人延续的仍与马桶为伴的窘迫境遇。城厢百姓所有的"平实"生活信仰,依然渗透在沿用至今的老城厢路名之中,如安仁街、吉祥弄、安平街、福佑路、贻庆街、万安街等。老城厢平实朴素的社会生活,很好地规范并传承了数百年发展所留下的精神记忆和文化传统。如:与人为善、乐于助人的道德情感;见利思义、顾全大局的行为准则;相互尊重、礼让宽容的人际关系;互谅互让、友好协商的社会风尚;关爱他人、团结互助的社会氛围;维护公平、伸张正义的社会追求。

二、包容与公德见著的文化符号

上海老城厢文化之所以能够孕育出独特的上海城市文明,首先得益于它兼容并存的文化心理品性。

"上海文明的最大心理品性是建筑在个体自由基础上的宽容并存",因而使得多元的文化形态,能够奇妙自然地相容共处互不排斥且源远流长。上海近代文明的肇始者徐光启,在16世纪初便在方浜两岸留下了他开通开放、随和好学的浓重痕迹。从梧桐路上海现存最早的天主教堂——敬一堂和乔家路"九间楼"的遗存里,我们看到的是上海先人对西方文明早期的精神认可,这种认可绝无19世纪后的百年中所展现的"崇洋""崇商"的那一面。

仅以商街、园林和寺庙三位一体而言,城隍居中,花园、商市环绕,方浜老街和豫园商城、豫园花园与城隍庙相依相存的街区格局,无时无处不透露出市民文化的浓重色彩。街市因庙园而兴,庙园借街市而旺。起自东邻浦江的农副鲜活特产,到方浜路沿街的京广杂货、古玩工艺、旧书日杂、参茸药材、皮货棉布、珠宝银楼、花草鱼虫、江南小吃、香烛祭供、酒肆茶楼、戏园书场……百多年来始终铺展着宏大纷繁杂芜的庙市场景。唯其源远流长的传统、祈福与延绵子孙的意味,才使得这里仿佛并不在乎社会环境的千变万化,总是游人如织、兴盛无比。唯此最真实的文化情感需求,才是底层市民对节庆空间氛围以及日常安居生活形态的内心追求。即便世道轮转,今天到上海的各地游人也都会产生亲历一睹的体验渴望。

兼容并包,是中国传统文化与民间信仰最显著的特点之一。中国民间信仰主要是指俗神信仰,它把传统信仰的神灵和各种宗教的神灵进行反复筛选组合，从而构成一个杂乱的神灵信仰体系，具有多教合一、多神崇拜的特点。这鲜明地反映了中国世俗信仰的多元性。这些信仰并没有本质上的冲突，一方面体现了中国文化的包容性，另一方面也体现出民间信仰"尚和"的文化精神特质。

其次，还有较早形成的市民精神层面的公共意识。

在中国古代，公共意识主要表现为读书人"修身齐家治国平天下"的抱负，豪侠"路见不平拔刀相助"的正义感和勇气，仕人"先天下之忧而忧，后天下之乐而乐"的忧民意识。此外，中国人的公共精神还表现在为家族或乡村修建宗祠、建桥修路、赈济贫困、帮助孤寡等。

近代有识之士倡导的爱国、进取、冒险、尚武和协同一致、公德心等，包含了当时人们所提倡的公共精神。由于东西方的历史传统的不同，按照西方人的眼光看，中国人是缺乏公共精神的，近代中国先进知识分子也都这样认为。他们感叹：中国闹到这个地步，都是因为大家只图私利，不讲公德所致。商业讹诈屡见不鲜、公共场所大声喧哗见怪不怪、上车拥挤和占座成了理所当然、随意践踏公园花草不以为耻。当时的人们甚至发出了"救中国必先培养国民之公德"的呐喊。然而，他们也看到了中国人的另一面：当人们被迫起来反抗统治者的压迫和苛捐杂税时，总会有一些人站出来成为带头人。这些人最后往往难免一死，"像这样一种不仅冒险，而且几乎一准要丢性命的行为，就是公共精神可能获得的最高体现"。确实如此，"我们从古以来，就有埋头苦干的人，有拼命硬干的，有为民请命的人……"这正是鲁迅所说的"中国的脊梁"。

乾隆二十年（1755），潘家三世的豫园荒芜渐废，此时的上海人偏偏另辟蹊径，由官民出资重修豫园。如此高招无比精明地改变了豫园的私家产权性质，使它成为了上海最早的公共园林。而当时被称为"西园"的豫园，隔墙便是早在康熙四十八年（1709）由上海商人集资修建的公共花园"东园"。

两处园林风格迥异，西园简从疏放、浑然天成，大有城市山林尘障一空的文人清雅崇尚。东园雕梁画栋、架床叠屋，更多了些商人的时髦奢华意味。两座风情各别精致有加的园林，300多年以前便早早地以地方公产面目，任由百姓自由出入欣赏游玩。此举不能不使私人产权意识越来越重的现代人，深深地敬服当初那些深明大义乐善好施的先贤。

从康熙年间至开埠前，先后有7家执沪地传统产业之牛耳的行业公所入驻庙园。同治七年（1868），西园的修复工作交由园中21个行业机构承担，一并出让的还有土地使用权。于是，各业在修复园景的同时，纷纷把多余的地产造屋出租，使城隍庙街区的商业空间进一

第三章 特质与价值的历史定格

步膨胀。豫园的新生是地方士绅重构庙园市格局的结果，特别是各业公所的入驻，使城隍庙街区在政治、信仰功能之外，又添经济功能，亦为后来城隍庙街区突出的商业性奠定了基础。

1922—1924年，因管理不善城隍庙三遭祝融之灾，特别是1924年农历七月十五的大火使整座庙宇变为废墟。1925年8月，整理豫园委员会成立。翌年12月，上海邑庙董事会成立。后者的宗旨是"保持庙宇之庄严，扶助商业之发达，汇集公益之收入"，头等大事是城隍庙的修复。

1926年7月，沪上闻人黄金荣、刘鸿生、张啸林、杜月笙、程霖生、苏嘉善等合捐5万

1. 上海外白渡桥旧景
2. 旧时轿子与人力车
3. 旧时上海的黄包车
4. 旧时上海街头的黄包车

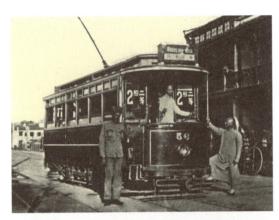

1. 旧时上海街头行驶的有轨电车
2. 旧时上海街头行驶的双层公共汽车

元重建大殿,"以钢铁为骨干,以水泥为材料,不用一砖一木,而彩椽画栋,翠瓦朱檐,仍沿古神庙之仪制"。1927年12月18日的开光日,"进香男女,络绎不绝,直至晚间九时,犹见香烟缭绕,红烛高烧"。

这次邑庙重建的意义超越了以往任何一次,不仅使庙貌得以长久完好,更实现了城隍庙街区的商业化。重建之后的"邑庙市场"确实迎来了民间喜闻乐见的全面繁荣。

三、开放与民间自治的独创成例

1900年,城外租界洋楼耸峙,车水马龙令人目眩神迷,然六百年的县城却不能就此退居一隅,衰落破败下去。又如当年上海绅商挽救日渐萧条的豫园一般,此时还是他们先站了出来。地方士绅开始研究如何"仿行文明各国地方自治之制",以图自强。又自筹款项,承揽开辟一个华人商场的事宜,以阻遏租界的扩张,他们还建议在沪设置警察,维持地方秩序。

1905年,以郭怀珠、李钟珏为代表的上海地方绅商建议:鉴于"惕于外权日张,主权瀍落","道路不治,沟渠溃污,市政衰败,应创设总工程局,以整顿地方,立自治之基础"。这个提议,正合当时的苏松太道袁树勋"以地方之人兴地方之利,以地方之款行地方之政"的想法,便决定撤销原下属的南市马路工程善

第三章　特质与价值的历史定格

后局，将所有马路、电灯以及城厢内外警察一切事宜，交付地方绅商公举董事承办。

1905年9月，上海各善堂、书院、警务的所有董事，各铺、各段的所有董事被召集来举行选举大会，李钟珏任领袖总董，上海城厢内外总工程局正式开张。在其行权的四年中，共辟建、修筑道路60多条，修理、拆建桥梁50来座，新辟、改建城门3座，疏浚浜河9处，修筑驳岸7个，修造码头4个；设置巡警人员398人，每年裁决民刑诉讼及违警事件1700多起；岁收入从93600多两白银增加到164000多两白银。

可见总工程局拥有的已经不仅仅是市政建设权，还有民政管理权、公共事业管理权、社会治安权和地方税收权。虽然这些权力是有限的，也一定程度地受到清政府的监控，但是拥有这些权力，使得该机构事实上已经具有地方行政机构的功能。而这一切，也实实在在反衬出朝廷的无能为力。

1909年1月，清政府颁布《城镇乡地方自治章程》，规定各地都应筹划地方自治。上

1. 旧时南京路街景
2. 早期南京路街景

最初上海 老城厢的诗和远方

海城厢内外总工程局应势改组为上海城自治公所，先前地方人士自发自办的南市地方机构亦变成整个上海华界的地方自治总机关。除拥有一部分本地的市政建设权、民政管理权、地方税收权和公用事业管理权外，还拥有了部分工商管理权和文教、卫生管理权。在短短两年的时间里，城自治公所共辟建、修筑道路40多条，修理、拆建桥梁10余座，新辟、改建城门6座，建造小学校舍7所，建筑驳岸3个、码头2个，设立、补助小学校6所，巡警人员扩充至455人。

辛亥革命后，1911年11月上海光复。清政府在上海的地方统治崩溃，原来的自治公所建制也进行改组，上海开始形成了一套资本主义的城市市政系统。1912—1914年，市政厅共设立、接办小学校19所，在校学生数达5000多人，辟建、修筑道路70来条，此外，还拆除了旧城墙。1914年2月3日，袁世凯下令停办地方自治，上海市政厅随后宣告解散，上海自治告一段落。

就自治机关的结构而言，它引进了西方资本主义市政机关的一些体制，采用了代议机关和执行机关的立法权与行政分离、相互制约的方式，相对清政府的地方政权有了许多先进之处。自治机关还采用民主选举议董、领袖总董、办事总董的方式，尽管这种选举不是地区市民的普选，而只是一部分有产者的限选，但在当时的华界内能实行这样的制度，本身就是比较民主、开明的一种做法。

上海自治机关的设置，既是上海华界丁近

1. 旧时黄昏中的南京路
2. 旧时上海的跑马场

第三章 特质与价值的历史定格

代发生的一项重要变革，也为中国地方传统的、凝固的政治制度的突破开创了一个新的起点。

方浜流入黄浦江的地方——十六铺区域，由各地商人操持着不同领域的买卖。山东人经营杂粮、生茧；徽州人经营竹、茶、墨、纸；江西人经营瓷、布、药；无锡人从事铁工、棉织、丝织；绍兴人经营酒和钱庄；杭州人经营绸缎；宁波人经营煤、钱、鱼、药等；福建人经营米、糖、木、漆器和烟土；广东人从事烟土、杂货经营和买办职业等。面对停留寄居者日增、生意上分疆划界的状况，为了便于旅沪同乡之间的交往，维护同乡利益和举办互济慈善事业，同时谋求商业的发展，城厢内出现了以联络乡谊为主的会馆（亦称公所），它们往往直接以地域名目为标识进行划分：如宁波、绍兴、山东、泉州、广东、潮州、四明、三山、苏州、徽宁、江阴等会馆，当时城厢内外共有30余家会馆。

同时，由于上海市场的扩大和竞争的激烈，商人们为维护自己行业的利益，控制经营特权和统一商品质量、价格，又出现了以同行业为组织的同业公所。这些公所常常按行业名称命名，如沙船业、镌刻、钱庄、米豆、粮食、渔业、棉花、布业、花押业、药业、木商、油麻、梨园、珠宝等共147所。选择落址的时候，商人们的眼光分外集中。城厢内外的豫园、十六铺地区，成了上海同乡、同业会馆的发源地。面对"商民刁滑""市井繁剧"、五方杂处的复杂市情，

同乡、同业会馆行使起中间管理组织的职能，在推卸责任的政府和散乱难统的民间之间，显示出维持社会一般秩序的权威。

同乡会馆的义务，包括帮助新到上海的同乡人找房子住、找工作做，办义学、培养同乡子弟、完成教育，设义冢、负责把死者的遗孤送回家乡等。同业会馆则出面仲裁成员之间的财产纠纷，协调与各方的关系，制裁违规人员，经费则由各工商业行捐献和分摊。

老城厢的同乡、同业会馆，相当于西方中世纪城市的"行会"（trust），它是近代西方国家民主、自治制度的起源。在上海道的官位仍被江苏巡抚随意买卖的时候，会馆公所的董事们承担的社会义务超过了县官，他们的威信也远在城里官吏和乡间士绅之上。

小刀会起义的背后，有会馆董事带领下民间各方与官府的对峙。抵制洋货的风潮，大多由商会和会馆领袖发起，继而得到社会响应。当然，会馆（公所）能决定的事情，多数还是官府不愿处理的杂难事务，而非重大要务，他们所享有的权利，还仅仅是官方社会压制下的有限权利。但是会馆（公所）在官方压制下的存在，则是这个商业城市自行确立起来的一种规范。

值得注意的是，这种变化是自发的，而非由政府强制完成。其中，最重要的步骤就是成立同业工会。由行业工会倡导制度改革，或

最初上海 老城厢的诗和远方

损益传统制度，使之适应市场运作；或援用西方资本主义制度，对其进行本土化的改造。同乡组织和同业组织在制度变迁中，很好地发挥着承上启下的双重作用。一方面，是寓居上海的外乡人在这个陌生环境中的一个传统社会组织，是移民在情感和身份上的归宿；另一方面，是一个行业管理机构，发挥着推进经济运作规范化和市场化的作用。

正是在同乡、同行工会这个组织体中，社会完成了由传统社会向商业社会的对接，人也完成了从传统人到现代人的蜕变。即使在跨国资本席卷全球的今天，世界的每一个角落都有粤商、浙商游走和聚拢的踪影。这说明即便是处于弱势的、边缘地位的一些经济活动，依然可以有强大的生命力。说明传统社会组织的某些形式，在全球化的大气候下依然能够存在，而且能够生机勃勃。

今天的老城厢中，那些曾经存在了百多年的会馆和公所遗迹，如同打碎的水晶玻璃片早已散落在消失的小巷深处。栖居于此的一拨又一拨外来者，对这里的认同远远不及历史上曾经的那些时光，其中的缘由实在无法不让人深思。

历史上老城厢中的城隍庙，是提供地方朔望拈香、宣讲乡约和祈祷晴雨的官方活动场所，同时也是大量民间信众活动的集中之地。城隍信仰的二元一体，给老城厢的发展提供了独特的社会环境，使其成为各阶层民众共同活动的多功能空间。

乾隆年间豫园逐渐划归各业公所使用。这些公所，鉴于使用城隍庙园中的亭台楼阁，多

1. 旧时街头广告招幌
2. 旧时上海街头有轨电车、小汽车、黄包车与行人并流情景

第三章　特质与价值的历史定格

在敬行业神之余，祈求城隍庇护。各公所还积极承担城隍庙改扩建的费用，甚至将买地出租所得和罚没所得用于城隍祭祀，并在后期开始成为参与"三巡会"活动的组织。由此，城隍神被人为地赋予行业神甚至财神的职能，在吸引各大行业的同时，还引来没有行业神的大量手工业者的朝拜。

同中国各地的城隍庙一样，传统时代的上海城隍庙，除为信仰中心之外，还是地方集会的公共空间。邑庙"西园'三穗堂'，居园正面，巍然高耸，内极宏敞。绅士每于朔望宣讲圣谕，令众集听，凡道县朝贺万岁及有大事，皆以为公所"。康熙十年（1671），上海全邑组成两百余人的进京团，要求朝廷留任深得民心的朱知县。七月二十六日，绅民在城隍庙演戏祀神，为进京团送行。

"光绪戊申之夏，邑中耆老集千龄曾于豫园，与斯宴者皆年达七十以上齿德俱尊之士。筵开北海，颂上南山，诚盛事也。"城隍信仰的官方内涵使城隍庙街区成为官方集会的最佳空间。

进入民国以后，城隍庙在民众生活中的传统影响力，使得不少宣讲活动选择在城隍庙园中开展。五四运动前后，"东吴第二中学及通俗演讲团，在邑庙摇铃演讲商界罢工之原因及今日之大局。淋漓尽致，多为泣下"。五卅运动期间，数百名学生冒雨在豫园各处演讲，"要求市民援助被捕学生并与外人经济绝交"，还在庙园各茶肆分发传单，"演讲此次工潮经过情形"，规模盛大，前后历时20小时。

后来，当民国政治由满汉冲突转向华洋矛盾，上海政治生活的重心不可避免地从老城厢转移到了租界。政治功能消解后的城隍庙街区，留存下来的是政治空间的遗痕——传统文化。进入近代以后，老城厢地区整体趋于边缘化，政治公共空间的功能亦逐渐丧失。这与街区大众化、商业化的趋向有关。当然，城隍庙公所、商铺遍地，缺乏开阔的空间也是重要原因之一。

各类公所空间延伸的标志体现在庙园市中的茶馆。邑庙的茶馆酒楼见证了人们"掷杯挥剑"的狂态和怀才不遇的伤感。西园的群悦楼、凝晖阁、绿波廊等茶馆，都是狂士们"饭罢无事，聚众剧谈"的佳处。在那里，他们拓宽着交友圈，也交流着对"家事国事天下事"的看法。

同宣年间，不少国画团体在豫园的活动，丰富了城隍庙街区传统文化中心的内涵。当时频繁进出于庙园荷花池南岸飞丹阁的，有后来蜚声海内外的任伯年、吴昌硕等国画大家。宣统元年（1909），城隍庙西园又产生了两个著名的书画组织"宛米山房"和"豫园书画善会"。晚清上海各书画组织往来频繁，共同创新并形成了"上海画派"。传统文人的"济世情怀"，最能在城隍庙这类传统积淀浓厚的空间释放。20世纪二三十年代，不少后来的大作家、大学者都曾在城隍庙的书摊旁消磨时光。在他们眼中，"有很大的古董铺、书画碑帖店、书局、书摊、说书场、画像店、书画展览会以至于图书馆"的城隍庙，"不仅是百货杂陈的商场，也是一个文化的中心区域"。

庙园一度是文人雅集的所在，民国以后的邑庙市场则展示出大众化的一面。1919年，邑庙中的大小摊头已达2000余处，传统的城隍庙小商品市场自那时业已形成。城隍庙街区是上海岁时年节民俗活动的最大承办地，无论形式还是参与对象均随着社会的演进更趋大众化。《上海县续志》条目抛弃原有的风俗节日，将"豫园花会"列入"岁时"，即是对城隍庙公共活动空间的认同。

拥有众多茶馆的城隍庙街区是沪地书场的集中地，称邑庙书场是"弹词家的发迹地"毫不为过。辛亥革命、五四运动期间，光裕社和润余社先后发起义务说书以捐助各类革命运动，柴行厅等邑庙书场则成了革命者的活动基地。将这些娱乐功能融于一身的，是诞生于1918年的"小世界"。这个一度经营不善的劝业场，经"大世界"创办者黄楚九的妙手，一跃成为仅次于租界"大世界"的沪南"小世界"。

多少南北曲艺家从这里开始了他们曲折的艺术生涯，京剧名伶孟晓冬，申曲名家丁少兰、丁婉娥，都曾在此登场演出。1922年11月13日，路过上海的爱因斯坦游览了城隍庙，到"小世界"观看昆剧也是日程之一，由此可见"小世界"在当时老城厢中所处的娱乐中心地位。

当然，在这样一个多功能的公共活动空间中，也会充斥着社会的另一面。大殿前替人看相的，茶馆里兜售假药的，隐秘处伸"第三只手"的，最"壮观"的当属遍布各处"吃百家饭"的乞丐。上海丐帮以城隍庙为大本营，在一定程度上强化了该街区作为公共活动空间的属性。伴随城隍信仰的功能嬗变，近代城隍庙街区经历了大众化、商业化转换交替和共存发展的过程。这一街区氛围的形成是各种时空因素交汇互动的反映，充分呈现出一种独特且多元的空间气质。

历史的空间记忆留给了上海老城厢空间价值扩展的无限遐想，已逝的场景不能也不必重现。摆在我们面前的关键是，必须倡导和光大理性的价值观念。其包括：空间上的开放共享而非各自封闭相互割据，文化上的多元包容而非一统天下，风格上的传统与时尚融合创新而非对峙坚守，业态组织上对价值犹存的传统形态、弱势行业的尊重扶持而非一概"腾笼换鸟"和驱赶打压，社会管理上民间商会行会组织作用的有效发挥而非政府一手包办。这些价值观念的确立，无疑应该成为上海老城厢发展毫不动摇的主题。

上海的诗经 〈中编〉

风篇
江风徐来

有人说，如果上海老城厢是一部史诗，那它就是上海的《诗经》……

一个地区如果没有自己的本土文化，或许它的区域经济可以繁华一时，却难以永续发展与强盛。本土文化的滋养对一个地区的全面持续发展举足轻重、至关重要。中华民族早在三千多年前就蓬勃涌现出民间诗歌的滚滚源泉，《诗经》经历时光洗礼后，形成健康的文化基因并融进华夏文明的血液之中，从而催发华夏文化的灿烂辉煌。

春秋时期，农业、手工业的发展促进了商业的兴盛，各诸侯国之间商业往来相当频繁。郑国公室与商人盟誓以求互保，因此郑国的商人地位与势力之强可想而知。郑国商人的活跃、商业经济的繁盛也在很大程度上推动了市井文化的发展。"郑声"是郑国人创造的一种地方色彩浓烈的新曲调，其特点为：激越活泼、抒情细腻。"郑声"在春秋时期独立成为了新兴音乐的代名词。

上海老城厢市井社会发展状况与春秋时代郑国的社会发展状况有着较多相似之处：经济繁盛，商业发达，物质丰富，商人势力强大，整个社会对娱乐生活与精神层面的追求更为迫切。从《诗经》的编撰看，诗经的"风"是通过对15个地区土风民谣采集而形成的。之后"采风"一词，特指对地方民歌民谣的搜集，被引申为对民谣风俗、自然风貌、社会风情的采集。

当今被视为文学经典和史学珍品的《诗经》中的"十五国风"，当初就是山野乡民、村姑绣娘口口传唱的民歌，所以"村茶未必逊醇酒"。民俗的市井文化是人类文化的基石，是社会最为基础的文化，是人类社会生生不息的永恒伴随物，也是凝聚于民众心理中的深层文化。

"风"也是襟江带海的上海老城厢传统文化的主基调，"风"是老城厢的底色、杂色。通过调和演绎出城厢百色，也是历史深处本土文化浸染而不褪色的基调。城厢传统文化之所以如此丰富、深厚，就是因为有此生动、鲜活的"民风"伴随始终，使之色彩鲜明地浸润、影响、融合，从而铸就了吴越文化、江南文化、海派文化三位一体的城厢特色文化体系。

先秦人咏赞美好生活的《击壤歌》如此唱道："日出而作，日入而息。凿井而饮，耕田而食。"上海城厢的先民也曾悠闲地生活：太阳出来就去耕作田地（或江浦打鱼、置锅酿酒），太阳落山就回家去休息。开凿一眼泉井，相邻便有水喝，犁田耕亩种庄稼，便有粮吃，真是自在不过的日子。诗云：

凤楼远眺荻花飞，黄浦滩头浣女归。

鸥鸟争鸣倾沪簖，小舟载酒破余晖。

该诗生动描绘了一幅恬静生动的江村生活画面：浦江滩头鸥鸟争鸣、芦荻花纷飞；三五成群的浣衣女在夕阳下舞动水波、扬起水花；江中的半倾沪簖，鱼虾丰裕；载酒的舢板摇破落日撒在江面上那银光闪闪的余晖。这样的场景可以是今日的任何一个江南小镇，也可以是百多年前作为临江枕潮渔村的上海。

穿镇过街，左右纵横的河、泾、浜、浦，古朴优美，随势而起的石桥木桥，鳞次栉比、枕水临街的商铺屋檐，河浜上"咕吱咕吱"的桨音橹声，摇曳着黄昏的灯影，那坐船的人儿，望着涟漪微漾，不紧不慢地穿越了数百年光景；那行色匆匆的路人，草鞋里揉进了细布条，耐用而助行，更有千层底的布鞋踩在斑驳的青石板路面上，"怦怦"回响着年轻而古老的脚步声走向今天。

也许，七百年前的上海人就这样，或舟船晃晃，或行色匆匆，从古老走向近代。一个宅院挽着一个宅院，惊讶了谁的市井门洞背后，居然还延伸着幽深的弄堂，住家主人往往守着藏愚纳拙般的谨慎，也透着熔铁成金般的精明。申江的潮起潮落、风来风往让小桥流水人家在安定祥和的光景里，生发出几许激越，迸发出超常的火花。

上海人沉淀了过往的敦厚，铺垫了入世的精明，不负临海枕江六千年前的先民，铸就了可被追溯久远的辉煌历史。世风、民风、商风、儒风万汇而聚，独创了上海老城厢七百多年文化的璀璨。

第四章　风情万卷的市井文化

市井文化就是一种产生于旧城小巷生活化、自然化、无序化的自然文化，也是带有商业倾向、通俗浅近、充满变幻而杂乱无章的一种市民文化，它以一种"现象流"来反映市民真实的日常生活和心态，表现出浅近而表面化的喜怒哀乐。它自由闲散缺乏庄严，缺少深刻性和心灵冲击力，"没有现实与历史的深层次的忧患，更没有血与火的悲剧意识"。

狭义的"市井文化"，就是街巷中底层百姓富有生活气息、具有传统和特色、经久不衰的文化现象，也是一种不上大雅高堂的通俗甚至粗俗的文化现象。但在城市化进程加快的过程中，现代城市在对"市井文化"过度无序化遏制的同时，市井文化反而成为人们追寻过去那种最质朴、原始和纯真的生活方式，所认同的一种独特文化现象。它反映出生活气息与生存状态，体现了人口成分与社会结构，反映出城市肌理与路网序列，彰显出城市空间特质与时间符号等。

一、沪城八景

明万历十六年（1588）官修的《上海县志》就有沪城八景之说，八景为：黄浦秋涛、野渡蒹葭、江皋霁雪、石梁夜月、凤楼远眺、龙华晚钟、吴淞烟雨、海天旭日。其中多数胜景与老城厢相关。

古时城厢市井中人，悠哉、悠哉！一年四季，风花雪月，亭台楼阁，江景海天，自在闲适。他们从渔业、农业、制酒业等贴近自然社会生活与传统习俗的视角去采集和发现身边的美，沪城八景便是那个年代老城厢人审美观勾勒出的自然景象和人文景象，也是市井文化的具体物化。

陈星平书（赵勤明作《沪城八景》七律八首）

第四章 风情万卷的市井文化

吴淞烟雨

早春的上海,他们看到的是"别有归舟烟雨里,迎潮无那泊吴淞"。江海的薄云晨雾,裹携着细细的雨丝,湿漉漉地笼罩吴淞江,云天墨色,阴阳明暗,浓淡凹凸,墨色六彩。黑、白、干、湿、浓、淡,勾勒出茫茫然江上风帆片片,时隐时现。如此烟雨迷人,柔美万般的"吴淞烟雨"挥洒写意,如同真实记录风光的摄影作品,展现出岸泊小舟,婆娑柳阴,疏枝漏春,暗香晚梅,那一幅古韵朦胧的吴淞江早春画卷,美美地奉献在世人眼前。诗云:"浩淼川流起太湖,纱笼雾罩隐衔舻。拍堤急浪惊禅客,弯水危桥诧玉奴。草径寻因三兽渡,菱舟失钓四腮鲈。烟汀柳岸江村雨,天色迷濛闻鹧鸪。"

野渡蒹葭

"金风飒飒响回塘,渡口呼船正夕阳。知否侬家烟水外,蓼花红处近渔庄。"这是上海竹枝词里描绘"野渡蒹葭"的词句。蒹葭是长在水边的芦苇,当时的黄浦滩、吴淞江、肇嘉浜岸线,绿水涟漪、芦苇摇荡、蒹葭苍苍、溪舍渔庄,一派江南景象。人们来到夕阳下隐于蒹葭之中披着金色霞光的野渡口,望见水为乡、

1. 吴淞烟雨
2. 野渡蒹葭

最初上海 老城厢的诗和远方

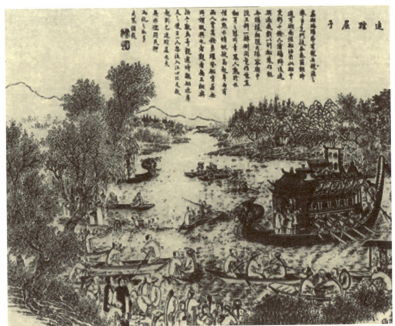

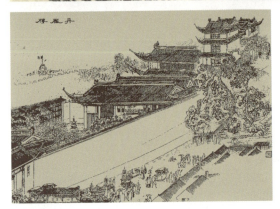

1. 浦江上端午节龙舟竞渡
2. 丹凤楼
3. 丹凤楼旧匾
4. 浦江上的龙舟

060

第四章　风情万卷的市井文化

旧时浦江上的龙舟

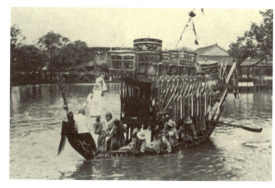

旧时浦江上的龙舟

蓬作舍的船家，那一叶扁舟，划破余晖的光亮，留下半江涟漪半江银，缓缓摇将过来。想问一下：烟茫茫、水迢迢的侬家（此处的"侬家"可解释为：我家、你家、他家三种）那边，浅红色的水草花相围的渔庄，船家你知不知道？如此闲情野趣，独享自然的田舍生活，其实是早期上海市井生活最为悠然的真实反映。诗云："忽梦莲塘鱼戏水，故人约饮煮新茶。溯船细浪烟云绕，柔桨沙汀苇叶斜。黄荻穗飞邻佛寺，秋泾舟动近渔家。邑君载酒过芦荡，把盏求诗咏野葭。"

凤楼远眺

夏日临近，端午时日，浦江之上一年一度的龙舟大赛实时开赛，为是日老城厢市井的盛事一件。来自九乡八里的龙舟队，彩旗猎猎，鼓声齐鸣，勇立潮头。大街小巷，则是喜气洋洋，呼朋携友，红儿绿女，摩肩接踵；城厢内外，半是人潮半空巷，争去黄浦滩头看龙舟。方浜北侧的丹凤楼自然是龙舟赛事最佳的观赏之地。《上海县竹枝词》这样描述"凤楼远眺"的宏大场面："鼓角声中焕彩游，浦江午日闹龙舟。红儿绿女沿滩看，看客多登丹凤楼。""凤楼"即老城厢早年的天后宫，位于方浜支流侯家浜北（今人民路、新开河路），后屋圮楼毁，明嘉靖年间筑城墙后，三层杰阁丹凤楼被移至城头万军台上，"加缀层轩于楹，洞三面以供瞻眺"，额用"丹凤楼"旧时之匾。在尚无高楼广宇遮蔽人们视野的上海老城厢，丹凤楼本身又具有一定高度，在此楼上极目远眺浦江两岸风光历历在目，龙舟赛况也一目了然。金秋九月重阳佳节，天高气爽，邑人又会再次登上丹凤楼，登高远望以达心旷神怡、健身祛病之目的。在"题糕醉菊酒新刍"的日子里，"携朋共有龙山兴，海邑龙山是凤楼"。清康熙《上海县志》中如此评论"凤楼远眺"之景：登楼者凭栏纵目，"川原之缭绕，烟云之吐吞，日月之出没，举在眉睫；而冬之雪，秋之涛，尤为伟观"。"丹凤楼"门楣刻有元代诗人杨维祯的《丹凤楼诗》："十二湘帘百尺梯，飞飞丹凤与天齐。天垂紫盖东皇近，地接银河北平低。""笑厣秋突戎马阵，神灯夜烛海鸥啼。嫦娥昨夜瑶池筵，笑指蓬莱西又西。"后人以集句咏此景："月色江声共一楼（雍陶），闲云潭影日悠悠（王勃）。雕栏玉砌应犹在（李煜），凤去台空江自流（李白）。"又诗云："凤楼东望鹭鸥肥，滩隐芦斜浣女归。礁石剪江倾沪籁，沙船摆舵破余晖。持蒲极目龙舟渡，泛菊高台蚁酒稀。春水秋涛冬月雪，邑城杰阁尽瞻依。"

黄浦秋涛

秋日是老城厢市井活动最为频繁的一个季节。八景中的"黄浦秋涛"可谓壮观："十八潮头最壮观，观潮第一浦江滩。银涛万叠如山涌，两岸花飞卷雪湍。"沪人有农历八月"陆家嘴上看潮头"传统习俗。明永乐年间黄浦江水自南向北与吴淞江汇合折向东流自长江入

1. 黄浦秋涛

2. 现存豫园内的观涛楼是当年上海城内北部最高建筑，是观看十八潮头的绝佳之处

第四章 风情万卷的市井文化

1	2
3	4

1. 万云桥俗称陆家石桥
2. 小东门外的石梁桥
3. 石梁桥
4. 走三桥

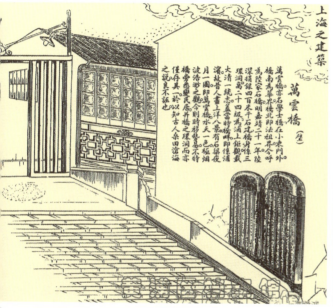

海，河道东折处，在浦江东岸冲积成一个突出的嘴形滩地。又因明代翰林院学士陆深世居此地，死后亦敕葬于此，故史称该地为陆家嘴。当年申城黄浦潮堪比钱塘江潮，秋季潮汐时，海潮倒灌入江，潮水汹涌，大有"风翻白浪花千片，涛似连山喷雪来"的气势，陆家嘴也成了观潮胜地。诗云："潮汐飞湍江水变，冰城银岭际天来。吞云沃日淘沙去，吐月凝霜漱玉回。黄浦滩头堆雪浪，观涛楼阁转风雷。激流策马奔腾急，跃上帘波七宝台。"

石梁夜月

城东门外的集水浜（即现在的东门路，古时连接上海城内方浜）引方浜之水归入黄浦江，在集水浜上有古桥三架，"石梁夜月"的故事就发生在此三桥之间。石梁桥横架于集水浜之上，是一座典型的石拱桥，名为陆家桥，据说是明代翰林院学士陆深所建，故又称学士桥（明代集水浜上的陆家桥）。沪地流行在农历正月十五，妇女们结伴"走三桥"的习俗。"走三桥"就是游人须到三座桥上赏月，还要看水中月穿桥洞之景。学士桥是不可或缺之处，于是逐渐形成"石梁夜月"的绝佳景点。"石梁"既是人们年初首度聚观元宵"夜月"的桥，也是月到中秋，人们携家带口，呼朋唤友再度登上学士石梁桥赏月之处。山河湖色以月为景的甚多，平湖秋月、卢沟晓月、三潭印月都是赏月之风光胜地。石梁夜月依然，月圆之日碧水浮沉圆月，石梁倒影成圆，月儿倒映水中，人们抬头赏天月，低头亦可赏水月。石梁桥是为三眼石孔桥，只见得：天上圆圆月儿，水中圆圆桥孔，三处桥孔各映月影一轮于浜水之中，三月串于一桥，相映成趣，赏心悦目。上海市井将此叫做"走月亮"，或者叫"串月"（沪地旧俗每

1. 20世纪初的大境阁
2. 申江胜景图中的大境阁

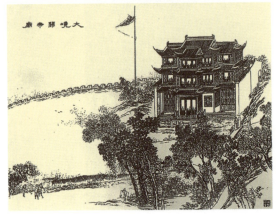

第四章　风情万卷的市井文化

1. 旧时古城墙与大境阁
2. 旧时城北大境阁
3. 现在的大境阁
4. 大境阁门前的石牌坊

年元宵走三座桥，以期治病强身、祈免灾咎等）。《申江竹枝词》有曰："携伴良宵出城去，陆家桥上月如霜。桂樽环饼答秋光，处处氤氲朝斗香。"还有七绝《石梁夜月》为证："石梁串月东门外，十五宵行走三桥。集水浜前登学士，玉梯夜踏弄琼箫。"曲词生动地诠释了沪人走月亮的盛况，也刻画出"石梁夜月"有着当时闲适的社会环境与民间拜月习俗相融的深远意境。今有诗云:"嫦娥起舞冰轮转,灯彩临风烛焰摇。空巷妇孺观串月,半坊仕子赋苏潮。兰舟香出方浜岸,蔓草霜从学士桥。喧闹河头秋节夜,城厢宾主度良宵。"

江皋霁雪

冬天来临,城厢家家户户紧闭门窗,燃起碳炉,抗寒保暖。雪后初晴,便有邑人顶风逆寒,来到城北的大境阁,拾级登阁,以望空旷田野,以眺吴淞江岸。从大境阁上北望,只见茫茫大地,白雪皑皑,银装素裹,映衬丽日蓝天,是蔚为壮观之佳景。如此美景于前,便得吟诗作画:"昨夜天公剪鹅毛,北风吹散遍江皋。垆头买得双蒸酒,同上楼头劈蟹螯。"喔!城厢人真是潇洒,昨大还是鹅毛大雪,似银装把城厢内外披盖得严严实实,白茫茫一片,万物即隐。那北风呼啸把雪花散乱地吹着,落到了吴淞江的岸边。今日便在酒馆里沽得热腾腾的上好米酒,与朋友一起登上西北城墙的大境阁,就着蟹螯,品着美酒,远眺晶莹雪景,指点北地河汊原野,甚是快哉。此为城厢人消遣漫长严冬腊月之法。

城墙外有白雪蔽野之旷,大境阁旁,有闲土数亩之多,邑人间植桃柳,春日登阁,极目郊原,阡陌纵横,桃红柳绿,炊烟霞光相映,又有"胜景烟霞"之称。诗云:"翦水花飞晨已霁,庙台旭日曜河湄。寒凌郊野云争秀,霭冻城隍草遂滋。稻蟹醉尝桑落酒,丹青题咏竹枝词。江皋雪境霓裳动,阁外梅香透棘篱。"

八景中的另外两景是要城厢市井中人移步郊外才可得以欣赏的。

龙华晚钟

龙华寺位于邑城南郊,是上海地区历史最久、规模最大的古刹。龙华寺名源于佛经中弥勒菩萨在龙华树下成佛的典故。据传龙华寺是三国时期孙权为其母所建,距今已有1700

龙华晚钟

多年，然而有文献记载可考的历史是龙华寺建于北宋太平兴国二年（977）。北宋治平三年（1066），龙华寺更名为"空相寺"，明永乐年间（1403—1424）恢复了原名"龙华寺"。龙华寺中龙华塔为上海唯一之佛塔，建于宋太平兴国二年，为七层八角形之木塔，高约四十一米。由于塔为八边形，而塔心之方室则为四边形，其方向每层调换四十五度，因而各层塔面之位置亦随之变换，使壁体与重量分布较为平均；而外观又参差错落，面面俱到。同时塔之砖栱额枋及鸳鸯交叉手栱等之设计，亦为宋代建筑之特征。龙华寺每晚钟声准时响起，那悠悠钟声，伴着落日的余晖，裹着袅袅炊烟穿越而来。有诗云："三月十五春色好，游踪多集古禅关。浪堆载得钟声去，船过龙华十八湾。"龙华晚钟与南屏晚钟、寒山寺夜半钟声鼎足而三。古刹历经千年风雨，依然屹立于黄浦江畔，黄昏时分准时传出悠悠钟声，古景依旧。诗云："舟出邑关三十里，桃花渡口暮登临。灵泉双井分清浊，妙刹孤鲸杵古今。踏月僧窗投塔影，和声佛殿颂玄音。晚钟悠送诸尘隔，万事圆成种梵心。"

海天旭日

"海日初升恰五更，红光晃漾令人惊。须臾已见腾腾上，碧落分明挂似钲。"谁见过"海天旭日"？斗转星移，沧海桑田，上海的版图已与旧时城厢大相径庭，所以"海天旭日"的具体景点位置已无从考证。清初上海人张吴曼的《沪城八景（集唐三首）》之一"涛翻极目烟霞外，日照澄江红雾开"细腻地描绘了"海天旭日"的美丽景致。从竹枝词中描绘的景色，可以判定是海边的旭日东升。相传旧时上海的海滨是一片片丛生的芦苇，极目远眺，海天一线，五更时分，清晨海塘，东方欲晓，薄日初升，海天相连处露出微微曦光，渐白，呈红，然后旭日冉冉升起，海面熠熠生辉，景色毫不亚于"蓬莱日出"。诗云："金乌喷薄升还滴，浮绛曦光水晕边。礁石漫涛吞白浪，夜霜拈苇吐青莲。坐看旭日黄芦地，通感清风紫气天。一抹红霞玄色破，沪城胜景有奇缘。"

二、上海竹枝词

上海竹枝词是上海本地文艺一株奇特而美丽的花朵，佳作繁多，精彩纷呈。一开始竹枝词是属于民歌类的作品，后不断有文人参与其间，其内容随着社会现实风貌变化而不断丰富发展，最终成为一种独特的文学样式。竹枝词七言一句，四句一首，二四句押韵，不讲究格律，通俗易懂，以描述民情、民风、民俗为特色。竹枝词脱胎于民歌，所以其风格刚健清新，朗朗上口。

上海鲜明的地域特色和时代特征，赋予了上海竹枝词既能响彻云霄地引吭高歌，也可温柔细腻地缠绵轻吟，真可谓是刚柔相济。上海竹枝词有着悠久的发展历史，亦称衢歌、棹歌、杂咏等。竹枝词本为巴渝（今四川东部）一带民歌，唐代诗人刘禹锡据以改作新词，歌咏三峡风光和男女恋情，盛行于世。后人所作也多吟咏当地风土或儿女柔情，语言通俗，音调轻快。竹枝词逐渐成一种叙述风土的诗体了。北宋华亭县县令唐询的《华亭十咏》，属于上海竹枝词最早作品之一。明代任户部侍郎的上海人顾彧的《上海竹枝词》迄今犹存12首作品，顾彧的竹枝词至少有一半与海相关，既有对上海襟海带江景致的描写："太湖东来沧海西，四十二湾江渐低"，也有对海洋风险的述说："南跄东边水接天，鼋鼍出没蜃楼连。柴客鱼商休早发，大汛潮头要覆船"，还有对沿海职业渔民、海上贸易商人的介绍等。其中的"黄浦西边黄渡东，新泾正与泗泾通。航船昨夜春潮急，百里华亭半日风"，生动记述了往昔上海风光。

元明清三代的上海，棉纺织业、沙船运输业和商业贸易发展很快，老城厢地区日趋繁荣，物产丰饶。物质文明赋予了竹枝词词人们无限激情和灵感，一篇篇生动明快、幽默欢乐的竹枝词作品流淌出来。到了清代，文人墨客更是热衷于用竹枝词来记述岁时风俗和社会风貌，为后人留下了正史中无法找到的珍贵地方资料。因竹枝词属"俚词"，故未得应有的重视而致偏废，但其对老城厢市井文化和上海风土人情的研究有着极大的价值。

三、上海闲话

如果说竹枝词对研究老城厢市井文化和上海风土人情具有丰富的价值内涵，那么"上海闲话"更是研究老城厢市井文化的"活化石"，也是了解"阿拉上海人"市井生活状态的最佳切入点。

近代老城厢地区的居民以移民为主，使上海原有方言的语音类别、节奏、词汇，尤其是口语得到极大的丰富和发展。近代上海话的变化集中体现了都市口语兼容丰富、便捷创新的特点。上海话不是上海方言，上海方言有"崇明话""南汇话""松江话"，而上海话是由上海的独特地理环境和历史的独特机遇所形成的，是上海这座移民大都会世态百相的直接反映。1843年上海开埠后人口剧增，外来人口成倍于城厢原住民，华洋共居、五方杂处的社会格局，不仅裂变了上海本土化的民风民俗，也让五湖四海的人们在彼此交流融合中，在吴语方言的基础上产生出一种包容性非常强大，变异性非常巨大的新的语言体系——沪语（"上海闲话"）。因此，生活在老城厢的人们都认同"上海闲话"，能够听得懂"上海闲话"，能够开口说"上海闲话"，哪怕是带着各自浓重家乡口音的"上海闲话"。

第四章　风情万卷的市井文化

上海闲话鲜活生动，充满浓郁的市井生活气息。上海话与上海地域包容、灵活的特质一样，用词灵活，包容性很强。如一个"吃"字含义宽泛，使用频率甚高。上海话中"抽"是用"吃"来表现的，"喝"也是用"吃"来表现。如：抽烟、抽鸦片，被说成"吃香烟""吃鸦片"；喝茶、喝酒，被说成"吃茶""吃酒"。一词多用在沪语交流中也相当普遍，再以"吃"为例：红灯受阻——吃红灯，亏损赔钱——吃赔账，挨训受批——吃排头，没有把握——吃勿准，判刑坐牢——吃官司，等等。沪语字、词灵活使用的现象还表现在不少前、后缀上。如前缀"阿"：举止轻佻——阿飞，木讷愚笨——阿木林，不识时务——阿曲西，络腮胡子——阿胡子。如后缀"子"与"头"：很不正宗——野路子，领会意图——接翎子，动笔写作——爬格子，半途而废——半吊子；凶神恶煞——凶头，经营利润——赚头，严加管束——收骨头，孤身一人——家头，两车碰撞——相鼻头。沪语字、词的引申，造就了沪语生动形象、有趣有味的语言特色。

南北不同地域的语言在上海交汇，使上海话里常用词呈现多样化，不断沉淀与同化其他地域有特色的方言。如：将宁波话中的"阿拉"同化成沪语口语中的常用词"我"或"我们"，既可表述单数，又可表述复数。沪语还有一个显著的特点，就是同义词多。如在表示"全部"这个词的时候，上海话可以用：总共、一共、共总、一共拢总、一塌刮子等十多种词语来表述；如在表示"很"这个副词时，可以用"交关、邪气、穷、老、哈、莫牢牢"等。沪语中还有一个有趣的现象，一个词在同一句话里可以出现三种不同的读音，如上海人在讲"贰佰贰拾贰元"时会说成"贰佰廿尼块"，其间的三个"贰"读音各不相同。从沪语包容度广、自由度大的特色中，可以感受到海派文化包容并蓄、海纳百川的强大磁场。

上海开埠后新鲜事物大量涌现，作为社会交际工具沪语的"建筑材料"——语词，也是随社会发展而发展，出现了大量新词汇：马路、洋行、教堂、电灯、自来火、脚踏车等，以适应社会新生事物的涌现。沪语的强大生命力，就表现在它不断吸收融合外来语，中西合璧，兼收并蓄，形成独特词汇。沪语个性鲜明，口语性极强，表达十分灵活，其传神的动态表达方式蕴含了无限的韵味。可闻其声，不见其形，随处可见，但又不落痕迹，实在很有意思，很有魅力。

四、老城厢的戏院影剧场

老城厢也是上海文化娱乐场所的发祥地。历史上，传统形式的文娱场所较多。上海最早的古戏台是建于明嘉靖三十八年（1559）的豫园打唱台，位于豫园点春堂前。以后又出现了横泾庙戏台、上海城隍庙戏楼、青浦城隍庙戏楼等。清康熙后，各地来沪经商，移民人数大增，上海出现数十家会馆、公所，均建有戏楼、戏台。如商船会馆戏楼、四明公所戏台、天后宫戏楼、钱业会馆戏台、三山会馆戏台等。

清代，上海城厢内的戏院多称"园"或"茶园"，上午卖茶，下午演戏，卖茶是点缀，主要演出昆曲、徽班和京剧。书场演出评弹节目，大都分布于邑庙、小东门十六铺一带的大型茶馆内。起初，上海一带的戏台，不过是在正厅上放几个方桌，排列一些靠背小椅。那时，戏园的生意十分清淡，素有"五台山"之称，五只台子卖三个座客。上海开埠后，随着城市近代化和商业繁荣，吸引各地演出团体和艺人到沪献艺。清咸丰元年（1851），上海城内出现了最早的戏园——三雅园，那时城外还没有戏院。至同治十一年（1872），上海各类茶园的演出超过百家，清末民初戏茶园才逐渐被新式舞台代替。至解放前，老城厢内用于各类演出的戏院、书场、茶园、影院等场馆先后有近百家。

市井戏园

上海城隍庙戏楼

明永乐年间，上海县城隍庙改建，增建一座戏楼，后屡建屡毁。戏楼下为通道，台前由四根方形石柱支撑。台口正上方斗拱下悬有横匾，上书"一曲升平"四字，有雕花木笼一对。额枋、雀替均饰有图案。重叠式屋顶，上层八角攒尖顶，下层为歇山顶。另有后台和左右耳房。台为四方形伸出式，两侧围有木质栏杆。台两侧有两层看楼，台前广场可容千余观众。新春、梅花会、元宵、城隍诞辰、三巡会、立夏、兰花会、中元节、菊花会等节会，多有戏班演出。1924年7月15日，终因失火而焚毁。

三雅园

一作山雅园，为上海最早的营业性戏院，创办于清咸丰元年（1851）。院址在上海县署西首（今四牌楼路处），由顾姓住宅改建而成。沿街是有八扇门的高平房，进门有小花园，戏

第四章 风情万卷的市井文化

台建于大厅中，台前置红木桌椅，观众围坐方台边喝茶边看戏。当时有一位山阴诗人胡寿田，所作《海上竹枝词》中有句云："梨园新演《春灯》，域外人向城内跑。"说的是当时上海适值小刀会刘丽川揭竿起义，进攻县署，三雅园虽邻近县署，却并无影响，小刀会保护着戏院，照常开锣；不管什么国丧不国丧，还是天天唱。它首先是茶馆，到下午才搭台演戏。三雅园中以演昆剧为主，演员多从苏州聘请而来，经常来演出的有鸿福班、宝和班。咸丰四年（1854）正月初一，小刀会撤退时三雅园毁于战火，但人们并未将它的名字舍弃。咸丰九年（1859），当地士绅联合宁绍工商界，在小东门外沼浜（今舟山路）建园，沿用三雅园招牌，仍演昆曲。同治三年（1864），昆曲小生陆吉祥在石路（今福建中路）近广东路建一戏园，将小东门的昆班连同三雅园招牌一起迁此，称老三雅，人称石路三雅。同治十一年（1872）五月，广东路又有一家昆曲戏园开办，人称"新三雅"，只邀昆班演出。京班南下后，昆曲大受影响，两家三雅园营业均下降，先后于光绪二年（1876）和光绪八年（1882）关闭。《沪北竹枝词》有云："丹桂茶园金桂杆，燕赵歌舞戏新翻；人人争看齐称好，闲煞笙箫山雅园。"此后，戏班、戏迷合伙在原址复业，称三雅园复记，对外仍称老三雅。不久迁满庭坊一茶园，称老三雅，惨淡经营，时开时闭。1912年6月，迁汉口路幻真影戏园，仍称三雅园，上演合串昆剧。1913年3月关闭。

新舞台

清光绪三十四年（1908）十月廿八日，在十六铺老太平码头附近建成开幕。由京剧艺人夏氏兄弟（月恒、月珊、月润）、潘月樵与沪上绅商李平书、姚伯欣、沈缦云等，为创导戏剧改良、借助新式戏院号召、振兴南市华界市面而合办。新舞台弃用传统四方形戏台茶园格局，为上海华商自建的第一座仿欧洲、日本新式剧场。圆形砖木结构建筑，共三层，观众

杨小楼与王凤卿茶园演出剧照

方浜路光启路转角上的戏台

席2000余座。借鉴日本东京戏院式样，舞台由方形改为圆形转台，台框为镜框式，两边搭有硬片与戏房（化妆室）隔开。设有机械转台、灯光、布景。观众厅平面为圆形，厅内无柱，有坡度，后座观众的视线不被挡住。舞台运用新式灯光设置光学机关布景，顶部上空建一木质天桥，遇演雪景等戏，剪纸作雪片，从桥上撒下。台下挖有地窖，用以盛水，可演水景戏。新舞台以演京剧为主，主要演文明京戏。如夏氏兄弟和潘月樵等主演的《明末遗恨》以及时装新戏《黑籍冤魂》《波兰亡国恨》《潘烈士投江》《血泪碑》等，深得社会各界赞誉。所排连台本戏《二十世纪新茶花》《济公活佛》等剧轰动沪上。1912年3月，潘、夏发起成立上海伶界联合会。4月5日，孙中山到场观看改良京剧《波兰亡国惨》，又赞誉"南市新舞台自创以来，编演新剧，提倡革命，社会中因而感动，得奏大功"。4月16日，书"警世钟"，制成幕帐相赠。1913年，夏氏兄弟离开，又与李平书、姚紫若等组成开明公司，在露香园九亩地（今大境路露香园）路口再建戏院，仍名新舞台；并于1914年1月15日开幕，舞台为砖木结构，钢梁屋架三层建筑。8月15日，因沿街菜馆火灾殃及全部焚毁。次年春节再建后重新开演。1919年五四运动爆发后，排演《可怜亡国奴》《亡国惨史》等爱国新剧支持学生运动，艺人带头参加罢市罢演等。1926年，戏院为军队无偿占用，此后演出时演时辍。1927年3月23日，上海第三次工人武装起义胜利，第二次市民代表大会

第四章　风情万卷的市井文化

在新舞台召开，宣告上海特别市临时市政府成立。同年，因演《走麦城》失火遭焚毁，拆除后改建市房。

中华大戏院

1914年，由西班牙商人古藤倍在老西门（现环城绿地）投资建立初名共和（活动）影戏院，这是老城厢内最早的影戏院。两层楼砖木结构房屋，占地面积约425平方米，建筑面积577平方米，观众厅设有座位804只。1935年，由张振山等五人合股修复戏院，改名为五福共和大戏院。1940年改名为中华大戏院。1956年进行公私合营。1958年7月，改名为中华剧场。

东南大戏院

1929年2月2日，由鸿祥股份有限公司集资建造、位于民国路134号的东南大戏院正式开业。该戏院八一三事变后一度停业，1948年3月经装修加建改名为银都大戏院后重新营业。1953年9月，改名为地方国营沪南电影院，时占地面积614.25平方米，建筑面积1075平方米，设有座位963只。1958年末，办成由妇女管理的电影院。

蓬莱大戏院

1928年8月，实业家匡仲谋出资在蓬莱市场内增设的游乐说唱场开业。1930年1月18日，改为蓬莱大戏院后正式开业，戏院位于学前街111号，以放映电影为主，兼演戏剧等。当时戏院在《申报》刊登《开幕宣言》称："优美价廉，唯一模范大戏院。"次日，蓬莱大戏院上映刚进口的美国环球影片公司的无声电影《情海苹花》，用唱机伴音，银幕上加映中文字幕，成为"有声电影"，观众倍感新颖，票房很好。为调节观众口味，戏院兼演京剧、绍剧、文明戏等。1932年改演京剧，取名为天然舞台，由京剧艺人小桂元、小小桂元等演出。9月又改名新舞台，请景艳芳、汤桂芳、陈善甫等登台。后筱芳锦领衔的绍兴大班，曾在此长期演出。

1937年七七卢沟桥事变爆发，上海文艺界人士集体创作了大型话剧《保卫卢沟桥》。

20世纪90年代方浜路上海老街古戏台演出

该剧由崔嵬、张季纯、马彦祥、王震之、阿英、于伶、宋之的、姚时晓、舒非等17人执笔编剧，冼星海、周巍峙等谱写歌曲，金山、赵丹等参加演出。8月7日，在蓬莱大戏院正式公演。在轰轰烈烈的抗日救亡形势下，加之众多明星参演，观众异常踊跃，原定演出6场，应观众强烈要求加演了8场，14场全部爆满。当时《申报》发表评论说，《保卫卢沟桥》"是一颗掷向民众深处的爆烈弹，猛烈地激动每一个观众的神经，沸腾他们的热血"。

上海沦陷后，日军焚毁蓬莱市场并占领蓬莱大戏院。1942年蓬莱大戏院改作军用皮鞋厂。抗战胜利后，由匡仲谋长子匡宝莹收回复业放映电影。1952年改名为蓬莱电影院。1967年和1989年两次进行翻修。该院建筑面积1675平方米，有747只航空式沙发椅，还附设有录像厅、咖啡厅等，曾是老城厢境内第一家甲等放映技术特轮电影院。

五、独脚戏

沪语在老城厢市井文化中的特色显著，以沪语作为载体的方言剧沪语滑稽戏、独脚戏，也是富有老城厢市井文化特色的曲艺形式。独脚戏是一种新兴的汉族曲艺曲种，流行于上海、江苏（苏南）、浙江一带，以吴语方言演出。独脚戏兴起于1920年前后，早期多由一人演出，故又被称为"独角戏"。其在艺术方面受到江、浙、沪一带流行的"小热昏""唱新闻""隔壁戏"等说唱形式的影响。独脚戏发祥于上海，特别在老城厢一带，形成了一个人口规模庞大的沪语语系曲艺文化圈。独脚戏创始时期的艺人王无能，曾演过文明戏的丑脚，江笑笑、刘春山也各有专擅，当时被称为"滑稽三大家"。独脚戏具有强烈的喜剧色彩和娱乐性，表现形式广采杂糅，深深植根于群众。独脚戏表演也吸收了文明戏和北方相声的一些表现手法，形成"说唱"与"滑稽"的拼档演出。独脚戏在"说""学""唱"方面与北方相声相似之处较多；独脚戏"做"则以直接扮演人物，在舞台上表演展开情节，以人物对话为主，表演夸张幅度大。角色的语言、对白，又与相声的"包袱"相同，"包袱"——抖开以此产生笑料，喜剧效果强烈。独脚戏"做"的手法后逐渐渗透到以说、学、唱为主的节目当中，成为重要的艺术手段。

当年老上海一些有成就的独脚戏演员都以民营电台为第一阵地，堂会、酒楼为第二阵地。"唱电台"使演员与观众之间架起了一座桥梁，演员天天播音，听众日日闻声。独脚戏表演剧目甚多，如《哭妙根笃爷》《宁波空城计》《七十二家房客》等。独脚戏生长于都市市民文化的土壤，属于典型的市民文化艺术，丰富了中国曲艺艺术宝库，是老城厢地域文化的代表之一。

第四章　风情万卷的市井文化

作为上海和江南市井文化的重要艺术符号，独脚戏具有鲜明的地域特质和民间色彩，它的表演内容和形式深植于市民生活的最基层。在长期的孕育、成熟过程中，经过历代艺人的艰辛努力，独脚戏在题材、方言、音乐、表演技巧等方面积累了宝贵财富，保存了丰富的历史文化信息。独脚戏体现的价值观念浸润着民间文化的土壤，反映着时代和民众的思想轨迹。

六、白相城隍庙

沪语中有一句相当有名的话："白相城隍庙"，此在上海人心目中是欢乐和享受的代名词。城隍庙原本是邑人烧香许愿敬城隍的地方，怎么就与"白相"联系起来了？一句"白相"，道尽了上海城隍庙与豫园花园及庙市历来就有天成一体、相依相成的独特之处。

上海城里的老一辈有这么一句话："有城隍庙，上海就有七百年历史；没有城隍庙，上海只有一百年历史。"虽然城隍庙在老辈人心目中的地位是至高无上的，但在更多老上海人记忆中，城隍庙只是可以"白相"的地方。"白相"是吴方言区的词汇，意为玩耍、游玩。既然是"保障海隅"安定一方黎民百姓，又教化百姓行善积德的如此庄严的城隍庙，怎么能够用来"白相"呢？

说城隍庙是一座庙，肯定不会错。历经600多年世事变迁，沧海横流，城隍庙早已演变为城隍庙、豫园、豫园商城"庙园市"三合一的旅游胜地，城隍庙也是一个吃喝玩乐的游乐场，否则何来"白相城隍庙"这么一说？

光绪初年（1875）之后，城隍庙区域内的整个园林被上海豆米业、糖业、布业等二十余个工商行业划分，建为公所。一些房屋则被不同行业的商人们用来开店设铺，经营各种商品。饭店、茶馆、曲艺馆、剧场先后开设；各类小吃、五香豆、梨膏糖、家用百货、南北货、各种玩具等商品琳琅满目；书画、小校场年画、旧书、小型动物园、各种玩具，还有戏曲"小热昏""独

20世纪30年代三官菩萨生日的街市

脚戏"、"西洋镜"、杂技、耍猴表演等老少皆宜的节目应有尽有。这里面许多店铺还是城隍庙的产业。城隍庙与周围的商铺是相连相通的，人们到了城隍庙，就会去赶庙会，摩肩接踵的游客与各方生意人和艺人云集一起，使得整个城隍庙区域热闹非凡。城隍庙周边的商铺因城隍庙而兴，城隍庙也因为街市而旺。

白相城隍庙，先要走过弯弯曲曲的方浜路，东段沿街九家银楼依次排开，气象非凡。一些小商铺竭尽全能，吆喝叫卖，兜揽客人，而客人们则讨价还价，边上还有不相识的游客相帮砍价。远远地可以看到城隍庙庙门口高耸入云的旗杆，走近后可见得一对上了年代的石狮子，狮子的头顶和身体早被游人们摸得是油光锃亮。

过去庙市西边还有个小动物园，里面有鹦鹉学舌，有玩蛇人捧着大蛇盘在身上，任红红的蛇信一吐一升，弄得孩子们是又爱又怕。特别是"猴子出把戏"更引来观看者里三层外三层，当锡锣一响，猴子上蹿下跳，便引来笑声一片，掌声阵阵。上海小人嘴巴中的"野糊脸"，其实就是按京剧脸谱做的玩具面罩，张飞、关公、曹操、孙悟空、唐僧、猪八戒等要啥有啥，这些都是小孩缠着大人所买玩具的首选。

铛、铛、铛，看西洋镜了。一般一次三四人，看西洋镜者两只眼睛看着里面的画片，耳朵听着拉腔拿调的台词，一帧洋片一幅画面、一段故事，就像看立体伴灯光再加有人解说的连环画。以前没有电视，少有电影，看看西洋镜就当看个立体小电影过过瘾。每逢元宵节，大街小巷全是拉着兔子灯的孩子，这些兔子灯都是手工纸糊的，均出自于城隍庙庙会店铺。当然还有扯铃、宝剑、木刀、红缨枪，拿着这些冷兵器，孩子们会有十八般武艺娴熟、个个是武林高手的感觉，所以这自然成了男童们的最爱。

当孩子玩累了，大人走困了，就找到"宁波汤团店"叫上一碗货真价实的宁波汤团，大人爱吃，小囡也爱吃。要不

早年的东门路街景

第四章 风情万卷的市井文化

就去"南翔小笼馆",叫上两笼小笼包,肚子饿得是咕咕叫,一咬一口汤汁,如不当心,滚烫的汤汁可要把舌头烫出泡来,所以大人们一定会叮嘱孩子:慢点吃,慢点吃。好不容易来"白相"一次城隍庙,桂花糕、素菜包、葱油饼、棉花糖,当然是不尝尽决不罢休的美食。

上海滩名闻遐迩的梨膏糖,有止咳化痰、润喉清肺的功效,有一则民谣这样唱道:"一包冰雪调梨膏,二用药味重香料,三(山)楂麦芽能消食,四君子能打小囝痨,五味子玉桂都用到,六加人参三七草,七星炉内炭火旺,八面生风煎梨膏,九制玫瑰香味重,十全大补有功效。"如能用纯正的"上海闲话"来读这段民谣,肯定是好听至极:"先生,不信侬就试一试,老灵光格!"其实梨膏糖分本帮、苏帮、杭帮、扬帮,而且各有各的传说,各有各的传奇。本帮梨膏糖是"三分卖糖,七分卖唱"。卖唱还是有讲究的,如边卖边清唱的被称为"文唱",用手风琴穿街走巷卖梨膏糖的为"风唱",手持打击乐器、南腔北调说唱"小热昏"卖梨膏糖的被称之为"武唱"。梨膏糖的意象,如今早已成了象征老上海那段有滋有味、有调有曲难以磨灭的历史记忆。

读书的少年,背着姆妈在煤油灯下缝制的

1. 方浜路上海老街开市(1999年)
2. 上海老街 1999 年庆生巡游

1. 上海城市中心的传统市井街区
2. 小世界
3. 孟小冬在小世界《四郎探母》剧照

不同样式的书包，结伴而来，但他们的口袋中没有几只多余的铜板，故不在小吃摊前逗留而直奔旧书摊了，因为精神食粮也是相当重要的。只见他们转身进入自己熟悉的旧书铺，一头扎进旧书堆中，像鱼儿归了荷花池，自由自在地漫游。用勤快的手，智慧的眼，在旧书摊中细细寻觅，店门外说笑嬉闹的嘈杂声，早已被抛在时光之外，对他们全然没有丝毫影响，有的只是在新奇知识及文化世界里徜徉的乐趣。

身穿旗袍的那些女客们，两三人一伙，结伴而行。她们或带着家庭的需要、姆妈的叮咛，或受邻居阿婆、阿姐的委托，在小商品店肆中挑选针头线脑、花布洋纱。她们会糯糯地用上海话说：老板，便宜一点好勿啦？等一大圈兜下来，太阳已经西沉，天色不早了，女客们意犹未尽地背起已是鼓鼓囊囊的布包，又说又笑地跨出店门。"老板再会"，抬手悠然一招，尔后开心地穿梭于人群中，乐颠颠地满载而去。

三层楼的游乐场——小世界里有昆曲、绍兴戏、文明戏、申曲、杂耍魔术、滩簧、说书、独脚戏等演出，还有电影放映。小世界成功地造就了一批演员，日后不少人成了上海滩的名角。小上海游乐场也是上海老百姓喜欢光顾的地方，是白相城隍庙的高档场所，小世界很好地陶冶了上海人

第四章 风情万卷的市井文化

的优雅风度和怡然自得心态。

七、豫园花灯

1. 闹龙灯
2. 元宵花灯
3. 豫园花灯

花灯，又名"彩灯"，是中国传统农业时代的文化产物，兼具生活功能与艺术特色。花灯是中华民族数千年来重要的娱乐文化，它酬神娱人，既有"傩戏"酬神的功能，又有娱人娱乐的价值，是中华民族民俗文化的瑰宝。花灯起源于汉代，盛于唐代，明代画家唐寅有诗云："有灯无月不娱人，有月无灯不算春。春到人间人心玉，灯烧月下月如银。满街珠翠游村女，沸地笙歌赛社神。不到芳尊开口笑，如何消得此良辰。"上海松江地区由刘濠引入了扬州灯会文化以自娱。明代以后，上海属地的元宵灯会已十分普遍，其最热闹、最精彩的场所就在上海县城的中心城隍庙一带。花灯通常分为吊灯、座灯、壁灯、提灯几大类，它是用竹木、绫绢、明球、玉佩、丝穗、羽毛、贝壳等材料，经彩扎、裱糊、编结、刺绣、雕刻，再配以剪纸、书画、诗词等装饰制作而成的综合工艺品，也是江南传统的民间手工艺品。江南人的特点是感情细腻，追求的是尽善尽美，吴侬细语的特性也充分表现在了花灯制作的形态上：精雕细刻，精巧细腻，追求完美，生动逼真。老城厢的花灯更是与水面、曲桥、楼阁、街巷结合，展现多层次、多角度、多画面意境。每逢上元都要放灯三夜（正月十三至十五）。上元活动由于都在夜晚，故也被称为"元夜""元夕"和"元宵"。

元宵灯会每年农历正月十五举行，规模盛大，热闹非凡。"上元之夕，罗绮成群，管弦如沸，火树银花，异常璀璨，园中茗寮重敞，游人毕集。……远近亭台，灯火多于繁星。爆竹之声，累累如贯珠不绝，借以争奇角胜。"在豫园四周群贩荟聚，设摊售灯，有兔子灯、荷花灯、明角灯、宫灯等各式灯彩，形成灯的海洋。灯会的风格古朴，规模巨大，洋溢着浓郁的民俗气氛。会期有数千只宫灯、走马灯、宝塔灯、脸谱灯、瓜果灯、动物灯、蝴蝶灯、生肖灯、人物灯和上万只彩色灯泡，把全园装点成一个金碧辉煌的世界。灯会期间主办方还邀来民间工艺家和书画艺术家当场表演剪影、剪纸、微雕、书画等活动，气氛热烈，场面喜庆。

有五律《中华花灯》（中华新韵）诗云："长信汉宫灯，流光万巷空。英华烛影久，连盏焰霞生。火树鲛绡透，银花穗玉明。彩结元夜日，鬼斧运神工。"

至民国以及1949年后，元宵节灯会的传统依然延续。1979年元宵灯会恢复后，豫园新春民俗艺术灯会充分利用老城厢历史空间、建筑景观和深厚文化底蕴的巨大魅力，以丰富多彩的灯彩艺术和民间活态的表现形式，将海派文化和民族文化融合在一起，其节场气氛为整个上海营造出一种时节特有的民族文化认同。豫园灯会现已成为沪上新春佳节知名度最高、影响力最大的一项传统民俗文化活动，成为上海的一个文化名牌而享誉国内外。

八、端午龙舟竞渡

龙舟竞渡习俗的出现应该早于屈原之前。竞渡风俗的神韵在屈原《楚辞·涉江》的诗歌中有过生动描述："乘舲船余上沅兮，齐吴榜以击汰。船容与而不进兮，淹回水而凝滞。朝发枉渚兮，夕宿辰阳。"叙述了乘坐竞渡所用狭长而轻小的舲船，顺沅水而上，众人棹桨齐划，小船轻快飞渡层层波浪，清晨从枉楮出发，晚上就可留宿辰阳。

地域不同，龙舟竞渡的风俗也各有不同。

第四章　风情万卷的市井文化

上海自古就有端午龙舟竞渡的习俗。《上海竹枝词》有："为看龙舟兴自佳，山歌一曲听吴娃。闵行闹杀端阳节，竞渡何愁浊浪排。"其中"山歌一曲"说明了龙舟竞渡时还要对唱山歌。

上海昔日端午节的龙舟赛分两种：一种叫"竹快"，另一种叫"毛快"。

"竹快"是以彩绘画舱、旌旗饰舟、乐手赛歌来争夺竞标。竹快龙船一般船头饰龙头，龙头高昂，用色鲜艳，硕大有神，雕镂精美；船尾饰龙尾，龙尾高卷，鳞甲闪亮。龙舟上还配有锣鼓、旗帜，整个船体有数层重檐楼阁，并以彩绘饰之。龙舟彩旗猎猎，迎风招展，满绣龙凤等吉祥图案的罗伞五彩斑斓。龙舟之华丽精美，显示出百姓对美好生活的憧憬和向往。龙舟上还有上佳的歌手引吭高歌，与其他龙舟赛山歌。有的龙舟还举重若轻表演人手掌立人的杂技，身着古彩服装的男子正襟危坐在龙舟船首，一只手托举起站立其掌上身轻如燕的妙龄女子，力量与平衡高度统一的表演通灵入化。端午时节的"竹快"就是如此来表现龙舟的制作、意境和声律之美。

"毛快"就是用狭长而轻小的舠船，来比船体在水中运行的速度了。这才是真正的龙舟竞渡。当时参加竞渡的一般都是农家常用的小船，稍加改造，饰以龙头，再由同村的壮汉们组成龙舟桡手，一人作锣手，便来参加端阳竞渡。竞渡开始，舟船列队布阵，齐力争标竞渡，整个场面气氛热烈，热闹非凡。上海竹枝词中有许多描述"毛快"竞渡风俗和热闹场面与气氛的。李行南《申江竹枝词》："汪家渡头龙舠划，凌家桥头人喧哗。无数湘帘看放鸭，酒船公子斗豪华。"李林松《申江竹枝词》："綦得神龙数十

浦江上的龙舟竞渡

双,由来竞渡说申江。绿头鸭子黄封酒,几许豪情未敢降。""毛快"除了以速度竞标外,还有的在船上放老酒和绿头鸭,此船唤作"酒船"。当竞渡比赛开始,酒船上的船夫把绿头鸭全部放入水中,竞渡的船去追逐鸭子,竞渡船上的桡手可以跳入水中去捉鸭子,谁捉的鸭子多谁就是胜者,鸭子和酒船上的酒就成了奖品。陆游《重五同尹少稷观江中竞渡》:"楚

1. 旧时龙舟竞技
2. 端午苏州河赛龙舟
3. 民国赛龙舟
4. 旧时苏州河上的游艇俱乐部

人遗俗阅千年，箫鼓喧呼斗画船。风浪如山鲛鳄横，何心此地更争先"的诗句中也提到了两种不同含义的龙舟赛事，"斗画船"即"竹快"赛，比的是龙舟的美丽；"更争先"就是"毛快"赛的竞渡了，比的是人的力度，舟的速度。

端午节那天，浦江沿线水面举办龙舟竞渡的地点很多，从陆家嘴一带的水面，到当时的半淞园园内水面，一直到闵行浦江水面，都会由不同地域举办"竹快"和"毛快"的龙舟赛。而苏州河（吴淞江）中却另有一番风情，咸丰二年（1852）黄浦江出现了外国商船船员赛船会。之后一年一度在苏州河上进行赛船比赛。咸丰九年，英租界英国侨民组建上海划船总会，设俱乐部锦标赛等，并每年举办比赛，直至1938年。总会主要成员为英国侨民，参加比赛的有英国、美国、德国、丹麦、瑞士、比利时、挪威、日本等国侨民。上海划船总会大楼建在苏州河边乌镇路处，其最早的游船码头与船坞在一起，所以此地被人称为"舢舨厂"，后码头迁到恒丰路桥旁，该地就被称为"舢舨厂桥"。

第五章　民生荟萃的码头文化

追溯上海老城厢的历史，码头是不能隐去的一章。老城厢"厢"东十六铺到董家渡、南码头的沿江地区，曾经是上海水陆贸易集散枢纽。沿江各种行业的码头林立，是关乎民生的生活资料集散区域，各种物流在周边屯库、在那里上下岸周转，因而衍生出不同时代、不同特征的许多历史文化故事。

一、开埠前后上海航运状况

上海处于黄浦、吴淞两江环抱之中的水网地带，承苏浙的常、镇、杭、嘉、湖诸山之水，汇聚于上海县高昌乡二十五保，合流后绕陆家嘴北去，过引翔港，然后由高昌乡二十七保离开上海县境，再流入宝山县，由宝山县出吴淞口，北注浩淼长江。沿江靠海的地理优势，加之便利的天然水道，促成了上海水上航运的发展。

唐末宋初起，建城前的上海地区以华亭港、青龙港为中心，接纳国内外商船并开展水上贸易。这一地区与外部世界的交通，主要依托于江海及内河航运。清朝中期，仅以木帆船为载体的远洋运输航线主要有两条：一条是至日本、朝鲜的东线；另一条是至南洋群岛的南线。

南宋咸淳初年，上海设镇及市舶务，浦江西岸始现简易码头。明永乐后，上海县城东门及南门外沿黄浦江滩，设砖石堆砌伸于水中的

1. 旧时五方杂处的十六铺
2. 20世纪20年代金利源码头，后为十六铺码头

踏步式码头。上海开埠前，自十六铺至南码头全长两三公里的黄浦江西侧，有傍自然滩岸而设的码头10余座。

明清时期，上海的内河航运，是以运河为纽带连接起来的。内河物流也是以东部地区货物往来形式为主。明代时，上海城市有两条主要航路：一是出东门溯吴淞江而上，入运河；

第五章 民生荟萃的码头文化

一是出南门，经陆家浜、肇嘉浜或龙华港等入蒲汇塘，既可北入吴淞江经运河至苏州等地，也可南经泗泾达松江或南下浙江。正是因为通过内河水系，与当时繁荣的苏州实现连接，上海便有了"小苏州"的称谓。

清代起，随着海禁的废除，以及浏河、乍浦等港口的衰落，上海逐渐成为南北沿海贸易的重要港口，并成为北洋、南洋、长江、内河、外洋等五条航线交汇的港口城市。道光年间，上海因洋货聚集，故而有了"小广东"的别称。清嘉庆、道光年间，以沙船业为中心的海上运输业的空前发展，不仅将上海推至东南沿海大商港的行列，而且使得上海县城成为江南著名的商业城市。凭借四海通津的地理位置和高速发展的社会经济实力，船队、会馆、钱庄、洋行等一批新生事物在上海纷纷出现。当时，有上海竹枝词道出了上海繁荣兴旺的社会情状："小贾收买交大贾，大贾载入申江界。申江鬼国正通商，繁华富丽压苏杭。"时人曹晟在《觉梦录》中，也作了概括性的描述："海禁既开，民生日盛，生计日繁，区区草县，名震天下。"

航运业的兴盛，带动了商业的发展。开埠前的上海，已出现了包括米业、酒业、纸业、靛业、药业、茶业、丝绸业、土布业、棉花业、钱庄业、洋货业、腌腊业、铜锡业、煤炭业、蜡烛业、轧花业、沙船业、南货业、北货业、成衣业、典当业、染坊业、竹木业、酱园糟坊业等多个行业。当时，城外的商业发展精华大都集聚于沿江靠码头的十六铺地区，形成了咸瓜街、洋行街、豆市街、花衣街、会馆街、芦席街、篾竹路等专业街市。城内的商业重点主要集中在城隍庙、陆家石桥、红栏杆桥、松雪街、虹桥头等处。

开埠后的短短二十年间，上海水上交通发生了巨大的变化。前十年，变化主要体现在东

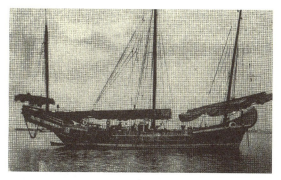

1. 旧时黄浦江上的沙船
2. 20世纪30年代南市垃圾码头

南沿海航线和中西远洋航线上；后十年，变化则体现于北洋和长江航线上。其时，枢纽港口的航线不断拓展，航程及航载能力急剧增长，国际化的航运市场初步形成。1864年前后，以上海为枢纽的近代航运体系，已在中国东海岸初具雏形，城市社会发展水平在国内亦居领先地位。与航运业发展相适应的的港口码头建设也日新月异、发展迅速。

二、开埠后上海码头的繁盛

上海繁荣的起点，是在开埠以后。开埠初期，通过上海口岸进出口的商品比重越来越高，中外贸易的急速发展，促进了城厢的持续繁荣。1870年前，进口的商品主要是鸦片、棉织品、呢绒、五金，其中以鸦片和棉织品最多，而出口则以茶、丝为大宗。1867年，丝、茶两项出口货值占全国出口商品总值的86.8%。在中外贸易急剧发展过程中，我国进出口商品的枢纽口岸由广州转移至上海。以生丝出口为例，1867年上海生丝出口货值占全国总值的73.7%，而广州仅占24.8%。上海开埠前夕，已有华商开设外贸行栈，来沪的外国人多居住在城外沿黄浦江一带的民房里；重要的货物码头、钱庄、零售商店和有经验的南北货、洋货商人都集中在老城厢；外国商人要采购的丝、茶、瓷器，中国商人需要的鸦片、棉布也都在县城里成交；许多商务、报关事宜亦需在县衙中办理。所以，内外贸易的中心仍然还在老城厢内。

开埠初期，特别是一些商品的零售，如进口棉布的销售，也只能集中于人口比较密集的老城厢，依靠老城厢成熟的商业网络。1858年前后，规模比较大的14家洋布店中，开设在老城厢地区的有8家，开设在新兴租界地区的只有6家，老城厢地区在进口商品销售中，依然占有着重要的地位。

上海开埠以后，襟江带海的有利位置，使

旧时停泊在十六铺江面的货船

第五章　民生荟萃的码头文化

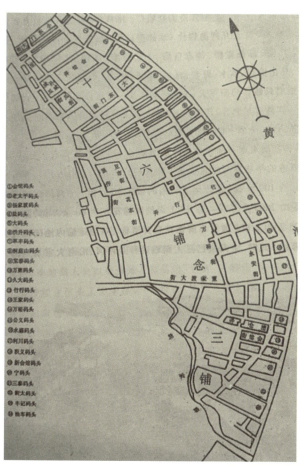

得黄浦江西岸的港口吞吐量不断超越过往，贸易量也直线上升。千帆林立，百舸争流，百业兴旺。南洋、北洋、远洋的海运空前繁忙，运河和长江的漕运、河运也生气勃勃。航运的发展，有力催生了黄浦江两岸各类码头的诞生，以及码头业的发展。清同治九年（1870）前后，虹口沿黄浦江建有汇源、怡和、旗昌、琼记、顺泰、滔律文、同孚、虹口、宝顺、享裕、仁记、和记、信和、丰裕等外商码头；法租界外滩从洋泾浜到新开河建有公正栈、法国轮船码头、顺泰南栈和十六铺的金利源等外商码头；浦东沿江建有浦东和记、林赛、浦东怡和、利南查、穆哈德、立德成、董家渡等码头，其中立德成仓栈有岸线365.7米。19世纪末，英商码头实力居上海港公用码头第一。十六铺以南的码头也同步发展，1932年时，自东门路至南码头的黄浦江沿岸，共有大小码头不下20处。由北向南依次为会馆、老太平、杨家渡、盐码头、洪昇、萃丰、洞庭山、德泰、万聚、久大、新码头、生义、竹行、王家、万裕、公义、求盛、董家渡、赖义、

1. 旧时十六铺码头分布示意图
2. 旧时帆船林立的十六铺沿江

三层楼、徽宁、三泰、新泰、丰记、油车和南码头等20余座码头。至1947年，区域内共有48座码头并存。开埠后，南市沿江民船码头也有增建和改造。沿江码头除少数为会馆产业外，多数属商行，名称亦多以商行为名，如三泰米行的三泰码头、万裕酱园的万裕码头、萃丰木行的萃丰码头。也有以装卸的货物种类命名的，如装卸腊肉、咸鱼的盐码头，竹器行的竹行码头，油车业专用的油车码头。大东门外还有专供官员迎来送往的码头接官处，董家渡、杨家渡码头为专泊过江来往船只的专用码头，洞庭山码头停靠的是苏州洞庭山班船，会馆、徽宁码头则分别属于商船会馆和徽宁会馆。

1. 旧时十六铺码头旧照
2. 旧时十六铺宁波码头
3. 旧时王家码头公共卫生码头
4. 旧时上海其昌栈码头

三、商机孕育与风俗传播

码头的功能,既包括人和物的集散与流通,也包括各方信息和各地风俗的集散与传播。有了码头,就有了靠码头谋生的人。于是流民、难民、灾民等都成了依靠码头谋生的人,码头从此熙熙攘攘、人声鼎沸、车水马龙,扛箱掮包、挑担拉车者来往穿梭,体力劳动者的号子此起彼伏,鸡鸣狗盗者亦混迹其中惹是生非。沿江码头的不断发展,也壮大了劳工队伍,码头工人因此成了上海产业工人最早的中坚力量。有了码头,便有了江湖。江湖上自然是鱼龙混杂、良莠不齐。但江湖也有江湖的规则,于是有了"江湖义气",有了另类的"契约"精神。码头和江湖,也是帮派滋生的土壤。靠码头谋生并结成帮派的人们明白,谁控制了码头,谁就控制了集散和流通的业务及滚滚的财源。于是,便有了地痞混混和码头恶霸混迹上海滩的故事,有了在十六铺一带码头起家的黄金荣、杜月笙等上海滩大亨。当年黄金荣的码头仓库,如今成了黄浦江岸弥漫"小资"气息的"老码头"。当年码头仓库和江湖的诸多轶事,则成了演绎那段历史的重要戏码。老城厢沿江码头发展的足迹,无疑是上海码头文化构成中最为久远及最具特质的部分,也是老城厢文化不可分割的重要组成部分。

1. 许多人最早寻梦的地方

随着航运贸易的发展,轮船码头仓库的兴建,货物装卸工作日益增多,上海港码头工人队伍逐渐形成并壮大。《南京条约》签订后,上海港被迫对外开放,外国船只进入码头,需要更多的装卸工人。于是,一支由"夫头"专门负责招募、劳动力聚集码头守候、工资按件给付的码头工人大军应运而生了。上海港码头工人最多时达到5万人左右,这些码头工大致分为扛棒工、肩运工、轮装工和堆装工四种。

从黄浦江码头上岸的人员中,不仅仅有到上海谋生的码头装卸工、纱厂挡车工等,也有不少在中国和上海发展道路上留下痕迹的历史风云人物。他们的发迹和成功,无不与上海的城市文化和城市精神紧密相关。

1873年的夏天,一个来自印度的犹太青年欧司·爱·哈同,经历颠沛流离、死里逃生的境遇后,从香港搭货轮登岸上海。手提小藤箱、意兴阑珊的哈同,第一眼看到巍峨恢宏、富丽堂皇的外滩西式巨厦时便惊得目瞪口呆,缓过神后却变得异常亢奋。之后的他,进入沙逊洋行开始了人生的打拼,1901年,独立创办哈同洋行,专营房地产业。1904年,在静安寺路购地300亩,兴建上海最大的私人花园爱俪园(哈同花园)。这座典型的中国式园林,为当时沪上私人花园之冠。因此,上海也有了"冒险家的乐园"的说词。

最初上海 老城厢的诗和远方

1854年，年仅14岁的叶澄衷辞去家乡油坊打什工的活，跟着一位年长的同乡踏上十六铺码头来到上海。先在一家杂货店当店员，后自己独闯码头，在黄浦江上驾舢舨，为停泊的外轮提供所需物品并以此谋生。17岁那年，一外国商人乘坐他的舢舨去十六铺彼岸，外商上岸时遗忘了手提皮包。皮包内有很多钞票与支票，叶发现时外商已经走远。叶于是便停下生意一直在十六铺等候，傍晚那位外商急急忙忙寻来时，叶将皮包等如数奉还。外商从皮包中拿出厚厚一叠钞票酬谢叶，被他婉言谢绝。该外商是英国火油公司中国部经理，看叶诚实便聘其去管理火油仓库，并为他请了一位中文教师和一位英语教师，帮助叶学习文化。从此，叶对西欧有了比较全面的了解，对五金及火油贸易也入了门。1862年，叶澄衷在虹口开设老顺记商号，经销五金零件，后总号移于百老汇，并在长江中下游各商埠遍设分号。继而投资金融业，在上海、杭州、镇海、芜湖、湖州等地开设票号和钱庄，鼎盛时竟达108家。又相继开办上海燮昌火柴厂、纶华缫丝厂。1896年，盛宣怀筹办成立中国通商银行，叶被指派担任总董，遂开始进入近代银行业。成巨富名流后，叶澄衷热心社会公益与慈善事业，在家乡和上海分别设立慈善救济机构。1899年病重中，念及少时失学之痛，便捐地捐银兴建中国第一所私立新式学校。1901年建成，取名澄衷学堂，即今澄衷高级中学。是时，社会上出现了"做人当如叶澄衷"一说。

被人称为"近代建筑营造业的一代宗师"的杨斯盛，乘着小舢舨登上十六铺码头时只有13岁。父母早亡的他，从川沙蔡路来浦西谋生，先是学做泥水匠。勤奋好学的他很快捞到了他的"第一桶金"，后来在上海开设了第一家由中国人创办的营造厂——杨瑞泰营造厂。清光绪年间，杨斯盛承建外滩江海关北楼并一举成名，时称工界伟人、营造泰斗、上海水木业公所领袖董事、浦东帮建筑业领袖。1904年，杨斯盛先在宗祠设义塾，将自己的别墅改为广明小学。翌年，增设广明师范讲习所，并在浦东六里桥购地40余亩，兴建浦东中学。1906年正月开工，由黄炎培设计、杨斯盛亲自监督，同年12月校舍竣工，教学设施堪称沪上一流，所聘办学人才亦为一流，李平书、黄炎培、秦锡田、陆家骥、张伯初等出任校董。历史上的浦东中学因校风纯朴、师资精良、教规灵验、设施一流而人才辈出，曾享有"北南开，南浦东"之盛誉。著名的校友有张闻天、蒋经国、蒋纬国、潘序伦、范文澜、罗尔纲、王淦昌、陈芳允、叶君健、马识途、谢晋等。在海内外一大批科学家中，出自浦东中学的院士级大师有20余位。殷夫、胡也频等近20位革命烈士，也曾在浦东中学就读。

作为人群集散和流通平台的码头，也是码

第五章 民生荟萃的码头文化

头工人由自在阶级转变为自为阶级的舞台和见证。一开始,作为苦力的码头工人流动性很大,分散于黄浦江、苏州河两岸的100多个码头上,凭力气讨生活,养家糊口。当遭受洋老板、包工头迫害和盘剥时,也都采取能忍则忍的做法。有压迫就有反抗,随着阶级矛盾的加剧,码头上的阶级斗争亦愈加激烈。斗争形式也从自发的经济斗争、反对压迫的原始反抗,发展为在中国共产党领导下的自觉斗争。上海码头工人与全市的工人阶级一起,在艰苦困难的条件下,进行坚忍、机智、灵活的斗争;在斗争中经受锤炼和考验,积蓄和发展力量,最后迎来了上海的解放。

1915年1月,招商局、太古、大阪、华顺等17家轮船公司800多名码头工人,举行罢工要求增加工资,后部分公司资方答应增加工资。同年4月,浦东日商大阪商船、三井煤栈等各码头工人为抵制日货举行罢工,成群结队游行街市并散发传单。1919年"五四"运动时,上海码头工人迅速行动起来,用反帝反军阀的罢工斗争声援北京青年学生。

1921年中国共产党成立后,中国劳动组合书记部上海分部决定,兼管海员和码头工人运动,码头工人被大规模组织起来,开始有了自己的工会组织,有了党的倾导,也有了明确的斗争方向。1924年,中共地下组织挑选码头工人积极分子到小沙渡(今西康路安远路口)和杨树浦工人夜校(今榆林路新德里内)学习,

1. 清末上海港茶业出口
2. 清末待工的码头工人

并在码头工人居住较集中的其昌栈、虹镇、烂泥渡等处,开办码头工人夜校。

1925年,上海港2万多名码头工人,参加了震惊中外的"五卅"大游行,响应罢工号召,拒绝为外轮装卸货物。一些外国货船停泊在港内,不能动弹,货物不能装卸,船不能离港。码头工人夏银居、谢复生、郑长山等,在"五卅"惨案中不幸负伤。之后,日商杨树浦、汇山、黄浦码头的工人,顺记、公和祥及招商局北栈等码头的工人,浦东各码头工人和南市各码头工人先后参加罢工。据国民通讯社调查,浦东罢工人数总计5.5万余人,其中烟草工人1.5万余人、纱厂工人1万余人、码头工人3万余人。

1927年3月21日,上海工人举行第三次武装起义,约3万名码头工人先后投入罢工,中午12时实现了码头总罢工。下午1时,罢工转入武装起义,码头工人纠察队员分三路,一路攻占春江码头,另两路分前后包抄三区警署,沿途捣毁敌8处岗哨,消灭一支军阀骑兵队,取得了浦东地区起义的胜利。

1929年5月,上海工人联合会成立,码头总工会成为其辖下的七个产业总工会之一。1931年,九一八事变后,上海港码头工人3.5万余人举行反日大罢工。1939年1月1日,上海码头总工会发表《告全市码头工友书》,揭露日本侵略者的所谓大陆政策,号召全体码头工人起来斗争,不怕任何牺牲,争取最后胜利。

抗日战争期间,码头工人用各种形式巧妙地反抗日寇的血腥统治,还时常协助新四军地下人员,将大批重要物资运往根据地支援抗战。解放战争时期,码头工人团结在共产党领导的工会周围,为生存开展了有理有节、不屈不挠的斗争。

2. 物资集散与流通的重要载体

上海地区港口始成,便有了货物装卸的行当。北宋时,宋廷在华亭县设市舶务,即有船商进行海外贸易,青龙镇港当时已经是"海舶辐辏,岛夷为市"。粮之北运,盐之出口,成为港口装卸的大宗货类。当时货种出口以米、丝为主,进口以珠宝、香料为主。南宋景定五年(1264),青龙镇市舶分司移驻上海镇,专管航海贸易。明清时期,上海港逐渐壮大,棉花出口、漕粮转运,北方豆麦输入,构成装卸货物主体。鸦片战争前夕,上海港年货物吞吐量达到150万至200万吨,绝大多数为内贸吞吐量,位居全国前列。

清咸丰三年(1853),上海超越广州,跃为全国最大外贸口岸。煤炭、石油等成为大宗货类后,港口吞吐量增长迅速,至1931年达到1400万吨(包括内贸吞吐量),跻身世界前列。日军侵华战争及第三次国内革命战争时期,港口货物进出口业务跌入低谷。1949年,上海全年货物吞吐量仅194万吨。

唐宋元三代，通过上海地区港口的主要货物为粮食和盐。粮食运往北方，盐则运销各地。明代中期以后，棉花及棉布遂成为上海港新兴的大宗货物，粮食和盐降为其次。明代中后期，上海须靠外地输入粮食，每年经上海港输入的商品粮约为9万吨。湖州丝、苏州丝经上海港南运福建、广东；福建丝北运上海、苏州。福建的盐铁，江西饶州的瓷器，漳州、泉州的蔗糖，也是经上海港转运的主要物品。元代，上海港外贸出口商品以手工业产品为主。主要有苏杭产的五色缎、绸、布和丝等纺织品，以及文化用品、日杂用品。明代嘉靖以后，虽然海禁甚严，但上海地区的棉纺织业已具出口能力，民间走私依然存在；松江棉布和湖州丝棉成为上海港出口日本和南洋的主要货种。

清代，上海港的经济腹地已由长江三角洲地区拓展至汉口、长沙地区；苏州、松江、常州地区全国性大粮仓的地位重新恢复；5条主干航线使上海港成为全国性枢纽大港。粮食、棉花、棉布和丝织品四大类成为当时国内进出口的主要货物。开海禁后，上海与日本和南洋诸国之间的贸易逐步开展。当时从日本进口的主要货种是银、铜、海货、漆器、珍珠，其中铜的数量最大；输往日本的货物主要是纺织品、手工艺品和药品三大类。从南洋诸国输入的货物主要是糖、苏木、槟榔、樟脑、檀香、海参、燕窝、鱼翅、象牙、藤条、藤器等；上海出口南洋的主要是丝绸、棉布、瓷器、茶叶等。

五口通商后，港口货物吞吐的主体依然是国内进出口货物。上海港继续发挥着粮、棉、豆、麦等物资集散中转的枢纽作用，其规模大体保持着鸦片战争前的水平。其中，北方的豆麦仍是数量最大的货类，长江流域的粮食和上海本地的棉花及棉布也依然占据着很大的比重，与鸦片战争前相比没有多少变化。发生较大变化的是由对外出口所带动起来的丝茶运输。本来在宁波出口的茶叶也被吸引到了上海。此外，因上海城市逐步扩大和建设的需要，大量木炭和木材从宁波运到上海。

20世纪初至1936年，上海外贸进出口业务的扩大，带动了国内贸易的发展，每年经港口吞吐的内贸物资数量颇巨，其中以丝、茶、米、麦、棉布、棉纱、棉花和煤炭等为大宗货类。丝主要由重庆、汉口、广州、烟台运抵上海，仅1936年，上海港便输入丝1569吨。红茶来自汉口，最高年份输入约4800吨；绿茶来自杭州、宁波和汉口，最高年份输入约1.7万吨。

1936年，上海港运出棉布9.68万吨，占全国轮船运输棉布总数的3/4。上海输出的棉布中有一半以上运往汉口、重庆、广州、天津。同年，上海港还向31个港埠输出棉纱9.6万余吨；从汉口、沙市、天津等港口输入棉花8.3

万吨,从青岛港输入布1万余吨,从各地输入米27.97万吨,从16个商埠输入小麦8.47万吨。此外,有大量国内煤炭供应上海。据统计,20世纪20年代,上海港输入本国煤炭平均每年为八九十万吨;30年代初上升至120万吨左右。

日军发动侵华战争后,上海国内贸易受到影响。1940年9月,日本侵略军在上海成立华中物资运销会统制上海与内地间贸易。翌年12月,太平洋战争爆发后,上海港内贸进出口货物急剧减少。1942年3月,侵华日军上海陆海军最高指挥官宣布从4月起实行租界内物资移动许可制。1943年3月,汪伪政府在上海成立当时规模与权力最大的全国商业统制总会,下设米粮、棉业、粉麦、油粮、日用品5个统制委员会及各业的公司联合会、各业的同业公会等。各统制委员会又在各地设立分支办事机构,构成一个严密的贸易编制网。各统制委员会还在各地发布了许多统制条例。

当时,上海物资移动区域须受管制的共分三部分:一是上海运至长江下游沦陷区的;二是自长江下游沦陷区流入上海的;三是自上海区域出口运往日本、朝鲜、台湾、东北、内蒙古及华南沦陷区(包括武汉区域)的,而被统制的几乎包括全部物资品种。上述各贸易统制组织和有关规定均对上海港内贸造成极大影响。

抗日战争胜利后,国内进出口贸易一度复苏。来自秦皇岛的开滦煤和来自江浙一带的米、麦,以及由上海销往内地的棉纱、棉布等,是当时港口的主要货种。其中,1946年上半年,经上海港输入的开滦煤月平均达10万余吨。但是,国民党政府对解放区实行了交通封锁和经济封锁,上海附近主要封锁禁运的区域是苏北解放区,同时也包括沿海已解放的港口。

1949年初,北平、天津相继解放,上海与北方沿海航线基本中断,长江航线受战争影响而不正常。国内众多的船舶被强迫征用运输国民党军队、武器和弹药,并装运金银财宝、国民党权贵和有钱人的眷属等逃往台湾。然而,上海无论工业用燃料或民用煤炭,无不依靠北煤南运,没有煤炭将严重影响到工业的生存与人民生活。当年1月下旬,上海航运界爱国人士首先提出南北通航以货易货的要求,并派代表赴天津、北平会谈,很快达成协议,决定以10万吨开滦煤交换面粉30万袋,以后再扩展到其他物资。2月12日,南北恢复通航,先后有11艘次轮船穿梭于上海港与秦皇岛港之间,使上海煤炭紧缺的状况有所缓解。

解放初,全国范围内的解放战争尚未结束,上海港肩负大量军需物资的运输任务。同时,因上海煤、粮、棉花的储存量已到枯竭的地步,恢复航运确保煤、粮和棉花供应,便是当时港口生产的首要任务。1950年5月,舟山群岛

第五章　民生荟萃的码头文化

解放，对长江口的封锁得以解除，长江和北方沿海航运逐步恢复正常。1952年，国内进出口货物中，煤炭、粮食两大类货物占65%，其中煤炭占46%，主要来自北方沿海和长江；其他装卸量较多的货物有盐、矿建材料、石油、木材、日用工业品和棉花。

3. 信息传播和码头文化孕育之地

南来北往的人流、物流，通过港口码头实现聚散。与之相随的，自然少不了各种信息的传播和各种民俗风情的扩散。无论是在纸质媒介和电子媒介尚未问世的早期，还是在受到政治压制、灾害和战乱影响的后期，港口码头以其独特的地位和优势，充当着各个时期信息传播的重要角色。与人们戚戚相关的商事行情、社会政治、灾害战乱、交通运输等各类信息，甚至各种八卦新闻，均在行色匆匆或焦急等待的各路旅客不经意交谈间，极其自然和迅速地传播开来。同样，无论是在码头匆匆过往和歇脚的旅客，还是在码头落脚谋生的码头工人，或是在码头营生获利和结帮称霸的各路大亨，也在各自不同的生活中，极随意地将家乡的民俗风情，通过码头这一载体传播到了上海，并潜移默化地影响着这座城市。

与此同时，反映码头社会风情和社会生活的码头文化，也随之滋生和发展起来。其中，最为突出的是反映码头工人生活和劳动场景的码头谣和码头号子。上海开埠后，上海港

1
2

1. 旧时码头工人搬运出洋货箱
2. 旧时 十六铺码头工人在扛货装船

码头日益兴盛,民国期间港口货物吞吐量已越1400万吨,进出口船舶净吨位也跃居世界港口第七位。上海港码头装卸、运载量日渐庞大,对工人的需求量也越来越大,众多破产农民、失业工人、贫民等外来务工人员纷纷涌入上海进入码头。旧时的码头,劳动工具极其简陋,几无各种装卸设施,码头工人装卸货物基本上全靠人力,除了跳板、箩筐和少量人力板车、手推车外,工人还要带杠棒、绳子和搭肩布。繁重的码头装卸活计,全靠人工搬运来完成。上千斤重的货物也都靠多档杠棒人力搬运,劳动条件十分恶劣。这种劳动,或只是单个进行,或需要集体操作。在劳动过程中,担负沉重搬运任务的码头工人,或为了减轻肩负重担的压力,或为了协调集体运作的步调,往往会通过呼喊码头谣和码头号子进行心灵的宣泄。

码头谣源于苦难的旧中国,上海港曾流传过许多码头谣。旧社会的码头工人地位如同奴隶,生活不如牛马。他们面对苦难的身世、艰辛的生活和沉重的劳动,发出了不平之鸣,其中有愤怒的控诉,也有无可奈何的自嘲。经过口口传诵,便形成了码头谣。码头谣因为出自没有文化或文化程度不高的码头工人之口,所以具有通俗易懂、简短扼要、生动形象、朗朗上口的特点。

在卸煤炭时,要用一尺多宽、一丈多长的

1. 旧时沿江码头
2. 旧时沿江码头

第五章 民生荟萃的码头文化

跳板，一头搁在船边，一头架在高凳上，然后一块板一块板地延伸至煤场上的"煤山"，作为走道，工人称之为"过山跳"。两个工人抬着200多斤的煤箩，在"过山跳"上奔走，一步一颤抖，稍有不慎，就会跌下跳板，不死即伤。在当时的码头上，这种危险的作业比比皆是，因此，工人中流传着这样的歌谣："上压肩膀，下磨脚板，根根毛孔流血汗，码头处处鬼门关。"当码头工人扛着两三百斤的沉重货包，奔走于码头与仓库间的"过山跳"时，一旦走得慢了，包工头的皮鞭、藤条就会劈头盖脸地抽上来。码头谣中便写出这种全靠工人肩膀扛着送进仓库的悲惨情景："过山跳，颤悠悠，前脚斜，后脚扭，一脚踏空命便休。"

码头工人干的是牛马活，而收入却极其微薄。码头老板、大小包工头层层克扣，吮尽了工人的血汗。尤其是封建把头（即包工头）对工人百般敲诈勒索，甚至霸人妻女，残害工人。对此，码头谣也有深刻的揭露："把头，把头，吃人不吐骨头。""肩上压竹头，背上挨拳头，做工拿零头。""杠棒像弯弓，号子像洪钟，吃上码头饭，一生一世穷。"

在残酷的剥削下，码头工人的生活非常穷困。"码头工人苦，一日有三愁：早愁工作票，午愁粮糊口，夜愁无处宿。"解放前的码头工人绝大多数是临时工，每天天不亮就得起来，空着肚皮跑到码头门口等候包工头发工作票。

如果这天拿不到工作票，就没有活干，没有收入，全家都得忍饥挨饿。"等工作，吃碗饭；等不到，晒个蛋。"这首码头谣形象地描绘了那种景况。

即使拿到工作票，一天累死累活只拿到微薄的工资，全家人又能吃些什么呢！"开锅菜皮六谷糊，妻儿老小瘦筋骨。"如果能拥有茅草棚、破木船、"滚地龙"，就算是很好的栖身之地了。有许多单身汉，夜里就睡在屋檐下、过街楼、小菜场，甚至公共厕所也成为他们的安家处所，于是就有了"厕所房檐当窝铺，挨打受骂无处诉"的码头谣。

食宿都无处着落，穿的就更可想而知了。哪一个码头工人不是浑身破破烂烂的！他们自嘲道："头戴开花帽，身穿八卦衣，脚蹬金丝鞋。"这破帽破衣破草鞋便是码头工人的全身衣着。有的工人一件破棉袄，无论冬夏春秋，总不离身。"白天遮太阳，雨天当蓑衣，晚上当被盖，把头打时还可抵一抵。"上述这些码头谣，字字句句饱蘸着工人的血泪，反映了他们的苦难。

码头上的许多装卸工作是需要集体完成的，这就要求每个参与者做到同心协力、步调一致。于是，与码头装卸劳动紧密结合的码头号子就在劳动中自然产生了。"嗨哟、嗨哟"的曲调随着码头工人的劳作，自然而然地形成了，这是来自体力劳动者身体内部的一种语言，也是劳动者对被压抑的物质与精神生活的一种

宣泄。这种劳动指挥号令，无须刻意记录便能不断传承，其固定的节奏、章法和规律，也很好体现出码头工人对艰辛生活和沉重劳动而发出的不平之鸣。码头号子的自然吼唱，在很大程度上有助于减轻劳动者的劳动强度、提高劳动效率，因此在旧时有很强的实用价值。

码头号子与码头劳动生活和劳动场景紧密相连，并在码头工人们年复一年繁重的肩挑背扛中一代一代延续了下来。码头号子可分为肩运号子和扛运号子两大类，搭肩号子、肩运号子、堆装号子、杠棒号子、单抬号子、挑担号子六个品种，其节拍、组合、形式等变化多样。由于码头工人来自全国不同地域，所唱的号子也因各地方言语音的不同，形成了独特的带有各地特色和各派风格的码头号子。其中，以"苏北号子"和"湖北号子"最具代表性和最为普及。不同地域工人所唱号子大多使用家乡方言，同时又将家乡小曲融入到号子中，形成了独特的音乐风格。因而使得码头号子的表现方式、歌词特点，以及调式、音域、乐汇、节拍、结构等的音乐要素极为丰富。码头号子是在劳动中高亢吼唱的，音乐气势被直接完整地传达，

20世纪初进港的客货轮船

原生的、本质的风貌表露无遗。码头号子很好地体现了多元文化的和谐共存,也是多地民俗风情的一种具体展示。

历史上,码头号子曾被反复公开展示。1934年,聂耳到码头体验生活后,创作了舞台剧《扬子江风暴》,在剧中用码头号子谱写了著名的《码头工人歌》。1961年,上海全港区举办码头号子汇演,呈现了19个流派、108首号子,场面非常热烈。2008年,码头号子被批准列入第二批国家非物质文化遗产名录。

历史上的上海,从一个小渔村发展成为内外贸吞吐量位居全国前列的港口城市,它的文化特点发生了从边缘性和后起性走向宽容性和开放性的演变。在传统江南吴越文化的基础上,它融合了南来北往不同地域的行商与坐商,以及外商带来的习俗、语言等各方面的文化,同时以强大的创造力和吸引力,吸引了来自中国各地乃至世界各国的人才及文化艺术形式。以往不少文化名人、艺术家都是乘着船,从十六铺码头登陆繁华的大上海,并在上海取得了巨大的成功。有人说,凡是美术、曲艺、舞蹈、音乐、摄影、展览等文化艺术类目,不管名气如何、规模多大,都想到上海靠一靠、走一走、露一露。似乎唯有这样,才能寻求更大的发展空间,才能吸引外界更多的目光,或许这就是上海大码头的魅力所在。如此而言,上海的码头在体现这座城市魅力的过程中,一直扮演着促进各种文化和文明交汇、交流和交融的重要角色。

第六章　敦谊辑帮的会馆文化

上海成为全国商贸中心与南北、海上贸易的枢纽之后,各地来沪经商定居者越来越多。因此,出现了以"敦乡谊、辑同帮"(辑:《玉篇》"和也"。《正韵》"睦也"。《书·汤誓》"辑宁尔邦家")为宗旨,由旅沪商家自发建立的为数庞大的社会组织,以同乡名义聚结的称"会馆",以同业名义聚结的称"公所"。城厢内的豫园及城厢外的十六铺一带,先后共存在过近 200 家会馆公所。

一、会馆公所的兴起

会馆公所之设虽肇于京城,却以苏州为盛。后来上海的快速发展,吸引了各地、各行业的旅沪人士,用手中掌握的土特产品资源,以及持有的手工业技能和劳动力资源,在上海求利谋益。他们站稳脚跟后,为了便于同乡间的交往,维护同乡利益,设立了联络乡谊、聊解乡愁、接济同乡、互携互助的同乡会馆;以及同业间为了维护本行业利益,控制经营特权和统一商品质量、价格等事项的同业公所。

作为明、清两代商业和手工业行会组织的会馆公所,产生于明万历年间,盛于康乾时期。会馆以同乡集聚为多,不分行业,乡土色彩较浓,成员以同乡的商号主为多,不允许他乡人加入,且多以地域命名。绝大多数的公所创建于道光、咸丰年间,其以同业关系集聚为主,

同仁辅元堂

有从事贸易的商业行帮,也有从事生产制作的手工作坊。公所的建立为便于同业之间的生产和经营,其成员不限于同乡人。

清顺治年间(1644—1661),在上海县城西由关东和山东商船主发起成立的"关山东公所",是上海有据可查的建立最早的公所。清康熙五十四年(1715),在小南门城壁外的马家厂(今会馆街),由沙船业主发起成立的"商船会馆"是上海最早的会馆。

上海会馆公所发端于清顺治年间,鸦片战争前夕至少已有 27 处。民国初年,在老城厢为中心的广大辐射区域内,由各地来沪的同乡,或同业商家组成的会馆、公所,有名可查的达 255 个。这些会馆或公所基本属于工商行业团

第六章 敦谊辑帮的会馆文化

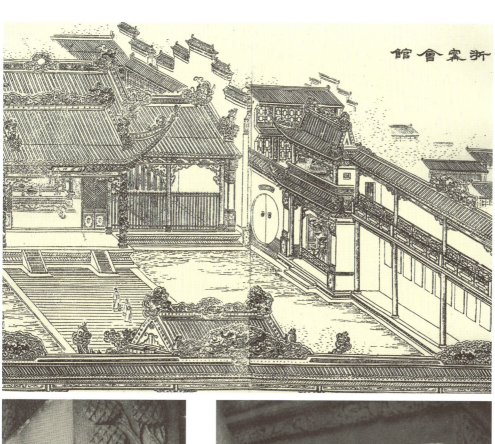

1. 浙宁会馆
2. 浙宁会馆前殿石雕人物
3. 浙宁会馆前殿石雕进宝图

体性质，是由旅沪的工商业者发起组织的。上海开埠前，会馆公所以同乡相聚为多。开埠后，随着客居上海的工商业者地位的巩固，工商行业不断形成、发展和变化，便以行业相聚的为多。会馆公所的发展和壮大，使得其维护保障生命财产、参与市场角逐、协力抗击强权势力等诸多功能也不断得以拓展。

城厢内外开埠前所建的会馆、公所，一般都规模宏大，雕梁画栋，富丽堂皇，多设碑碣；开埠后所建的会馆、公所，虽规模稍小，但造型别致，融汇东西方建筑风格。从行业分布看，开埠以后上海会馆公所几乎覆盖了所有的旧行业和新行业，包括：洋布、纱、丝绸、裘、珠宝、金银、银楼、铜锡、铁、木、花、米、面、酒、参、膳腊、酱、纸、靛、烟、水果等行业。

清末民初，上海工商业在世界资本主义潮流的影响和推动下，逐步向近代化过渡，以"敦乡谊、辑同帮"为宗旨建立的会馆公所，也随之失却其原有的功能，逐渐被近代工商业发展所需的新式的同业公会、商会所取代。1929年8月，国民政府颁布了《工商同业公会法》，对会馆、公所及行业公会依法进行改组，统一建立工商行业的同业公会。

二、会馆公所的社会功能

开埠以后，随着上海城市经济的结构性转型，这两个传统社会组织系统的结构与功能开始发生变迁。会馆公所大致拥有内部与外部两种功能。内部功能简而言之就是"答神庥、笃乡谊、征众信"；外部功能则是对地方事务的参与。清末上海地方自治兴起，会馆公所对地方事务的参与也达到了有史以来之巅峰。会馆公所的存在起到了几方面的积极作用：其一，参加地方自治、社会管理，协调官商关系；其二，增加乡谊乡情，提携同乡立足，开展互助互济；其三，慈善捐助，参与公益事业；其四，行业自律，调解同业纠纷，维护同行利益。

会馆公所的内部事务功能大致如下：

（1）会馆公所都有祀奉、祭拜功能，内均设有对神祇祀奉、祭拜的活动场所（即"答神庥"）。不同的会馆公所，祀奉神祇会表现出不同乡籍与行业的鲜明特点。会馆公所祀奉的神祇基本有三种：一是商人原乡籍习惯上公认的乡土偶像、先哲、保佑神；二是本行业的祖师爷，即行业崇拜神；三是各行各业、各地人士都一致崇奉的财神等，通常是数个神祇同时祀奉。会馆公所崇祀的本业"祖师"大致为：商船业崇奉天后圣母，以祈祷海神保佑船民出入平安、风调雨顺；木工业奉鲁班为祖师并建立鲁班阁；成衣业奉轩辕或嫘祖为祖师，建有轩辕殿或嫘祖殿；染坊奉梅福、葛洪为祖师，建有二仙宫。此外，还有靴鞋业的孙祖阁、丝织业的机神庙、银炉业的太清宫、酿酒业的杜

第六章　敦谊辑帮的会馆文化

康庙、碾米业的神农殿、制烟业的吕祖庙、制香业的葛仙宫等。这些既是同业议事会所，又是同业祀神拜祖的场所，"每年恭逢祖师瑞诞，虔诚庆祝"，亦已成为各业自觉遵守的一条行规。以共同的祈愿为纽带，崇拜神祇，祈求神灵庇佑，使得同乡同业寻得精神寄托和心理安慰，是会馆公所体现凝聚力的最实际有效手段之一。

（2）联络乡情，互携互助（即"笃乡谊"）。会馆公所以岁时聚会、宴娱等为主要形式联络乡情，即史料提及的"桑梓萦怀，联乡情于异地"。会馆公所这样的民间团体，其经费由团体内的工商业主捐赠与分摊。会馆公所从事开

1. 三雅馆
2. 木商会馆
3. 木商会馆戏台檐角木刻狮子

1. 商船会馆大门
2. 商船会馆的打唱台
3. 商船会馆木刻"和合二仙"
4. 商船会馆天后殿木刻装饰

展同业、同乡间的互帮互济等慈善公益活动。团体同仁在经营中遇到困境坎坷，或遭纠纷诉讼之时，会馆公所都会四处周旋，主持公道，帮助解决。会馆公所的建立，也较好解决了行业自治、自律的问题。公所会馆对内具有维持社会一般秩序的权威，其义务包括：帮助新到上海的同乡人找房子、找工作；办义学，帮助同乡子弟接受教育，创办各种补习学校，为行业同人提供专业进修机会；助病患、设义冢，对团体成员中病疾者实行救助，对客死者予以施棺、掩柩，施行抚恤孤贫等慈善之举。同时也充当仲裁成员之间财产纠纷，协调与各方关系，制裁违规人员的角色。

（3）定立规条，依规执行（即"征众信"）。这一功能主要是通过制定和执行各种有关的条规来实现。会馆公所为处理同乡、同业商人间各种事务关系，排解各种矛盾纠纷，均制定需大家遵守的内部规限，即所谓"议事办公、以征众信"。这些条规在其成员内部，具有一种类似地方乡规民约的"准法律"作用，会馆公所可依此对其成员进行相应的处罚。同业交易规则由会馆公所公议，并由会馆公所监督执行。当规则遭到破坏时，先由会馆公所出面自行调停处理；只有当事情波及过大时，才会上交地方政府，由官府出面处置。在公议形式下形成的规条，可以有效阻止同业竞争、垄断市场的恶果，同时对维护经济秩序和加强社会管理有不可替代的积极作用。

会馆公所的外部社会功能主要是：

（1）慈善捐助，辖理同乡。清代上海会馆公所的外部社会功能，主要体现在参与地方公益捐助、报效地方政府代办政府税捐、代地方政府辖理同乡诸方面事务。清前期会馆公所尚未大量出现前，地方公益多由本邑居民自愿捐助。会馆公所出现后，多有会馆公所代表外来客商等参与地方公益认捐。五方杂处、公务繁多的上海县衙办公经费不足，上海工商各业"每年向有津贴公费银两，按季呈缴，历年已久"，会馆公所自然不能例外。代地方政府辖理同乡成员事务，尤以19世纪50年代小刀会起义期间为最。清代上海会馆公所多以流寓外省籍商人为主体，他们虽然身居上海城厢，但并不归入上海本地户籍。按照当时惯例，各省籍流寓人员归该省籍会馆公所辖理。小刀会起义前夕，上海地方官员以广东、福建等外乡籍人员为主体编练地方团勇，广东、福建等乡籍会馆公所的董事，就成了团练乡勇的组织者和领导者。上海道台以及上海县衙，几乎把地方治安的重任全部放到了他们身上。

（2）融入地方，参与自治。上海会馆公所对地方事务的参与，在清末上海地方自治时达到顶峰。晚清地方自治始于1905年，会馆公所对地方自治的参与，主要是通过其领袖人物进入自治领导机构来实现。1905年8月，上海道台袁树勋照会上海邑绅李钟玉等,支持地方绅商试行地方自治。9月,上海地方自治选举第一届领导机构,在呈报上海道台的76名总董、议董候选人中,30名来自地方上各善堂、书院、警务界及城厢各铺段董,28名在城厢内外工商各业推选出的代表中产生,还有18人则是上述两类推选之外的候选人。在工商各业推选的候选人中,各会馆公所的领袖人物自是首选者。76名候选人呈报上海道台后,道台最后圈定1人为领袖总董,4人为办事总董,33人为议事总董。在这入选的38名自治机构领导成员中,半数以上都是具有会馆公所背景的工商界人士。在最重要的4名办事总董中,郁怀智、曾铸、朱葆三都具有福建籍商帮、浙江宁波籍商帮,以及洋布业、花业、洋杂货业公所的雄厚背景。

清末商会的建立以及地方自治的兴起,是会馆公所由传统的旧式商人社团向近代化的新式商人社团转化的重大契机。民国以后,上海会馆公所面临历史性的分化改组,1929—1930年,随着南京国民政府《工商同业公会法》以及《工商同业公会法施行细则》的颁布,上海会馆公所最终在将其传统的敦谊辑帮职能转移至新型的同乡会之后,全部改组成了近代化的同业公会。上海的会馆公所也最终走完了它的历史进程。

三、上海会馆公所的实例

商船会馆

商船会馆是上海最早建立的同业行会组织,也是上海最大的会馆之一。清康熙、雍正年间的会馆街可谓热闹非凡。清康熙二十三年(1684)解除海禁,第二年清政府在大东门外老白渡设置了第一个江海关,关税岁征额达白银5万两左右。从此,民间航运业快速发展,小东门外沿黄浦江一带帆樯林立,万商云集,人马喧闹,货物上落频繁,上海亦成为船商云集之地。《乾隆上海县志》谓:"自海关设立,凡远货贸迁,皆由吴淞口进泊黄浦,城东门外,舳舻相衔,帆桅比栉。"故有必要建立一个为各地商船提供方便的场所。

清康熙五十四年(1715),上海、崇明、锡金船主、商号集资在上海县城东马家厂(今会馆街一带)兴建了商船会馆,乾隆、嘉庆年间扩建。会馆占地近20亩,是上海最大的会馆建筑,誉为"极缔造之巨观"。双合式大殿约200平方米,神龛内祀天后;南、北厅分别祀成山骠骑将军滕大神、福山太尉褚大神。殿前有两层戏台,上有八角形漆画藻井。殿后有集会议事的大厅,殿右有会务楼。会馆内还有拜厅、钟鼓楼等。会馆侧建有承善堂,办理水手船员伤亡抚恤事宜。商船会馆建筑规模宏敞,

第六章 敦谊辑帮的会馆文化

有楼、台、殿、阁,飞檐高翘,金碧辉煌,那些阔气的船商们经常在此洽谈生意。每逢朔望和天妃(航海佑护神)诞日,便聚于大殿举行祭祀天妃的活动。马家厂小道上,几乎每天都有成批的穿着绸缎的船商进进出出,路边摆了不少货摊,颇为热闹。会馆还在浦东、浦西江岸置泥沙荡地,供商船出航压舱。道光年间,漕运改为沙船海运后,商船会馆实力居上海各会馆、公所之首。机器火轮兴起后,沙船业衰落,商船会馆地位随之下降。清光绪八年(1882)沙船商重修商船会馆,天后神像加戴重48两的点翠金冠。光绪三十三年(1907),附设商船小学。1930年,依据《工商同业公会法》,商船会馆被改组为沙船号业同业公会。1954年,同业公会结束活动。

三山会馆

清宣统元年(1909),福建福州水果商人集资在南火车站沪军营处(今中山南路),建"沪南果桔三山会馆",占地4.2亩。三山是福建省福州市的别称,红砖白缝的三山会馆,远看像一座封闭式的城堡,很有几分气势。其大门呈月洞形,门上有浮雕石刻,上部半葫芦状的装饰又具西方风格,颇有海派建筑特色。门后有戏台和天井,戏台上有螺旋形藻井,下部饰以上海城楼图形,镂刻、镶嵌工艺精美。戏台后大殿5楹,正殿金碧辉煌,柱子为粗大花岗石与杉木拼接,庄重别致。大殿中央原供奉一

1. 三山会馆旧址大门
2. 早期三山会馆全景

尊湄州天后神像，故门楼外面墙上嵌有"天后宫"三字的石雕和图案。西侧为花园，池石亭台，参差掩映，绕以西式砖墙。每年的3月23日，相传为天后诞辰。这天上海县城大张灯彩，黄浦江边的众多海舶舟船，都纷纷张灯结彩，邀集梨园歌舞。当时这些主要以海运贸易为业的商帮，都聚于会馆公所中供奉天后，并遵行春秋祭祀典礼。泉漳会馆、潮惠会馆、商船会馆、建汀会馆、祝其公所，莫不如此。在以海运起家的海商心目中，大海是他们的生计所系，于是，天后也就成了他们行业的保护神。会馆公所争相奉祀天后，构成清代上海社会一道独特的风景线，并对地方民风市情产生了一定的影响。1927年，上海工人第三次武装起义曾在此设南市工人纠察队指挥部。三山会馆现属市级文物保护单位，是沪上唯一保存完好并对外开放的晚清会馆建筑。

沪南钱业公所

简称南公所。清光绪九年（1883），南市钱业集资购买大东门外施家房地产，将此处房屋作为上海钱业界议事和祀神的重要场所。原址位于老城厢大东门外北施家弄133号。它是沪上最早的"银行俱乐部"和早期金融发展的实物遗存，也是现代金融银行制度进入中国前国内自有金融体系发展明证。光绪三十一年（1905）春，重又翻修装饰，设有祭神厅、先董厢、宾朋聚会厢。上海开埠后，北市钱庄日兴，营业日盛，南北钱庄趋于分途。南市钱业公所建立后，光绪十五年（1889），北市钱庄业者陈笙郊等，在上海北市筹设钱业会馆。南、北市的钱庄，在各自的会馆议订行市。1917年，北市与南市钱业决定，南北合组统一公会，"以便遇事互通声息"。该年2月，上海钱业公会正式组成。制定章程及业规，选举朱五楼为会长，秦润卿、魏福昌为副会长主持一切事务。1931年，按照《工商同业公会法》改组为上海市钱业同业公会，选举产生执行委员15人。钱业公会之宗旨为维持、增进同业的公共利益和矫正营业的弊害。具体会务为：

设于内园的钱业公会

业务的研究及指导，金融的流通及发展，同业的维护及纠正，同业的征询及通报，同业的评议及调处，同业的调查及编纂事项等。

沪南钱业公所历经百多年沧桑而残破不堪，2000年旧城改造中得以抢救保存，整体迁移至老城厢古城公园内复原。公所占地面积800平方米，三进院落式建筑，前为砖雕门楼，中有茶厅，后为供奉财神赵公元帅的大殿，风格古朴典雅，落地长窗，画梁雕栋，雕花梁枋，气派非凡，尽现原汁原味清代建筑风貌。"集庆堂"匾额，为明代书画大家董其昌手迹。三脊式牌坊砖雕门楼，气势雄浑，为江南地区少见。两边影壁，置有"福在眼前""和合二仙""刘海金蟾"等民俗图案浮雕。大门前一对百年石狮雄镇两侧，似在默默诉说着钱业公所的沧桑岁月。

梨园公所

清光绪三十一年（1905），上海名伶夏月恒、夏月珊、潘月樵等人组织上海伶界联合会，并筹资将方浜旁一座旧庙（今方浜中路593号），改建为上海京剧界的行会组织——梨园公所。公所为四合院式平房，有前后厅、东西厢房。该所宗旨是保护伶人利益，争取伶人必要的社会地位，协调伶人间的关系。同年，公所集资在大厅后建造二层楼房，开办"榛苓学堂"，免费吸收伶人子弟入学，解决伶人子弟被歧视和不能入学的困难。公所下设长生会，专管艺人福利事业，为贫苦艺人提供资助。梨园公所大厅供奉的是梨园行业的祖师爷唐明皇，逢农历初一、十五，伶人前来为祖师爷进香。相传唐明皇既能打鼓，还能唱小花脸，他和大臣们常在宫中的梨园内演唱，娱乐消遣，后来"梨园"成了戏曲行的代名词，演员也被称为梨园子弟。辛亥革命中，潘月樵等人在公所策划武装起义，并组织伶界敢死队攻打江南制造局。1927年，由剧作家田汉创作、描写京剧演员刘振声不幸演艺生涯的三幕话剧《名优之

梨园公所

死》,在梨园公所首演。

公所会馆的大量出现,为老城厢商业繁荣自行确立了一种规范,并用一定的行业自律来维持相对稳定的商贸秩序,塑造出一个相对公平且不断发展的商贸平台。各地的来沪者也渐渐从他们眼中的临时落脚处、避难所,或是淘金点的上海滩,找到了自己安身立命的位置。他们中的很多人,谨小慎微地从黄浦江十六铺上了岸,在一切事物都经受大浪淘沙般进化的环境中,坚韧无比地活出了自我,大步走向各自的下一个人生目标。

雅篇
正声雅乐

　　《诗经》305篇的集结有着三种截然不同的题材，风、雅、颂者，《诗》篇之异体。"雅"是其中的一大题材。雅又有正的意思，就如清代人把"昆腔"叫做雅部，都是带有一种尊崇的意味。

　　在我国传统的雅乐文化中，《诗经》是有声有辞，在声者为乐，在辞者为歌，是一种歌辞与音乐密切结合的音乐体制。如今我们读《诗经》，其风神气韵、内涵精神还在，只是少了音乐，有辞而不能歌。然而雅正精神，上通于先秦的礼乐文化，下同于北宋以来陶冶性情、持志自娱的文人趣味，以此为切入点，对于审视历史文化现象、历史艺术源流具有重要的借鉴意义。

　　老城厢文化不仅仅是世风、民风、商风的汇集，同样也有正声雅韵文化现象的遗存。如同《诗经》一样，老城厢文化之风神气韵、内涵精神尚存，只是少了本土乐歌，缺了历史场景，有辞而无乐，其雅正精神则是当今溯源的重点。

第七章　大隐于市的园林文化

江南古典园林为人工建造自然景色的境域，既展示幽美山林景色，亦体现山水诗、中国画等的传统艺术情趣，且蕴涵儒释道等哲学和宗教思想，很好地折射出世人的自然观和人生观。长期以来，本于自然、高于自然、特色鲜明，追求"虽有人作，宛自天开"艺术境界的江南园林，一直是令人叹为观止的景物。

江南古典园林的选址大多依傍自然水系，以得水为贵，以水景擅长，运用水景和山石、古树、花木来创造素雅而富于野趣的意境。可以这样说，江南古典园林也是浸润于唐宋写意山水画艺术之中，而逐步发展起来的。江南园林的建造强调主观的意兴与心绪表达，重视掇山、叠石、理水等创作技巧；突出山石与水景的互衬互补，层次意蕴，灵动转换，注重园林的文学趣味，追求诗的意境美。各私园中的绿植也各有特色，半泾园的桂花、吾园的桃花、日涉园的梅花、也是园的荷花，均为沪上文人吟诵的题材。

南朝梁末陈初(551—581)，宅邸园林始见于今上海境内。随着经济、文化的发展和江南园林的成熟，自明嘉靖年间(1522—1566)后期，上海的宅园兴建进入全盛时期。老城厢的豫园、日涉园、也是园，松江的熙园、秀甲园，嘉定的秋霞圃、古猗园、檀园等园林佳作大都修建于此时。

老城厢较闻名的私人园林还有省园、半泾园、西园、五亩园、宜园（后为梓园）、吾园、东园、葆真园等。至清朝末年（1911），历时350余年，老城厢共建造私园30多座，其中13座为官吏所建，明代7座，清代6座。

老城厢园林为中国传统风格，大多属宅第庭院，小中见大，构思精巧，注重遮景、透景、借景，融小桥流水、山石水榭、亭台楼阁、奇花异草珍木于一体，是自然美和艺术美的结合。老城厢园林文化则追求繁华中的宁静，平实中的精致。清幽精巧的城市山林与曲径通幽的山墅水榭深藏于园林之中，一墙之外便是密密匝匝、简朴逼仄的老城厢民居市井空间，如此奇巧的隔墙洞天、百年守望自然会有一番独特的历史解读。

一、上海最早的城市名片豫园

老城厢仅存的明代园林豫园，素有"奇秀甲江南"之誉。豫园坐落于老城厢的东北隅，它北依福佑路，东临安仁街，南、西则与城隍庙及豫园商城毗邻。豫园最早建于明代嘉靖年间，园主上海人潘允端，曾担任过四川布政使。豫园之名的"豫"在古汉语中作安乐、安泰之解。潘允端建造豫园便有"豫悦老亲"的意思，意在让其父母在园内豫度天伦、安享晚年。后潘家家道日趋衰微，无力承担园林修缮和管理所需的巨大开支，将豫园分而卖之。为不使这

第七章 大隐于市的园林文化

一名胜湮没，当地一些富商士绅筹款购下豫园，并花了二十多年时间，重建楼台，增筑山石。因当时城隍庙东已有东园，即今内园，豫园地稍偏西，遂改名为西园。

豫园内楼阁参差，山石峥嵘，湖光潋滟，四大景区呈现不同特色。豫园构思精巧，布局细腻，以清幽秀丽、玲珑剔透见长，具有小中见大的特点，体现出明清两代南方园林建筑的艺术风格。园中黄石山（即大假山）相传出自明代叠山名匠张南阳之手，结构奇伟。又有玉玲珑石为江南三大名石之一，其余两块为苏州留园的瑞云峰、杭州西湖的绉云峰。三大名石，均为园林假山中的单块太湖石，即所谓"孤赏石"，但若论玲珑剔透，当首推玉玲珑。玲珑石上刻有"玉华"两字，含有赞美此石为石中精华的意思。由于这三块名石都具备了米芾评

1784年所绘的豫园图

最初上海 老城厢的诗和远方

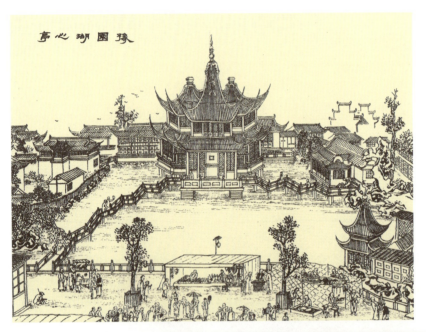

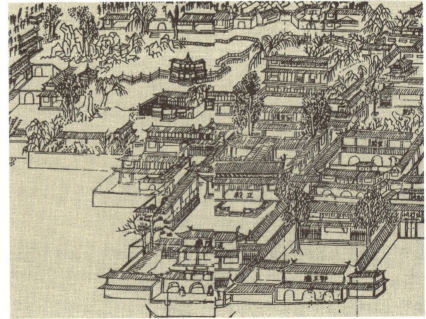

1. 豫园湖心亭手绘图
2. 清末豫园城隍庙手绘图

百年前的湖心亭

最初上海 老城厢的诗和远方

```
1 | 3
  | 4
2 | 5
```

1、清末湖心亭
2、豫园花园宴请
3、早期的荷花池边松鹤楼
4、20世纪30年代豫园望江亭
5、豫园古戏台

第七章　大隐于市的园林文化

1. 豫园的东门　2. 点春堂　3. 点春堂内景　4. 豫园内景　5. 江南三大名石之一"玉玲珑"

石"四字诀"透、漏、瘦、皱的特点,故历来被我国园艺学家认为是假山中的极品。豫园玉玲珑石相传为北宋花石纲的流散遗物。据说,此石先是落入严嵩之手,后为礼部尚书上海浦东人朱恩所得,朱去世后他女婿将玉玲珑石卖给潘家,用船运往豫园,不料船行到黄浦江江心,忽然刮起大风,船与石头一起沉入江底。潘家请来会水的民工潜入水中打捞,用绳索把玉玲珑石拖了上来,同时民工还从江底拖起了另一块大石头,就是现在玉玲珑石的底座,真是无巧不成书。另有传说,沉香阁的沉香木也是潘允端从水里捞出来的,这都无从考证了。

九曲桥荷花池原为豫园内之景,被潘家后人分割出卖,后被上海城青蓝布业商会所购得。早先荷花池由方浜引入黄浦江的活水,滋养了一池斑斓的红荷,是昔日上海人夏日观荷的胜地。鸦片战争英军攻占上海,驻军西园(豫园),而太平军东进时大量的英法联军又驻在西园,把西园破坏殆尽,大假山推倒,河道填平,一片乱象。那一年,荷花池红荷盛开,亭亭荷莲在一汪碧池中散发着沁人清香,使人心旷神怡。可是高鼻子蓝眼睛的英军士兵似乎没有如此这般的审美意识,而只是把荷花池当着天然的澡堂,横蛮地将荷花池的红莲连根砍断,三五成群地入池洗澡,生生把一池美丽的荷花蹂躏成残叶败花,惨不忍睹。上海县城的民众痛恨这些霸占豫园花园的洋人,晚上偷偷在荷花池内放入了大量的乌龟,当那些洋人士兵再入池洗澡时,荷花池里的这些乌龟似乎有着灵性一般,拼命地噬咬入水的洋人,咬得他们哇哇乱叫,四处躲逃,从此英军士兵再也不敢下荷花池了。

1. 豫园大假山
2. 豫园的龙墙

第七章 大隐于市的园林文化

似乎红荷特别偏爱清清的池水,让英军士兵糟蹋过的池子再植红莲却一直开不了花了。现在的荷花池内置放了多只荷花缸,荷花缸里养着的荷花,让古意盎然的九曲桥不至于孤单无伴。

豫园内还收藏有上百件历代匾额、碑刻,大都为名家手笔。1959年豫园被列为上海市市级文物保护单位,1982年3月由国务院公布为全国重点文物保护单位。

1. 砖雕
2. 历经沧桑的湖心亭和九曲桥

二、一邑之胜露香园

上海城内有"三大名园",分别是露香园、豫园、日涉园。露香园原址在今露香园路、大境路一带。明嘉靖三十八年(1559),上海的顾名儒致仕后于上海县城北购得黑山桥地块,共计9亩,造园万竹山房。后其弟顾名世也在万竹山房的东西侧开辟旷地,建造新园,凿池得石,上有元代书法家赵孟頫所题"露香池"三字,遂命名该园为"露香园",这个地方亦俗称"九亩地"。

露香园开掘池塘10余亩,架以朱栏曲桥,门巷之内夹树柳榆、绿荫蓊茂,曲涧纡回,"盘纡澶澶,称一邑之胜",好一派小桥流水、楼阁参差的江南美景。露香池"澄泓渟澈,鱼百石不可数,间芰草饲之,振鳞捷鳍食石栏下"。顾氏建园历时十年,耗资数万两。花园占地约40亩。园以"露香池"为中心,周围有露香阁、碧漪堂、阜春山馆、积翠冈、分鸥亭、独管轩、大士庵、青莲池等。顾名世建园时引进北方优良桃树种,露香园水蜜桃一时成为上海名产。

百年后顾家后嗣不继,此园过早损毁湮没。园内的顾家缪氏、韩希孟、顾玉兰精于刺绣,所绣人物、山水、花鸟无不气韵生动、工致无匹,于是名噪一时并被人称之为顾绣。顾绣绣法出自内宫,丝线劈成单股,再分别染色,所刺绣品常以宋人名画作绣样,刺绣成品与画相似,被称作"画绣"。"顾绣"名闻海内,为当时全国具有特色的几大刺绣之一。

鸦片战争期间,上海为加强海防而设立火药局,火药仓库就建在露香园内,清道光二十二年(1842)四月十八日,火药仓库突然爆炸,露香园被夷为平地,此园遂废。

如今人民路附近有露香园路、青莲街、阜春街、万竹街等路,均由露香园景点名称而来。1911年2月,在万竹山房的基址上盖建了万竹小学,也就是今天的实验小学,这也是上海的第一所市立小学,曾为国民政府教育部在沪唯一部属重点小学,1977年被确定为全国重点小学。

露香园

第七章　大隐于市的园林文化

三、城隍庙石日涉遗

日涉园位于城内大夫坊南（今天灯弄与梅家街之间），建于明万历十七年（1589）。因该园与园主陈所蕴宅邸仅一街相隔，陈每日必至该园，故称"日涉园"。

清末秦荣光著《上海县竹枝词》中称："日涉园居沪海陈，景图卅六主人身。传经陆氏添书屋，小隐淞南画赐臣。"竹枝词所说的"陈"即陈所蕴（日涉园的创建人）。

陈所蕴（字子有，号具茨山人）为明万历十七年（1589）进士，历任刑部员外郎、江岳参议、大名副使、河南学政等职。家居上海城内南梅家弄（今梅家街），陈所蕴购进了与他家贴邻唐姓人家的约40亩土地，营建私家花园，花园由上海著名堆山大匠张南阳负责总体设计和督造。"日涉园"营造历时十四年，为张南阳晚年的名作之一。张南阳故去后，由另一造园高手曹谅完成，以后又屡次增建。

日涉园建有尔雅堂、素竹堂、飞云桥、来鹤阁、明月亭、桃花洞、殿春轩等三十六景点。陈所蕴邀请上海城的文人墨客以日涉园三十六景为对象作画，画上配有主人与客人的唱吟诗，陈所蕴将其汇编成册，取名《日涉园图》（也叫《日涉园三十六景图》），并把它珍藏在自己老宅的"传经书房"中。

清同治《上海县志》中有这样一段记载："陈所蕴宅在县治东南梅家弄，后废。今城隍庙石砌犹其堂前物也。"上海城隍庙的石砌是日涉园堂前遗物。"日涉园，所蕴别业，与居第临街相对，中有竹素堂、友石轩、五老堂、啸台。后归陆明允，改门向东，在水仙宫后（水仙宫为道观，址在今天灯弄南、巡道街西）。明允裔孙秉笏添建传经书屋。秉笏子锡熊以总纂《四库全书》，得预重华宫侍宴联句，蒙赐杨基《淞南小隐囿》上有御题七言绝句一首。秉笏别号适与之合，因改传经书屋为'淞南小隐'，并敬奉奎文，以志恩遇。有陈所蕴三十六景图，今存五老堂，陆氏居之。"

当年，城内街巷中远远可见日涉园奇峰突出于墙头。全园有三十六景，以泉石取胜。入门即榆柳夹道，园内仿效自然风

书隐楼大门

光，环山抱水，蜿蜒曲折，步移景异，有"海上名园"之誉。至清光绪年间，花园逐渐颓废。《日涉园图》现存十景藏于上海博物馆。明末上海名绅陆明允把日涉园连同"三十六景图"一起买下，并为收藏"三十六景图"建造了一幢藏书楼，后将其题名为书隐楼。

清光绪七年（1881），书隐楼和日涉园小部分旧园遗址被清代著名船业巨子"郭万丰船号"买下，归现今的主人郭氏。藏书楼上的匾额"书隐楼"为《四库全书》副总裁沈初所题。在书隐楼屋内楼梯下，发现有"书隐楼"几个大字，从字体看与书隐楼匾额出自同一人之手。后郭氏家道中落，仅留书隐楼作居家之宅，这幢昔日的藏书楼渐渐陷入老城厢巡道街天灯弄嘈杂纷乱的民居之中。经两百多年的风雨侵蚀原貌早已尽毁，这座市中心仅存的大型清代民居珍品、唯一私产性质的上海文物保护单位，其昔日风姿只能从旧日的残照中去寻找了。

今天灯弄旧名素竹堂街，素竹堂即为日涉园景之一，故可推断日涉园旧址在今巡道街、乔家路、梅家街、天灯弄、药局弄、引线弄圈内。后来，陆氏家道衰落，住宅被分批出让，园林大部分被改建为住宅。

| 1 | 2 | 3 |

1. 书隐楼一角
2. 书隐楼砖雕三星祝寿图
3. 残败的书隐楼内院

四、潮汐池水也是园

也是园位于城南乔家浜凝和桥南侧（今乔家路、凝和路附近）。明朝末年，礼部郎中乔炜在此建渡鹤楼，因地处城南，名"南园"。当时上海的私家园林大多以亭阁、山石、池沼取胜。后也是园扩建，南园中叠石凿池，广数亩，通潮汐。引乔家浜活水入园，园池中多植红荷，花开时节，香飘四方。园内林木苍翠、山石层峦、碧波荡漾、曲槛雕栏，建有明志堂、锦石亭、湛华堂、圆峤方壶、榆龙樹、蓬山不远、太乙莲舟、海上钓鳌处等胜景。有人题诗曰："画楼层折面山开，擎翠偏宜密雨摧。清澈湖心听细细，凭窗凉待夜珠来。"又有诗题此园："仙史投闲日，林泉已宛然。小山皆种桂，浅渚亦栽莲。客有烟霞契，名同园绮传。幽芳取次赏，应使俗情损。"

清时，该园为大学士李心怡购得，改名"也是园"。也是园池水广阔，夏日盛开红莲，设有茶肆，文人墨客吟咏酬唱，茗话欢余，开樽列坐，悠闲悠哉。清末名士王韬在《瀛壖杂志》中对也是园"香斗会"作了生动描述：中秋夜，蕊珠宫有特大香斗，游客蜂拥，竟夜不绝。

后增建雷祖殿、斗母阁，供奉三清诸神，称"蕊珠宫"，成为一座道观，但园林风光依旧。上海绅士曹垂璨购得此园后委托道士管理，遂成道观，称"蕊珠宫"，祀斗姆、文帝诸神。上海道台陈銮于清道光八年（1828）在园内开设蕊珠书院，清光绪三十一年（1905）全国废科举，蕊珠书院改为师范传习所，后又创办义务小学。藏书家钱曾（号也是翁）以渡鹤楼为藏书室，编有《也是园书目》，收录3800余种，超过《四库全书》；另撰《述古堂藏书目》，首创分类目录编排格式。上海县修志局设在园内，主持编修同治版《上海县志》，还刊行了民国版《上海县续志》。民国时期，园中香火渐衰，一些可用的房屋出租，上海市土地局和图书审查委员会曾在园内办公。

1937年侵华日军在上海狂轰滥炸，也是园楼阁大半倒塌，汉奸地痞入园盗伐林木，园内一片狼藉，假山石遍地散落，原有景物荡然无存。1956年修复豫园时，也是园的假山石运往豫园。运石时，在一屋的墙壁间发现一座造型奇特的立峰，移运到豫园东部花墙侧，命名为"积玉峰"。如今也是园遗迹全无，仅在遗迹处留下一条以也是园命名的小路——也是园弄。

五、半江黄浦入淞园

清光绪年间，浦江畔吴姓人家，自有桃园近百亩，盛产水蜜桃。清宣统元年（1909），桃园渐衰，桃园被沈志贤购得，改造成私家花

最初上海 老城厢的诗和远方

也是园

园,并命名为沈家花园。1919 年,园被姚伯鸿所购,并将私家花园改造成为公园。姚氏在花园中营造有听潮楼、留月台、鉴影亭、迎帆阁、江上草堂、群芳圃、又一村、水风亭等,长廊曲折环水,顶部有紫藤,四壁遍嵌玻璃板所印之的《快雪堂书帖》,观景甚美。杜甫有诗句:"焉得并州快剪刀,剪取吴淞半江水。"所以此公园被命名为"半淞园"。

半淞园为中国传统式的园林。园中景致依随地势、水系而建。有湖塘、溪流、坡岸、港湾、花草、林木,点缀有楼台亭阁,清风拂面,流水潺潺,一派山野乡情,给人有心旷神怡之感。半淞园南北呈葫芦形,北面园门似葫芦口,二道门后为葫芦身。园内假山高耸,水面广阔,楼阁连绵,花树繁盛。园中的江上草堂为全园主建筑,位于园中部偏南。堂高大宽敞,堂内陈设华丽,四壁遍挂名人书画,周围浓荫四合。草堂平时为品茗处,花展时辟作展地,民间聚会亦大多在此举行。

半淞园的园湖、园河延伸出河道数条与黄浦江相通,江水直接流通园中,水质澄净,游鱼可见,岸边垂柳依依,每年端午节半淞园都会举办"端阳竞渡"活动,热闹非凡。西部数座假山统称西山;东部的群芳圃,花卉四时不断;西南的枕流轩,临河而筑,窗外游船往返,两旁绿荫重重;中部偏南的江上草堂乃主建筑。

早期老城厢园林是官宦人家、风雅人士酬唱吟诵的场所,并无经营获利的观念。姚伯鸿则以商人的眼光在园内增设游乐性项目,多半顺应社会发展潮流,也为获利。半淞园内曾辟有杏花楼酒店、碧梧轩茶馆、红楼西餐馆、跑驴场、弹子房、照相馆,湖中设游船,秋季还进行蟋蟀博彩活动。

半淞园园主是一位天主教徒,院内的亭台楼阁之上都饰有十字架,园内并设有弹子房等西式游乐项目,中西合璧,由此吸引了当时来华访问的不少外国名流,如杜威、罗素、爱因斯坦、玻尔、泰戈尔、马可尼、萧伯纳、卓别林等都曾经游览过半淞园。

1920 年 5 月,毛泽东由北京抵上海,曾以游览为掩护,在半淞园举行旅沪"新民学会"会员会议,并欢送赴法勤工俭学的会员,现存的历史资料中,有毛泽东与部分会员在雨中合影留念的照片。文学研究会主将沈雁冰、郑振铎也曾经邀郭沫若等在半淞园聚餐,餐后郑振铎又把郭沫若引到池边,倚着栏杆,直奔主题,邀他加入文学研究会。

1937 年"八一三"事变,日机轰炸上海南火车站,半淞园亦被夷为平地。如今半淞园早已消失,只在黄浦江边留下了一条名叫半淞园路的马路。

1. 昔日半淞园
2. 昔日半淞园湖景
3. 昔日半淞园藕香榭
4. 昔日半淞园迎帆阁

第七章　大隐于市的园林文化

1. 1920年5月8日毛泽东和新民学会会员在半淞园合影留念
2. 半淞园取之"剪取吴淞半江水"诗句，毁于1937年

旧时上海城内水岸与明清建筑

六、了无遗痕半泾园

　　2008年的一天，沪上名园"半泾园"的门额石匾被发现，且完好如初，引起人们广泛关注。被发现的石匾系传统的青石材质，其长99厘米，宽55厘米，石上镌刻着隶体"半泾园"三字，圆润厚实，古朴遒劲，左边落款："光绪己丑孟冬月，曲园俞樾书。"俞樾（1821—1906），晚清著名国学大家，为当代红学家俞平伯的祖父，亦系康有为之师。石匾上的"半泾园"三字，正是曲园老人最擅长的隶体书法，有不同凡响之妙。

　　据清同治《上海县志》记载，薛家浜进入小南门水门后向西，流至迎和桥（今凝和路乔家路口），有一支流向北流至今蓬莱路口再向西流，因其没有出口，故称"半段泾"。明末进士赵东曦，在半段泾北岸建私家花园"半泾园"，园内楼台亭榭，风光奇丽，遍植桂花，香气袭人，赵东曦有《桂屏赋》传世。

　　赵氏后裔衰微，至清雍正年间，半泾园易主士绅曹一士，并重新修葺。雍正六年（1728），园内桂花、杏花同时开放，被视为祥瑞，不久曹一士考中进士。曹一士在半泾园内筑有书斋，为讲学处，名四焉斋。斋名出自论语："君子之道四焉，其行己也恭，其事上也敬，其养民也惠，其使民也义。"清嘉庆年间，曹氏家族衰落，园林荒芜，建筑坍毁。

清光绪十三年（1887）由海防同知刘元楷、知县裴大中集资收买，作为沪上士绅集议之地。又据《万寿宫记》碑文记载，光绪十五年（1889），为庆贺光绪帝二旬寿诞，上海道台决定在半泾园的西南部，仿北京故宫筑宫殿，为上海地方文武官员朝拜、遥祝圣躬万寿无疆的地方，故称万寿宫。修复后的半泾园，益为壮观，是年冬建成，俗称"道台衙门"。

半泾园内有楼台、亭榭、小桥流水。辛亥革命后，园归西城小学。抗日战争胜利后，园内尚存五峰，池畔林木荫及外墙。新中国建立后改为蓬莱路第二小学。

七、吾园桃花何处去

吾园原为上海名绅毛祥麟外祖母家邢氏的桃园。清嘉庆四年（1799）春，由光禄寺典簿李筠嘉购得，作为别业，始名吾园。今尚文路133弄和先棉祠80弄内的龙门村，即其原址。

吾园中有带锄山馆、红雨楼、潇洒临溪屋、清气轩、绿波池、上鹤巢诸景，植竹千竿，河池中有鱼数千尾。李氏后得露香园桃种，在园

吾园遗址龙门村

中种植桃树百数十株，又复叠山凿池、种花植木，完成了一所景色秀丽的名园。清同治四年（1865）改为龙门书院，民国时期改为江苏省立第二师范学校，后改建为龙门村，吾园景色无存。

李筠嘉擅长书法，于清嘉庆八年（1803）创立吾园书画会。先后有133位书画家在吾园挥毫泼墨，共作有书画作品251件。其生平喜藏书，藏书至6000余种，数万卷。建藏书楼"慈云楼""古香阁""红雨楼""若云轩"等，楼中吉金贞石、碑帖书画，无所不有。其长于校雠，皆精审，仿《四库提要》体例，编《慈云楼藏书志》8卷，著录图书6000余种，龚自珍为之作序。曾纂修《上海县志》，著有《春雪集》。

第八章 破格创新的书画文化

海上画派是20世纪中国画最大的流派，其发展已有百年历史。作品极为精湛，成员数以千计。在书画不分家的年代，他们大多是诗书画印兼修，山水、人物、花鸟皆精的巨匠高手。海派文化主体根植于江南地区传统的吴越文化。上海开埠以后，很快成为政治、经济、文化的中心，社会名流云集，全国各地的书画家亦相继汇聚于上海，使得这座逐渐崛起的远东第一大都市，成为近代中国画首屈一指的"圣地"。承袭古代文人雅集之风，许多书画团体也如雨后春笋般冒了出来。开埠后的上海很好地为书画家提供了交流画艺、互递友谊和互惠互利的平台，为沪上的历史文化留下了一道十分亮丽的风景，那时也成了海上画派创作的黄金时期。当时的社会，商贾与士绅交往常以绘画与书法作赠酬，典雅适宜，直接推动了中国书画走向市场化。有了市场化运作的浸润，海上画派在继承传统的基础上，融合中西和古今艺术的精华，产生出一大批百花齐放、争奇斗艳的传世作品，成为海派文化宝藏中最为瑰丽的一部分。

一、海派书画的主要人物

海上画派艺术成就排名前60位的书画家，为最具代表性、各领风骚的近代海上名家人物。除了赵之谦、虚谷、任颐、蒲华、潘振镛、钱慧安、黄山寿、顾麟士等晚清书画家，以及吴昌硕、黄宾虹等大师之外，高邕、吴观岱、谢闲鸥、姚钟葆、杨逸、丁宝书、俞礼、何煜等一批活跃于民国初期的大名家亦跻身于内。

沪上书画巨擘董其昌

董其昌（1555—1636），字玄宰，号思白，别号香光年居士。直隶松江府上海县（今属上海市）董家汇人。其上海城的居所称"董园"，位城内倒川弄。后中科举，做了官，居华亭（即今松江）。

少年时发愤学习书法，以唐人颜真卿《多宝塔帖》为楷模，后来又改学魏、晋，临摹钟繇、王羲之的法帖。经过十多年的刻苦努力，董其昌的书法有了很大的进步。有世以"邢张米董"之并称，即把他与临邑邢侗、晋江张瑞图、须天米钟并列。其学画初从宋代画家董源、巨然，又及元四家的黄公望、王蒙、倪云林等，山水画渐渐入门，并自成一家。其画作着墨不多，下笔生动，气韵秀润，笔致清秀中和，恬静疏旷；用墨明洁隽朗，温敦淡荡；青绿设色，古朴典雅。以佛家禅宗喻画，倡"南北宗"论，为"华

董其昌

董其昌画作

亭画派"杰出代表,绘画成就上也有"南董北米"之说。

董其昌一生创作的书画作品不可胜数,临仿古人的绘画和诗帖是其中的一个重要部分。董其昌以古人为师的作法八十而不辍,伴其终生。他广泛吸取对唐宋元诸家优长,抉精探微,使其书画取得了超越古人的艺术成就。《画史绘要》评价道:"董其昌山水树石,烟云流润,神气俱足,而出于儒雅之笔,风骚含蓄,为本朝第一。"董其昌的绘画对明末清初的画坛影响很大,并波及近代画坛。一直以来,董其昌的作品都是国内外大珍藏家寻觅的目标。董其昌名言:"晋人书取韵,唐人书取法,宋人书取意。"这是历史上书法理论家第一次用韵、法、意三个概念定义晋、唐、宋三代书法的审美取向。这些看法对人们理解和学习古典书法,起了很好的阐释和引导作用。

董其昌是明代后期"云间画派"担纲的巨擘人物。

海派书画主帅吴昌硕

吴昌硕(1844—1927),初名俊,又名俊卿,字昌硕,又署仓石、苍石,多别号,常见者有仓硕、老苍、老缶、苦铁、大聋、缶道人、石尊者等。浙江省孝丰县鄣吴村(今湖州市安吉县)人。晚清民国时期著名国画家、书法家、篆刻家,"后海派"代表,杭州西泠印社首任社长,与任伯年、蒲华、虚谷合称为"清末海派四大家"。吴昌硕集"诗、书、画、印"为一身,在绘画、书法、篆刻上都是旗帜性人物,在诗文、金石等方面均有很高的造诣。

吴昌硕少年时因受其父熏陶,喜书法、印刻。他的楷书,始学颜鲁公,继学钟元常;隶书学汉石刻;篆学石鼓文,用笔之法初受邓石如、赵之谦等人影响,以后在临写《石鼓》中融汇变通。吴昌硕的行书,得黄庭坚、王铎笔势之欹侧,黄道周之章法,又受北碑书风及篆籀用笔之影响,大起大落,遒润峻险。

他的篆刻从浙派入手,后专攻汉印,也受

邓石如、吴让之、钱松、赵之谦等人的影响。31岁以后，移居苏州，来往于江浙之间，阅历大量金石碑版、玺印、字画，眼界大开。后定居上海，广收博取，诗、书、画、印并进；晚年风格突出，成为一代宗师。他在篆刻上融浙皖两派之长，创近代著名的艺术团体西泠印社，把诗、书、画、印熔为一炉，开辟篆刻艺术的新境界；书法擅石鼓文及篆隶；绘画师从八大山人、石涛，工花卉，其弟子有陈师曾、潘天寿、王个簃等现代画坛有成就的画家。

吴昌硕寓沪期间，书画艺术活动的地点以老城厢为多，他发起组织了"海上题襟馆金石书画会"，并任会长，会址在豫园的得意楼茶馆。吴昌硕是当仁不让的海派画家之主帅。

海派画坛杰出画家虚谷

虚谷（1823—1896），清代著名画家，"海上四大家"之一，俗姓朱，名怀仁，僧名虚白，字虚谷，别号紫阳山民、倦鹤，室名觉非庵、古柏草堂、三十七峰草堂。籍新安（今安徽歙县），居广陵（今江苏扬州）。工山水、花卉、动物、禽鸟，尤长于画松鼠及金鱼。其画作有

1. 吴昌硕像
2. 吴昌硕花卉红梅

第八章 破格创新的书画文化

吴昌硕画作

苍秀之趣,敷色活泼清新,造型生动简练,富于动感;落笔冷峭隽雅,独具风格。

出家为僧的虚谷不茹素,不礼佛,唯以书画自娱。他携笔带砚,云游四方,足迹遍涉大江南北的江、浙、皖三省,尤多往来于上海、苏州、扬州一带,以卖画为生,正如其诗云:"闲中写出三千幅,行乞人间作饭钱。"虚谷性情孤僻,非相处情深者不能得其片纸,扬逸《海上墨林》说他"来沪时流连辄数月,求画者云集,倦即行",可见其作品在当时就享有较高声誉。

虚谷所画松鼠,脱胎于新罗山人,但又别具生机,可谓"临风跳掷,其乐未央"。所画枇杷,枝叶果实蓬勃向上,累累硕果挺立于枝头。笔下的白鹤,或自由翱翔,或傲然仁立,其头颈画得并不长,而是注意刻画其内在的精神,给人以浑穆超然之感。由此可见,虚谷正是从不引人注目的细节处,摄取对象的精神特质,在看似稚拙的造型中寄予了典雅、清隽的艺术形式。故评者谓其画"画有内美",堪称晚清画苑中的第一家。

虚谷既是一个具有革新精神的画家,又是一位颇有才华的诗人,《梅花金鱼图》疏影横斜的满枝繁花,由上交错而下,占据了大半个画面;而在右侧画面疏处,一泓清水,悠悠而流。在清浅的水中,摇曳着四尾金鱼,前后两组,由远而近迎面游来,稚气可爱。其诗题:"一夜东风香扑鼻,空山流水岂无人。"画中戏水的金鱼、幽香的梅花、瀑漏的流水,有动有静,有声有色,一切沉浸于溶溶的月色之中,诗情郁郁,画意悠悠。在这恬静优美的夜色中,画家的心境却不平静,"空山流水岂无人",揭示出画的主旨正是着眼于"人",景中有"我",

景因"我"生,景"我"交融。在画作构图上,虚谷更是深得虚实相生、知白守黑之妙,形成一种清虚冷隽而富于变化,质朴又耐人寻味的艺术格调。在他常用的"虚谷""虚谷书画"两方篆印上,有意加大了"虚"与"谷"两字间的空白,将笔画压向外围与四边,显得空灵疏宕、别有意趣。

虚谷晚年寓居上海城西关帝庙,与当时的名画家任伯年、胡公寿、高邕之、顾鹤逸、吴昌硕、倪墨耕等过往甚密,尤与任伯年交往密切。虚谷师古而不泥古,承古创新,蹊径独辟,成为晚清"海派"画坛杰出的画家之一。他的绘画丰富和发展了中国画的艺术趣味,加强了中国画的艺术表现力和作品的创造力,在中国画坛取得了他人无法取代的、独特鲜明的艺术成就。

虚谷画作

第八章 破格创新的书画文化

画家任伯年

画家钱慧安

1896年,74岁的虚谷在上海城西关帝庙与世长辞。

海派书画的班首钱慧安

钱慧安(1833—1911),初名贵昌,字吉生,号清溪樵子,江苏宝山(今属上海)人。幼时喜欢绘画,曾经随民间画师学习写真,年轻时拜过老师学传神,同时自学人物画。以人物仕女为专长,间作花卉、山水,均能自出机杼,不落前人窠臼。钱慧安书画融古汇今,为促进海派书画风格的最后成熟、海派书画的城市化作出了重大贡献,被誉为"画坛海派源流""海派书画的班首"。

钱慧安是中国人物画发展进程中海派先驱的代表。在其创作生涯中,传承了传统人物画的精髓,又进行了别具匠心的创新,在清末那个动荡的年代里,创作了大量令人拍案叫绝的作品,为中国人物画的发展作出了巨大贡献。

钱慧安在中国画方面擅长仕女、人物画,其遒劲的笔意、娴雅的风格,深受人们的喜爱。钱慧安生活的时代,正是西方文化渗透弥漫、资本主义在上海开始发展的时代。此时,上海作为一个复杂文化交融的地区,西方的绘画理念随之涌入,钱慧安的作品亦受到了时代思潮的影响。钱慧安通过取其精华、弃其糟粕,善于体察现实生活并从中获得了新的表现能力,进而形成了不同一般的艺术风格。

钱慧安笔下神态栩栩如生的人物,尽管衣着穿戴仍为古装,却很好透露出当代人的气质,其作品在表现人物五官特征时,通过细致线条勾勒后再以淡墨加以渲染,以增强作品的立体感,使得人物面部质感出众、活灵活现。在人物的半侧面和侧面轮廓的勾画过程中,亦巧妙地作了透视处理,从而将人物的行为姿态和面容表情表现得更加饱满自然。

为符合当时人们的审美情趣,钱慧安作品中的人物形象,大多为喜庆吉祥的寿星、神仙等。其笔下人物的脸型丰富,形体方面则上下较小、中间丰腴,看起来很有福气。在线条方面,通过运用细线鼠尾干笔,将人物的衣褶表现得千变万化、极富动态,其衣纹技法之成熟已达随心所欲境界,作品多呈纵势收敛、劲峭雅淡。

钱慧安的作品,无论是题材内容或笔墨技法,都和传统的人物画有着紧密的继承关系,同时也反映出时代的欣赏风尚和个人的审美特征，表现出很强的个人风格。因符合当时社会大众的审美要求，钱慧安的画作在光绪年间非常流行，因而促成了上海画坛学钱的风气，众多学生亦先后投入钱慧安门下，被社会人士誉为"钱派"。是时，"钱派"可谓是盛极一时。

二、海派书画的风格及组织

海上画派的作品，花鸟画最多，其次为人物画，再次山水画，依序再为杂项题材。就传统意义而言，由古诗词、文学作为基调，再佐以西方反衬法、结构法、设色法等，在笔法墨法的应用上，简逸而明快，只求意境而略其形式。作品造型流畅，色彩华美，迎合商业性的活动，也较受一般人所喜爱，此风格受西风美术表现法的影响。由于海上画派有特殊的形成背景，诸如重视师承的关系，也得到赞助者的支助，因此很容易形成志同道合的团体。

清末民初，海派书画家由自由松散的卖艺走向制度化的结社，既加强文化交流，又能促进经济交易，形成了半雅集半交易类型的艺术组织，亦成为资源共享、合作互利的平台。书画团体的成立，对中国画的发展有很大影响。其影响表现为：一是与社会的结合；二是讲究师承，注重门派；三是注重画法，包括题材的讲究；四是画境保守，形式与内容表现综合多元。

海上题襟馆金石书画会

也称"题襟馆"或"题襟馆书画会"，为清末成立于上海的一个规模较大、活动频繁的书画金石团体，由吴昌硕发起组织并任会长。依据《中华民国三十六年美术年鉴》（以下称

钱慧安画作

"年鉴")中的记载：称其大约成立于清光绪，前后约有三四十年的历史。辛亥革命之后，那些入仕清廷的大员、遗老们退出了政治舞台，在繁华的上海做起了寓公。他们中不少人喜爱和擅长书画，平日相聚雅谈，酬以笔墨。因此，"海上题襟馆"无形中成了他们的社交平台。《年鉴》写道："白天到会的人比较少，一到晚饭之后，大家都聚在会里，一张可以容纳二三十人的长方桌，总是坐得满满的，一直要等过十点钟后才散……会员常把收藏的珍贵书画，到会里去陈列，供彼此观摩。有时为鉴别一方古印、一幅古画或古书迹的真伪，彼此争论不休、各抒己见，学术气氛颇浓。书画掮客也每晚拿大批的书画古玩去兜售……"海上题襟馆金石书画会会员几乎囊括了当时海上画坛所有的书画金石名家。

豫园书画善会

1909年3月3日，钱慧安、高邕、吴昌硕、蒲华、杨逸、黄俊、冯梦华、潘飞声、杨了公、王一亭等，共同发起创建了豫园书画善会。豫园书画善会是近代海派画坛第一个以书画义卖、慈善赈灾为主旨的大型书画团体组织。

书画善会以上海老城厢豫园为活动基地，设址于豫园九曲桥边得月楼笺扇店上。该会定在每年花朝日（农历二月十五日）举行书画展览会，出售"福引券"对号开彩赠送书画，所得款项用于赈灾等社会慈善，故称"豫园书画善会"，又称"邑庙书画善会"，亦称"上海书画善会"。先后加入该会的书画篆刻家近百人，前后活动时间近四十年。

书画善会收取会费，为会员代订润格、组织书画展销及推介书画家作品等。润金半归书画作者，半归书画善会存钱庄，凡遇有慈善赈灾之事，则开会公议赈济灾民，并且长此以往，岁以为常。辛亥革命以后，张謇、朱祖谋、康有为、沈曾植、王同愈、曾熙、李瑞清、张元济、喻长霖、章梫、沈卫、高振霄、江国栋、赵叔孺、钱名山、钱崇威等大批进士、举人出身的士大夫，在改朝换代的洪流中，怀着一士不事二朝的古训，同时又为了生计奔波，不自觉地汇入了海上画派。

与传统雅集相比，善会有着相对严密的会员制组织形式和明细的章程，已具备了近代意义上公益慈善机构的职能。书画善会不仅赈灾救济过甘浙鲁豫等省的水旱之灾，而且实行每年冬令施米、夏季送药的常规解困，取得了良好的社会声誉和广泛的艺术影响。

历史为这个崛起的艺术流派提供了进一步发展的契机和步入辉煌的平台。这批遗老绝大多数儒雅正直，颇有声望，且诗文书画造诣深厚，是真正的名流、大师，他们不仅大大提升了海派群体的档次，而且为日后培养了一大批同样是大师级的书画家。

善会的首任会长由当时画坛耆宿钱慧安出

任，继任会长者分别为高邕之、杨葆光、马瑞熙、沈心海、王一亭、汪仲山。

在豫园书画善会百年华诞之际，钱慧安曾孙女钱德敏帮助豫园管理处恢复豫园书画善会，由著名人物画家戴敦邦担纲会长，钱德敏等四人任副会长，30余名热心公益的书画家会员捐画筹得善款100万元，用于豫园地区贫困居民的帮困济难，使具有优良传统的豫园书画善会在新时代得到延续。

钱德敏曾任南市区副区长、政协副主席，现任上海海派书画院顾问、老城厢书画会名誉会长。退休后，其潜心学习小写意花卉，喜作葡萄、紫藤、葫芦、牡丹以自娱，弘扬海派书画，宣传钱慧安的艺术成就及其人格光彩。

2003年，老城厢书画会与上海历史博物馆、连环画博物馆、黄浦区文化局联合举办"钱

当年海派书画大师结社作画于得月楼

慧安诞生170周年纪念画展"及钱慧安艺术研讨会。80余幅钱慧安的真迹首次与观众见面。

2010年高桥镇政府斥资筹建钱慧安纪念馆。钱德敏无偿提供纪念馆的展品，使钱慧安纪念馆成为高桥镇弘扬海派书画的窗口，被浦东新区政府命名为"青少年爱国主义教育基地"。

钱德敏坚持找回海派书画正脉，采撷出杨葆光、叶浅予、周汝昌、王树村、邵洛羊、何延哲、戴敦邦等37位书画家、美术评论家撰写的钱慧安艺术评论文章，集结成《海派源流》一书。同时她在高桥镇政府的支持下，编纂《钱慧安自用印印谱》，资助年轻书评家王悦阳编著《钱慧安评传》。多次在上海教育电视台、上海电视台、中华艺术宫介绍钱慧安的艺术人生。

钱德敏一直在寻找钱慧安的传人，联络了钱慧安再传弟子谢闲鸥的后人及其弟子，2019年11月28日成功地在豫园听涛阁举办了"双管楼传韵——钱慧安及其弟子、传人作品展"，展示了"钱派"艺术传承的脉络，践行了传承者的责任与使命。

三、与海派书画共生的海上笔墨

海上书画文化的繁荣发展，离不开"文房四宝"纸墨笔砚等的发展。清同治元年（1862）为躲避战乱，集湖笔、水笔、书画笔三大制笔技艺之大成的周虎臣笔墨庄于从苏州迁址上海落脚南市，在南市兴圣街（今永胜路）68号开设"老周虎臣笔墨庄"对外经营，自产自销毛笔及经营笔、墨、纸、砚等"文房四宝"。由于经营有道，业务胜过总店，于是将苏州总店并入上海，全力经营起上海的企业。当时画家任伯年也住在兴圣街，常来店定制毛笔。后逐渐开设了三家笔店，成为拥有100多名笔工的作坊。同时，周虎臣后裔传人女婿傅家在城隍庙附近购地置产，渐渐发展形成傅家街。海派毛笔广阔天地的开辟，使得海派毛笔与海派书画相随相伴。周虎臣在继承传统工艺的基础上不断创新制笔技艺，将狼毫水笔发展到狼毫书画笔制作，使传统毛笔制作技艺精华得到了很好融汇。周虎臣制笔技艺300多年传承11代，将中国毛笔制作技艺推到了一个新的高度。直至今日，傅家街依旧静静地居于上海这个繁华都市的一隅，见证着旧容依稀可辨的历史变迁。

曹素功墨锭制作技艺发展历史绵长，继承脉缘清晰，创新鲜明独到。清同治三年（1864）徽墨九世孙曹瑞幼为重振家业迁居上海，在老城厢小东门附近开了一家墨店，以店带工继续制墨，其间和海上画派建立了良好关系，与钱慧安、任伯年、王一亭及吴湖帆等海派大家，一起切磋提高墨的肌理、墨性效果，从制墨配

1. 周虎臣制笔
2. 曹素功墨锭
3. 小校场民俗年画《闹新房》

第八章 破格创新的书画文化

方、质地、墨块及造型等方面全系统改革传统工艺，使海派徽墨进入历史鼎盛期，成为全国最大的墨庄。绵延至今十三代的"海派徽墨"，是当代中国制墨行业历时最久的"中华老字号"，也是唯一的代表和遗存。无论在历史、区域方面，还是工艺、产品、造型方面，都具有唯一性的特征，是当代中国和世界墨锭制作技艺的代表。

四、与海派文化同兴的小校场年画

清咸丰十年（1860）太平军攻占苏州，苏州桃花坞年画艺人为躲避战乱南迁上海，择址上海邑庙西首的演武场（又称小校场，今旧校场路一带）用做印制、售卖年画的场所。一时间，小校场一带年画店铺、工场多达几十家，俗称年画街，渐渐形成了上海著名的"小校场年画"，也成了晚清时期年画的重要生产地与销售地，这一民俗文化现象至清末时，已具有独特的海派风格。

文献记载，上海早在清嘉庆年间已有零星的年画生产，后太平天国战事兴起，使得许多桃花坞年画的业主、画师和工匠为避战乱，南迁上海谋生。最初年画制作仍沿袭桃花坞的风格，大多数店铺以贩卖桃花坞作品为主。开埠后的上海，各种新物新事层出不穷，民情风貌亦呈现出中西交融的特色。为迎合新兴市民阶层的需要和审美情趣，以及展现普通百姓日常关注的事物景观，年画从题材到风格都随之发生了新的变化。开始出现了以展现上海本地生活和租界洋场风俗，以及反映时事新闻为题材，充满生活气息的年画。一般的传统年画都表现宗教神仙的主题，而小校场年画中对铁路、自行车、公共汽车，以及租界、洋人等新事物都有所展现，所以也是一种时事年画，今人可通

小校场民俗年画《闹新房》

过其从侧面对上海历史进行考证。随着上海城市文明的快速发展，小校场年画的黄金时期仅有30多年，之后逐渐被月份牌所取代更新。

小校场年画除了沿袭传统的年画内容外，如《闹新房》《兰生贵子》等佳品，还对传统题材有了新的扩展和超越。在以女子为主体的年画中，超越了以往年画中女性总以传宗接代、贤良淑德形象入画的方式，而是更多地展示女性娇美、智慧和能干的一面，比如抚琴、丹青、下棋等，画色清丽雅致，尽现女性的聪慧面貌。《蚕花茂》《湖丝厂放工抢亲图》等则透露出女性在经济生产活动中的主体性地位，浓墨重彩地将女性推向社会舞台的中央。

图文并茂的《新刻稀奇一笑图》年画，保存了晚清时的上海话，用歇后语如"歪嘴吹喇叭——一股大邪（斜）气""狐狸精吃糖饼——怪甜"等，与戏谑的画面互为对照，具有很强的喜剧讽刺效果。《上海新造铁路火轮车开往吴淞》满足了市民对时事的好奇和关注；《寓沪西绅商点灯庆太平》表现了清末上海市民与外商共庆通商、欢度元宵的情景，也是外国人入乡随俗的例证；还有如《车利尾大马戏空中悬绳大战》《上海四马路洋场胜景图》，描绘了清末上海街头的新旧风貌和事物。这些作品表现了人们对于当时物质文化生活急剧变化的敏感，体现了那一特定时期的社会风貌，小校场年画也由此成了展示西风东渐的一个窗口。

小校场年画的制作，引进了德国的石印技术。石印技术能够复制中国书画特有的软笔墨意，保留书画原作的神韵，而且价格低廉、色彩明艳，油墨着色不晕不花。新材料、新技术的采用，提高了年画产品的质量，大大降低印刷制作成本，极大地冲击了传统年画市场，使其在清末民初达到了空前的发展和繁荣。小校场年画以其得天独厚的制作条件，丰富新颖的题材，绚丽的色彩和精致的工艺，在中国年画发展史上占得了独特的地位，堪称上海本土文化的鲜明代表。

海上书画具有开创性、开放性、包容性、多元性的艺术特质，其艺术风格样式新颖，奇景异彩。海上画派的一大批书画家用饱蘸时代墨彩的如椽之笔，挥洒出了风云突变的时代精神。

第九章 雅集江南的楹联文化

楹联作为一项文化载体，汇集诸多中华传统文化基因，其形式独特而蕴含丰厚历史文化积淀，是利用汉字特征进行撰写的一种民族文体。楹联要求对仗工整，平仄协调，修短取均，奇偶相配，并与书法美妙结合，是中华民族绚烂多彩的艺术独创。2006 年，楹联被列入国家级非物质文化遗产名录。

老城厢楹联文化品位之高、数量之多，在江南地区首屈一指。从老城厢楹联的内容来看，其驾驭了园林、民俗、文庙、宗教、市井、会馆、民居等文化元素和城厢成因，是客观的历史标本与真实的人文记录。从老城厢楹联的最佳表现形式看，其运用了篆、隶、楷、行、草等书法体式，展现出多元的艺术风格，是极为宝贵的书法遗存和艺术价值体现。从老城厢楹联的艺术手法看，其汇集了连贯、递进、拆字、回文、衬托、隐切、飞白、叠字等脱化拟新与修辞技巧，是文采的自然流露和艺术的不胫传播。从老城厢楹联的文脉传承看，其表达了纲常教化、开放融合、尊重多元、兼容并蓄、入乡随俗等传统文化的理性与海派文化的气韵，是传统的正源推演和创新的异军突起。

楹联与匾额是一对相辅相成的传统文化样式，也是中华古建筑的组成部分，是古建筑的眼睛。"匾"用以表达经义、感情类内涵，"额"表达建筑物名称和性质。两字合并是指：悬挂于门屏，反映建筑物名称和性质，表达人们义理、情感的文学艺术形式。横着的叫匾额，竖着的叫楹联，又称抱柱"瓦联"。古建筑的匾额大都拜求名人，名家泼墨题字，集字、印、雕、色于一体，辞藻华美、书法精湛、言简意赅，反映了当时的政治、经济、文化、艺术、民俗民风，具有补史正史的作用与意义。

一、园林的楹联

论及老城厢楹联文化当首推豫园内丰富多彩的额联。潘允端《豫园记》中记载，豫园建成后有额、联数十处。清乾隆时，豫园归城隍庙西园，旅沪名士和上海士绅先后为西园各景点留下墨迹。现豫园仪门门楣之额"豫园"两字，为明代江南名士王穉登所题。豫园的"玉华堂"匾额集明代大书法家文徵明字迹合成。这些文人、名士行笔方劲凝重，浑朴峻秀，构字古逸奇丽，气势勃发，以文融意，所题额联具有很高的艺术价值。

"三穗堂"匾为清乾隆三十二年（1767）题书。之上另有一匾"灵台经始"，出自《诗经·大雅·灵台》中的"经始灵台，经之营之。庶民攻之，不日成之"。再上为"城市山林"匾，系兵部侍郎翰林院编修陶澍于清道光六年（1826）所书。三穗堂门前有清人所作抱柱对："山墅深藏峰高树古，湖亭遥对桥曲波皱。"三穗堂内另有一联，云："此即濠间非我非鱼皆乐境，恰来海上在山在水有遗音。"
"仰山堂"匾取典《诗经·小雅》中的"高山仰止"。北上方有"此地有崇山峻岭"匾。堂内有清代上海名绅毛祥麟所作的联："馆倩深亭高敞效敬恭于明神，山荦确水沦涟极林泉之幽致。"卷雨楼联原为清代学者俞樾所书，已佚，后由俞樾曾外孙、著名学者许宝重书，联云："邻碧上层楼疏帘卷雨画槛临风乐与良朋数晨夕，送青仰灵岫曲涧闻莺闲亭放鹤莫教佳日负春秋。"卷雨楼另有一联，系清代沈炳垣所作，云："楼高但任云飞去，池小能将月送来。"玉玲珑后墙间圆洞门两面均有题额，分别为"引玉""流翠"，均为当代陈从周题识。玉华堂上匾"玉华堂"，集明代文徵明字迹合成。玉华堂旧有联。其一："清妙合天机水色山光相上下，玲珑开胜景云轩月榭互参差。"其二："芳邻栋宇香雪缤纷庚岭□，遗迹岩阿灵株仿佛陈□□。"（此联在"文化大革命"中受损，脱佚三字）豫园著名的玉玲珑峰之南，有一保存完好的清代小园，原名东园，为豫园的园中之园，面积仅2.186亩，十分精致，亭台楼阁，小桥流水应有尽有。内园之南有古戏台一座，建于清末，原在闸北上海北钱业公所内，1974年移建于此。古戏台有楹联："数尺之基，走遍天南地北；一方平台，演尽古今风流。"（佚名题豫园内园戏苑）。有佚名题豫园内园："岩壑在中庭，对烟复云环，何殊神岛；壶畅宜小驻，觉水流花放，别有人间。"豫园的额和联把风花雪月的怡然自得、空灵泛音的园人合一、清淡平和的返璞归真等江南园林禅意，与审美意境巧妙结合在一起，很好地呈现出隐于曲径深处、隐于山石花树间的清幽与恬淡，极大地提升了这一江南名园的文化价值。

1. 明江南大名士王樨登为豫园题额
2. 同治十一年（1872）苏淞太兵备道沈秉成题
3. 清代书法家凌存淳乾隆三十三年（1768）应邀为豫园三穗堂题匾

第九章　雅集江南的楹联文化

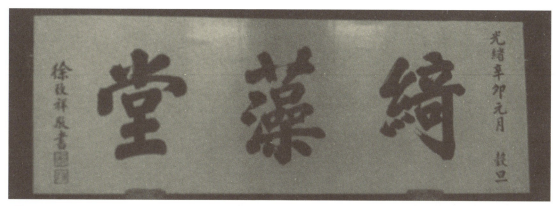

1	1. 光绪十七年（1891）嘉定徐致祥所书
2 | 3	2. 三穗堂的匾
	3. 清末鲍源深所书

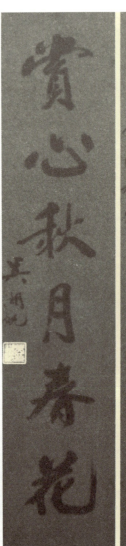

二、城隍庙的楹联

城隍庙仪门前有两副楹联。一副是："阳世之间积善作恶由你，阴曹地府古往今来放过谁。"楹联的意思，还是劝人为善。另一副是："世事何须多计较，神界自有大乘除。"楹联的后面挂着一只很大的算盘，算盘上刻着四个字"不由人算"，算盘上的算珠有上有下，象征神界正在进行"大乘除"。告诫人们天算就是天道，天道自有规律，任何人只有循天道而行才有善终。城隍庙大殿正门上悬"城隍庙"匾额，并配以"做个好人心正身安魂梦稳，行些善事天知地鉴鬼神钦"的楹联。大殿内供奉金山神主汉代博陆侯霍光大将军坐像，第一对立柱悬有对联"威灵显赫护国安邦扶社稷，圣道高明降施甘露救生民"以赞扬城隍神的功绩，上悬匾额"牧化黎民"。第二对立柱上悬"刻薄成家难免子孙浪费，奸淫造孽焉能妻女清"的对联以警示世人。城隍庙中的额、联宣示了城隍神保城护民、惩恶扬善、监察万民、祛除灾厄的职能。

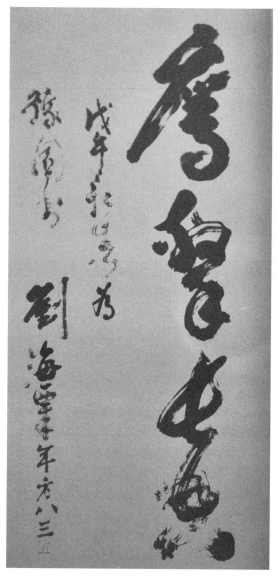

1. 苏局仙为豫园所书
2. 高式熊题豫园戏苑
3. 海上名园为江泽民所题（书）
4. 吴湖帆豫园题联
5. 刘海粟为豫园书

三、文庙的楹联

　　文庙建筑群布局严谨，气势宏敞，极具民族特色。有两条纵轴线贯穿其中：一条从棂星门、大成门、大成殿至崇圣祠，这是文庙的祭祀线；另一条从学门、仪门、明伦堂至尊经阁，这是学宫线。

　　大成殿是上海文庙的主体建筑，"海滨邹鲁"四个砖刻大字镶嵌于大成殿屋脊正中，此四字为林则徐所书。大成殿正面的双重飞檐有一块书有"大成殿"三字的金匾，为清雍正皇帝墨迹；殿檐下悬有"万世师表"的金匾，为清康熙皇帝墨迹。殿中四根大柱上均悬有抱柱联，一联为"气备四时与天地鬼神日月合其德，教垂万世继尧舜禹汤文武作之师"；另一联为"觉世牖民诗书易象春秋永垂道法，出类拔萃河海泰山麟凤莫喻圣人"。这两副楹联都是颂扬"天纵圣人""万世师表"孔子的功绩和为人的高尚。

1. 城隍庙大门牌坊匾额，明浙江永嘉幼童所书
2. 城隍庙大殿门联为杨岘（1819—1896）所题

四、会馆公所的楹联

建于清宣统元年（1909）的三山会馆，是一座四周护有高约10米红色清水砖面围墙、院落开阔的古建筑。会馆原位于半淞园路239弄引安弄15号内，后因市政道路改造整体移于现址。会馆大殿供奉天后女神，亦称妈祖。与大殿遥相对应的是古戏台，古戏台前的两根青石柱上刻有对联一副："集古今大观，时事虽异；得管弦乐趣，情文相生。"字字铁划银钩。

此外，会馆有联："天与厥福遍梯航同沾雨露，后来其苏抱忠信稳涉波涛。"该联为"藏头联"，上联启首之"天"与下联启首"后"相合为"天后"。全联意为上天赐福给福建，百姓靠航海走遍天下；凭天后的保佑，使江苏复兴开辟航运事业。另有"祷祀肃湄洲人皆被泽，舳舻经沪渎海不扬波"，又联"恺泽覃敷万里贡珍航毕集，安澜有庆百川顺轨镜同清"。三山会馆的楹联大都与妈祖保佑航运平安有关，妈祖文化体现了中国海洋文化的一种特质。这些楹联是显示旅沪福建商人人文思想的客观实录。

文庙大成殿抱柱联

古城公园的东南角，立有一牌坊，牌坊额题"直观新宇"。牌坊的廊柱刻有联两对，其一："虚意静象含包绵延历史，揽英接芳昭示磊落未来。"其二："坐听流水韵音雅，仰看摩天意气舒。"简练而生动地反映出老城厢承前启后的历史地位，非常诗意地表达了古城公园以虚对实，建立时空走廊，连接古老豫园和现代陆家嘴的建筑理念。园内还有一座具有江南民居古朴典雅风格的建筑，就是始建于清光绪九年（1883）的"沪南钱业公所"，其原址在大东门外的北施家弄，2000年整体迁移于此。公所内"集庆堂"匾为明代书画大师董其昌所题，风雨沧桑三百年，其高格清韵的大家之气依旧生机勃勃，跃然而出。

三山会馆楹联

明书画大师董其昌题匾，挂古城公园内沪南钱业公所

五、商市与大宅的楹联

豫园商城起源于140多年前清同治年间的老城隍庙市场。而今集邑庙、园林、建筑、商铺、美食、旅游等为一体，成为老城厢七百年历史文脉物化展示和城市文明视觉演绎的重要场所。

豫园商城的楹联、匾额亦是风格多元，气韵生动。华宝楼有多块匾额，华宝楼南大门上的匾额由周谷城先生担纲，此匾古风犹存，气息清新，为古雅富丽的华宝楼起了画龙点睛之妙。"念今思古琴棋书画伴和风，倚禅傍道钟鼎木石养真性"是华宝楼的北门的抱柱对联。和丰楼的对联由戴敦邦先生撰写："美肴佳酿汇融五湖甜酸苦辣，尝遍滋味试试看；食以为天鼎烹四海东南西北，权充王胄过过瘾。"戴先生幽默的文字、调侃的语句，富有民间风尚和市井野趣。相传"童涵春堂"匾额题字为清末状元陆润庠手笔，其匾格调儒雅，

1. 汪道涵为上海老街西牌坊题额
2. 朱屺瞻为绿波廊酒楼所题
3. 周慧君题童涵春堂横匾

运笔含蓄劲健,线条醇厚雍容,结构严谨精要,一如悬壶济世、治病救人的医药人文精神。相配的联为:"济世造福黎民,行善积德海上。"豫园商城中楹联所表达的内涵,都与各商业大楼所经营的不同品种相关。由此可见,好的楹联既是一种文学鉴赏的样式,也可以是一种富有文化底蕴的商业推介。

方浜中路上的"上海老街"牌楼匾额由德高望重的汪道涵先生题写,四个遒劲大字凸显出"含而不露,秀而不媚"的神韵。徐伯清先生题写的"老上海茶楼"爽捷奇崛,以侧险取势,具有"力厚思沉,筋摇脉聚"的艺术感染力。上海老街东段的临街古戏台,名玄扈台,两侧竖有联"戏恰逢场听申江十里涛声歌管同迎新世纪,乐当与众对庙邑三清殿宇繁华重见旧街衢",似乎让人看到了古邑新貌、老街新生,感受到老城厢民俗文化传统的薪火相传。

老城厢的老宅旧院已经留存无多。书隐楼门额有一匾上书"书隐楼",此匾为乾隆癸未榜眼沈初所题。匾的下方两边有联曰:"应年解识秦汉晋,悟道神明天地人。"表明了书香门第读书人家对历史传统与人文精神的追求。

过去老城厢随处可以感受的楹联文化,无疑是申城传统文化的灿烂明珠,她用历史文化轻歌曼舞的音符,演绎出展现瑰丽中华艺术的一曲华美乐章。

第九章 雅集江南的楹联文化

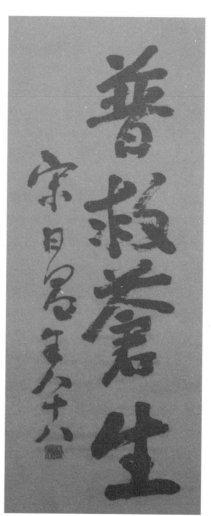

1. 刘旦宅为绿波廊餐厅所题
2. 宋日昌题童涵春堂直匾

颂篇
人杰地灵

先秦时《诗经》称之为《诗》，在西汉时《诗》被儒家辟为经典，始称《诗经》，并沿用至今。《诗经》中的"颂"是古代宗庙祭祀时献演的一种舞曲歌辞，内容多为歌颂祖先和他们的功业。《毛诗序》这样说："颂者，美盛德之形容，以其成功告于神明者也。"这就把颂的含义和用途给点了出来。王国维《说周颂》指出："颂之声较风、雅为缓。"说的是这类宗庙祭祀乐歌的节奏特点。简短的歌辞以缓慢的节奏一再回环重复，气氛就会显得格外庄严，人们就会被一股神奇的力量所引导，参与盛典的自豪、荣幸和使命就会虔诚地与自然融合。

《诗经》的年代，诗和音乐是融合为一的，我们今天所能看到的305首诗篇都是当初的歌词。《诗经》按照诗歌的音乐划分为风、雅、颂应该是合理的。风者，民俗歌谣之诗也；国风，就是各诸侯国统治地区的地方土乐与民间歌谣。朝廷之乐则曰雅，也就是说，雅是周代朝廷的正乐。颂，宗庙之歌，宗庙之音，是祭祖祭神时用的歌舞曲。《诗经》的音乐没被保留下来，所以我们只能从《诗经》诗篇的内容中去感受风、雅、颂三种截然不同的体裁。

司马迁在《史记》中明确提出"四始六义"之说。何为"四始"？"四始"指的是列在"风""大雅""小雅""颂"之篇首的四首诗，即《关雎》《鹿鸣》《文王》《清庙》，每篇都具有特殊的意义，古人将这四首诗看作《诗经》的灵魂。

《诗经》中祀文王的"颂始"《清庙》这样咏唱道："於穆清庙，肃雍显相。济济多士，秉文之德。对越在天，骏奔在庙。不显不承，无射于人斯。"翻译成现代汉语其诗意为：庄严清静的宗庙啊，祭祀的乐曲庄严和谐而高亢。众多助祭的公卿贤能，执持文王天德清明的光芒；为颂扬文王在天之灵，敏捷地为祭祀操劳奔忙。文王光耀美好的德行，永远不会被人们遗忘。《清庙》采用侧面描述和侧面衬托的手法，在助祭者身上做足文章，从他们态度、神情和行动入手，通过"肃雍""骏奔"等直观的动作描写，以及"秉文之德""对越在天"等虔诚的神态描写，来衬托文王之德。《诗经》经历了三千年时光的洗礼，已成为中华民族的一种文化基因，融入华夏文明的血液之中。

在老城厢传统文化的历史长河中，也不乏被人仰慕的仁人志士、大德贤能。在大力提倡继承传统文化的当下，我们更要充分挖掘老城厢传统文化的精髓，以此凝练精神，借鉴继承，创新发展，提振信心，颂扬上海可歌可泣的先贤，颂扬上海可发扬光大的文化，颂扬老城厢的人杰地灵。

第十章 民间信俗的城隍文化

古人为了保护城内百姓生命财产的安全，修筑了高大的城墙、城楼、城门以及护城河。他们认为与人们的生活、生产安全密切相关的事物，都有神在，于是城和隍被神化为城市的保护神。

明洪武元年（1368），明太祖正式下旨封城隍为王，并按行政区划将城隍等级化。自此，城隍由自然神演化成为人神。城隍庙就是阴间的县衙门，城隍爷就是阴间的县令，一个县城是由两个县官管辖的，阴阳各一。城隍庙与县衙对称设置，其塑像与配神一般是：正殿祀奉城隍大神，两旁分列十殿阎王、十八司等地狱塑像，有的还有财神、送子娘娘等殿堂。城隍庙是汉民族宗教文化中普遍崇祀的重要神祇之一，城隍爷是汉族民间和道教信奉守护城池的保护神。

一、一庙三城隍

宋以降，城隍信仰已成民间非常普遍的信仰。各地民众信奉的城隍神不断趋于人格化、本土化、多样化，大多以当地民众普遍认同的、已去世的英雄或名臣奉为城隍神。上海城隍庙追溯其建庙历史，已有600多年，一路沧桑走来。

上海立县之前，尚不可单独封城隍。故在镇西约六里处的淡井设"华亭县城隍行祠"，即相当于松江府城隍派出的一个托管机构。据记载：淡井庙（今永嘉路一带）上海镇治时的城隍行祠香火极盛。直至上海县治，在方浜北岸建有城隍庙后，淡井庙城隍行祠的香火才逐渐衰弱。元至元二十九年（1292）上海县建立。当时，上海县城的规模并不大，因而并未在县内修建城隍庙，城内居民祭拜城隍神还是要到淡井庙。

朱元璋略定中原后，开始敕封各地城隍神为"显佑伯"，"以鉴察民之善恶而祸福之，俾幽明举不得幸免"。城隍也由护卫神变成了阴界的鉴察，道教也称城隍神职司为剪除凶逆、领治亡魂等。秦裕伯生前，朱元璋三次征召而不受。秦裕伯去世后，朱元璋为了笼络江南名绅，决意要秦裕伯"生不为我臣，死当卫我土"，敕封其为"显佑伯"，称"上海邑城隍正堂"。因秦氏祖茔在淡井庙北，秦裕伯被封为"上海邑城隍正堂"后，改淡井庙华亭县城隍行殿，以专门供奉秦裕伯这位"上海邑城隍正堂"。清同治十一年（1872）秦裕伯又被同治皇帝钦封为"护海公"。于是上海城隍庙内有了一位红脸正气的"城隍老爷"，给世人增添了不少精神的安抚和寄托。

明洪武三十年（1397），上海知县张守约将霍光行祠（又名金山神庙）改建成县城隍庙后，"上海邑城隍正堂"被从淡井庙迁移到了上海县城内的县城隍庙后殿。金山神庙先是建在今金山卫南面海中的金山上，金山神是汉代大将军霍光。据说，三国时吴主孙皓患病，梦见霍光抓走了两个小鬼，醒来后病自愈，所以建金山神庙，封霍光为金山神。

海上贸易盛于上海之际，为祈求海事平安，人们便将能镇海潮的霍光请来，在方浜北岸建了"金山神庙"。神庙牌楼额匾上书有"保障海隅"四个大字，充分表达了当时人们对城隍老爷护海避灾的祈愿。霍光是金山县的城隍，方浜边的霍光庙只能称之"霍光行祠"，也只能算是个分支机构。明永乐年间，上海在霍光行祠旧址改建了邑城隍庙，前殿依然祭祀金山神汉大将军博陆侯霍光神主，后殿祀诰封四品显佑伯城隍神明待制秦裕伯御史，后殿乃寝宫。

另在大殿内还祀奉民族英雄陈化成。陈化成（1776—1842），字莲峰，福建同安人，年轻时就在清军水师当兵，长期与海盗作战，因军功卓著屡获提拔，清道光十年（1830），晋升为福建水师提督。1840年鸦片战争爆发，陈化成被急调吴淞口负责上海防务。1842年6月，英军进犯上海，陈化成指挥部队奋起反击，拼死迎战，清军战至仅余三人，陈化成亦六处受伤，最后腹部中枪，壮烈殉国。上海县拨出文昌阁旁边的公产（位于今果育堂路）建陈公祠，祠内建三开间大殿，供奉陈化成。1938年日寇侵占上海时，陈公祠被毁，民众自发将陈公像送到上海城隍庙，安置在大殿内后进，其雕像被塑成满面火红、目光炯炯的英豪形象。因其护城有功、英烈成神，所以也被供奉为上海城隍，于是就有了"一庙三城隍"的说法。

城隍庙山门，原是进出豫园商城的正门过

| 1 | 2 | 1. 上海城隍神秦裕伯
2. 秦裕伯及夫人塑像 |

道——邑城路。山门前镇守着两头被游客、香客用手摸得精光的石狮子。再往里即见悬有"不由人算"大算盘的仪门,那才是城隍庙的原来的庙前广场。2002年4月27日,上海城隍庙被列为上海市文物保护单位。

有诗曰:

何来一庙几城隍?沪上神祇护梓桑。
裕伯死当安县邑,霍光生亦立慈航。
四司九殿祛灾厄,汉月秦关赴国殇。
保障海隅昌百业,武功文治握牙璋。

二、城隍庙的四司九殿

上海城隍庙中的"四司"掌管着上海本城冥界行政系统的某一方面。四司分别为长人司、新江司、高昌司和财帛司。《上海公署记》:"元壬辰(1292年)春,圣天子以华亭地大民众难理,命分高昌、长人、北亭、海隅、新江五乡(凡二十六保),立县上海。"这就说明高昌、长人、新江均为上海立县(建城)前原有的乡名。长人司黄歇,在世时是战国赫赫有名的春申君,是与信陵君、孟尝君、平原君齐名的"战国四君子"之一。上海原属他的封地,传说黄浦江就是他开凿的,所以黄浦江又称"春申江"。上海别称"申城(申)",均因他的敕封而得名。估计他死后被长人乡祀为乡城隍,所以在上海建城(1292)后,就称他为长人司,长人司的敕封是春申侯,是有史为证的。

财帛司杜学文不同于城隍府内的账房先生,财帛司是主管全城冥间财政经济的,上海城隍庙内设立财帛司,正是体现了鲜明的上海色彩。上海的地理位置,再加上海经济在全国举足轻重的地位,设个专职辅佐城隍处理财帛方面的业务是必要的。也不排除杜学文原来可能是北亭或海隅的乡城隍,或在世时具有善于理财的记录。

一般城隍庙里供的神,最初大都为有名有姓的历史人物。所以上海城隍庙城隍老爷大出会这一天,四司与城隍一样,都换上锦袍。上午十点正,城隍先出堂,四司跟上,浩浩荡荡出巡。三巡会的场面浩大,仪仗队前呼后拥,八面威风。

"四司"过去均有独立的庙宇。长人司黄歇的庙宇最早并不在老城隍庙内,上海开埠前,春申庙(又称春申侯祠、延真观)曾在今山东路以东、河南路以西、延安东路北首那里。据记同治初年,洋泾浜(今延安东路)河干,出现过一座"春申古迹"牌坊。1853年前,庙毁于兵,庙址又被洋人租去,于是移建于老城内穿心街。1924年改建后的上海城隍庙内,财帛司已供于大殿下东庑内,长人司供于福佑路旧校场街口的"春申侯府"。

城隍庙九殿是指:霍光殿、元辰殿、财神殿、慈航殿、城隍殿、娘娘殿、父母殿、关圣殿、文昌殿九个殿堂，总面积约两千余平方米。

霍光殿

正门上悬"城隍庙"匾额，并配以对联："做个好人心正身安魂梦稳，行些善事天知地鉴鬼神钦。"大殿内供奉金山神主汉代博陆侯霍光大将军坐像，左首为文判官，右首为武判官，次为日巡与夜查，日巡、夜查以下为八皂隶。第一对立柱悬有对联"威灵显赫护国安邦扶社稷，圣道高明降施甘露救生民"以赞扬城隍神的功绩，上悬匾额"牧化黎民"。第二对立柱上悬"刻薄成家难免子孙浪费，奸淫造孽焉能妻女清贞"的对联以警示世人。

元辰殿

又称六十甲子殿。元，为"善"，元辰，是指吉利时日。元辰神灵是中国的年岁神灵，与每一位中国人的年运有关。因六十甲子神灵是星神，故也称太岁神。在民间，指人们把某年在六十元辰中所对应的太岁神称为当年的值年太岁，本人出生之年的所对应的太岁神称为本命太岁。信徒礼拜本命太岁，祈求年年平安、吉祥如意的仪式，就称为顺星。

慈航殿

慈航殿内供奉慈航真人（主平安），又称慈航仙姑真人，也称慈航大士、圆通自在天尊，

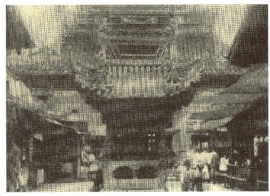

1. 清代城隍庙
2. 20世纪50年代城隍庙正殿

第十章 民间信俗的城隍文化

本是道教女真神仙,农历六月十八生日。法宝为三宝玉如意、清净琉璃瓶。慈航大士垂慈施德,普济世间苦难之人。左边为眼光娘娘(主治眼疾),又称眼光圣母惠照明目元君,传说眼光娘娘能治疗各种疾病,保佑人们眼明心亮、身体健康。农历三月初六与四月廿日都是眼光娘娘诞辰。右边为天后娘娘妈祖(主出海平安),司掌海上安全、商业兴隆、平安守护、消灾避难。

财神殿

财神殿内供奉财神、招财仙官、进宝仙官、利市仙官、纳珍仙官。赵公明,本名朗,字公明,又称赵玄坛、赵公元帅。"玄坛"是指道教的斋坛,也有护法之意,为道教四大元帅之一,同时为雷部将帅和五方瘟神之一;又相传为正财神,司掌世间财源。多为黑面浓须,骑黑虎,一手执银鞭,一手持元宝,全副戎装。统帅招

财仙官陈九公、进宝仙官萧升、利市仙官姚少司和纳珍仙官曹宝,专司迎祥纳福、商贾买卖。

城隍殿

城隍庙内最后一进殿为城隍殿。城隍殿两侧悬有对联以赞扬城隍神公正无私"祸福分明此地难通线索,善恶立判须知天道无私",上悬匾额"威灵显赫"。殿内另有一副赞神对联:"天道无私做善降祥预知吉凶祸福,神明有应修功解厄分辨邪正忠奸。"横批"燮理阴阳"。城隍殿中央供奉上海县城隍神秦裕伯红脸木雕像,正襟危坐。城隍殿内仿照明代县衙公堂陈设,仪仗森严。

娘娘殿

城隍殿西面为娘娘殿,供奉上海县城隍神夫人储氏。城隍夫人储氏,周浦一带的望族之女。当时,周浦储姓家族颇具声望,祖辈是宋

1. 城隍庙如今的大门
2. 恢复后的城隍庙照壁

代词人储泳（约1101—1165年，字文卿，号华谷），随宋室南迁而隐居在周浦一带。那时周浦还没有形成市镇，甚至连集市也没有，不过就是个村落而已，后来逐渐发展成城镇。后代文人为了纪念储泳，称周浦为"储里"或"华谷里"。

父母殿

城隍殿东首为父母殿，殿内供奉上海县城隍神父母。城隍父秦良颢（1278—1355），字信甫，号述斋。秦良颢非常勤奋，19岁单独赴大名府，师从萧氏，是汉人中精通蒙古文的佼佼者，出任国子监学录，后提升至浙西为官，再后定居上海。他搜集蒙古文史传故事及时务功要者三百余条，编译成汉文的知识大全《篡通》；又辑成《一贯》，编成《吹万集》。他是极为难得的汉人出身的蒙古文专家。当时，汉人学蒙古文者无出其右，因此他年纪轻轻就出任国子监学录，而他"淡然无求进意，隐居教授，户外之履至，无所容达。官大人至者，莫不晋谒，与之语，动中肯綮，而适于事情未尝不为之叹服也""其平时一言一动，无不揆乎道义，人皆称笃行君子焉"。元大德年间（1297—1307），秦良颢经翰林寇学士推荐，进万言策，由国子监学录提升为浙西榷醝使。于是，秦良颢举家南下返回上海地区。

文昌殿

内供奉文昌帝君。文昌帝君又称梓潼帝君、文曲星、文星。文昌帝君，一般认为他是主管考试、命运，及助佑读书撰文之神，是读书文人、求科名者所最尊奉的神祇。其受民间的奉祀，从周朝以来，历代都相沿制订礼法，列入祀典。文昌，本是星宫名，包括闪颗星，即斗魁（魁星）之上六星的总称。古代星相家解释为主大贵的吉星，道教将其尊为主宰功名禄位之神，又叫"文星"。隋唐科举制度产生以后，文昌星尤为文人学子顶礼膜拜，有谓文昌"职司文武爵禄科举之本"。因文昌星和梓潼帝君同被道教尊为主管功名利禄之神，所以两神逐渐合而为一。左右两童子称天聋、地哑，是文昌帝君的两个侍童，一个掌管文人录运簿册，一个手持文昌大印。意思是：能知者不能言，能言者不能知。文昌帝君掌管文章科举，关系富贵贫贱，保密问题很重要，以免天机泄漏。

关圣殿

内供关圣帝君——三国时代蜀汉的大将关羽。关羽字云长，美须髯，武勇绝伦。左右供周仓、关平两位将军。民间宗教信仰自汉朝以来，渐渐融合各宗教信仰而成为"民间信仰"。然而民间所信仰的神明，可分出其所属的系统，如妈祖属于道教，孔子属于儒教，观音属于佛教，神明的界限相当清楚。但是，关帝圣君乃儒、释、道三教均尊其为神灵者，在儒家中称为关圣帝君；另有文衡帝君之尊称，佛教传说他曾显圣玉泉山，皈依佛门，被封为护法伽蓝神。在道家中，由于历代封号不同，有协天大帝、翔汉天神、武圣帝君、关帝爷、武安尊王、恩主公、三界伏魔大帝、山西夫子、帝君爷、关壮缪、文衡圣帝、崇富兵君等称呼，民间则俗称恩主公。关圣帝君是中国最有名的神之一，也是最受尊敬的神。因为他不但在民间受到崇拜，在宗教中也被纳入了信仰体系，而且他还得到了中国几代朝廷政府最大限度的敬拜。

三、城隍庙的民间信俗

人们对上海城隍庙的理解和认同，来源于对这一地区的历史和传统的想象及集体记忆的基础。城隍庙的建立是由于传统的城隍信仰所需要，而城隍庙及其周围建筑所形成的庙市节场，又创造了当地的一种特殊的"邑庙文化"。由于历史上所具有的官方信仰背景及其宗教的作用，那里一直是邑城民众从事宗教祭祀、聚会、商业和娱乐休闲的集聚之地，凭借"庙园市"一体的公共空间独特优势，这一区域自然成了老城厢各种文化商业活动的中心。

随着上海开埠，城厢以北沦为租界，不同于十里洋场的繁华，上海城隍庙仍保留着它古老的民间娱乐方式、传统的商业经营模式和老上海原汁原味的地方特色，保持着更为贴近本地民间的文化传统。尽管在上海不断高度都市化的过程中，民间传统信仰无可挽回地走向衰落，但城隍庙及其供奉的城隍神作为一种历史遗留和精神符号，在上海传统文化和都市文化中仍有着重要的地位和影响。

城隍信仰从自然神到社会神，城隍信仰受众从民间到官方，这在明清城市的发展中广具影响。中国人信仰中的功利性和近地性，加之城隍信仰中有鬼神信仰的成分，城隍信仰也急速地从官方的"正统礼制"转为民间的"大众化信仰"，又走向"信仰的商业化"。去城隍庙早已成了带有观光性质的"白相"游览，庙里的拜谒也都成了"多神论"与"无神论"边界模糊的一种民间信俗，游客并非具有传统的城隍信仰，而只是将此作为参与和体验当地传统文化特色的一种形式。

清末城隍庙大殿前的摊贩

虽然社会的发展使得城隍信仰衰落、传统功能消失、文化意义退化，但七百多年城隍文化扎根于民间而形成的坚韧性，以及在一大批有识之士的坚守下，恢复和发掘城隍文化的历史价值和文化价值得到了相对的重视。城隍文化作为一种历史文化现象，不仅是传播中华文化、凝聚民族情感的重要纽带，也是展示传统民俗文化一个不可多得的窗口。

至今仍有"不去城隍庙，等于没到过大上海"的俗话，这便是今天城隍文化所保留的体验价值。实际上，人们在城隍庙里观览多于膜拜，那种为着生存而渗入灵魂的信仰和对生命虔诚的祭奠越来越少，更多是对遥远而陌生的历史仰望，以及对早已模糊不清的神灵祈求平安的内心呼唤。在近代，上海城隍庙以其特有的历史内涵和文化魅力，理所当然地成为中西文化碰撞和交融的载体。上海城隍庙及其文化是老上海人的铭记，也是中华文化在上海城市中积淀的灵魂，尽管它早已无形地成为一种被历史湮没、异化了的世俗文化。

从信仰文化层面看，近代以来城隍庙逐渐失掉了信仰的真义。日益浓厚的商业文化席卷着城隍庙豫园及周边区域，民间信仰于那里早就丧失了在城市发展中的主导作用，城隍庙的信仰功能亦同样发生着巨大的变化。但现代的精英文化与传统的民间文化，传统的信仰文化与现代商业文化，却在上海城市社会生活中令人欣喜地重构出文化源泉与流向的传承关系。在上海城市的现代视窗中，城隍庙已经成为一副历史的残框，但是城隍文化依然可以透过遥远的方向，帮助人们探寻和重拾中华文化传统积极的精神价值及社会价值。

1. 20世纪30年代城隍出巡的旧俗
2. 21世纪的城隍庙道场

四、城隍庙的庙园市

豫园是明人潘允端所建，后潘家家道败落，豫园被人收买。上海的士绅募集钱款，买下全部豫园，委托城隍庙代管。之前上海的士绅另集资购地，建林造园，捐与了城隍庙。明代永乐年间（1403—1424）在始建于元代的金山庙的基础上改建而成的城隍庙，最初奉汉代将军霍光为城隍；至1373年，秦裕伯被奉为上海县城隍神；1710年，邑人集资于庙左造起东园，由于来往游人日多，庙才成了城中的名胜处所。

乾隆中叶，潘氏豫园售归城隍庙作为西园并重加修葺后，商人在园中竞设店铺，于是又出现了市集。19世纪中叶上海开埠后，由于商贾辐辏，百业荟萃，随着游人日盛，作为一邑的中心之地，庙前和周围店肆商铺越开越多，这一带形成了曲曲折折的小街、热热闹闹的商市。小摊小贩、星相八卦、卖唱卖艺等三教九流云集于此。吃喝玩乐各种时髦娱乐的行当样样齐全，使得上海城隍庙以游玩白相而久负盛名。

20世纪初，本地民众把民族英雄陈化成的塑像祀入庙内。之后，"三城隍"同列城隍庙主神位，接受世人进香膜拜。城隍庙于民国前，曾先后遭受两次大火及三次兵劫，庙宇时毁时复。民国后又遭三次火焚，至1926年始修建成一座钢筋水泥结构的庙宇，殿高4丈8尺、深6丈3尺余，以水泥为材料，不用一砖一木，而彩椽画栋，翠瓦朱檐，建筑异常壮观。

至今许多外地来客和年轻的上海人将把城隍庙和豫园混为一谈。实际上豫园是紧贴城隍庙的一处明代园林，"文革"中因城隍庙关闭，于是官方就将这一区域的称呼以"豫园"代之，尤其是豫园商城改造以后，豫园的名声更为响亮。但在民间尤其是老上海人心目中，仍习惯将这一区域称之为城隍庙，所以世间仍有着"不到城隍庙就是没到过上海"的说法。

如今上海城隍庙商市的特色是小吃、黄金、饰品等，湖心亭和九曲桥是必到的经典景点。包罗四方的美食小吃有南翔小笼、叉烧包、三丝春卷、素菜包、宁波汤团、酒酿圆子、臭豆腐干、糯米藕、枣泥酥、蟹粉小笼包、面筋百页、蟹壳黄、蟹黄灌汤包等，还有五香豆和梨膏糖。

历史上城隍庙与豫园，以及城隍庙庙市的自然演变与更迭，成就了上海老城厢独特的"园庙市"三合一格局，有了"一城烟火半东南"的繁华胜景，也有了"白相城隍庙"的民俗活动，并世代流传。

我们的国家与民族因为不曾失掉祭奠生命的信仰，中华文化才凸显出其深邃和绚烂。在当今大力弘扬传统文化之际，探寻和重拾或将被摒弃的文化传统非常必要，其不仅有助于逐

渐重新树立民众的文化信仰，以积极向上的信仰坚守，为城市人文生态和谐提供重要的价值导向与精神追求，而且能够使人们更加自信、乐观、和谐地生活。

20 世纪七八十年代城隍庙大殿开设了工艺品商店（陈星平速写）

第十一章 星汉灿烂的先贤文化

古圣先贤是人们对历史文化名人的尊称。圣为品德智慧极高，贤指有才能有道德。古圣先贤是一个民族的宝贵财富，是重要的文化遗产资源，具有传承文化、教育民众等多重价值。形象地诠释、客观地传播老城厢历史上的文化名人事迹，对继承和发扬本土的中华传统文化精髓，增强本土的优秀文化自信具有深远意义。老城厢历史文化名人灿若星辰，他们是上海城市发展史上着力推动社会发展、时代变革、政治进步、经济繁荣，促进科技人文、文化教育顺应社会发展的古圣先贤，是造福一方民生、德才兼备并具有一定历史文化物质遗产或精神遗产的历史人物。

由于老城厢的古圣先贤分别处于不同的历史时期，有着不同的个人修为，经历着不同的时代环境，因此对现代人来说似有一种陌生感。推崇老城厢先贤文化，就是为了让这些曾经生于斯、长于斯、建功于斯的名人先贤，能够为后人所敬仰、怀念和纪念；能够见贤思齐，让贤德充满人间，以此来提高全民素质，使之成为上海城市记忆中不可或缺的精彩部分。老城厢历史文化名人的生平事迹卷帙浩繁，上海自七百年多年前宋朝设镇治起，就逐渐成了名士集聚、世家辈出之地。元明清三代的黄道婆、董其昌、潘恩、乔一琦、徐光启、艾可久、沈

豫园内纪念黄道婆的跂织亭

初、顾绣三女、丁日昌、曹裕衡等，清末民初的陈其美、李平书、陆伯鸿、王一亭、叶企孙、郁泰峰、吴昌硕、史量才、黄炎培等，均为老城厢这方土地上仁人志士的代表。

一、上海城市的杰出代表

纵观历史，老城厢的先贤们无疑均为"海纳百川、追求卓越、开明睿智、大气谦和"之上海城市精神的伟大开拓者与践行者。

秦裕伯 (1296—1373)

上海城隍神，字惟镜、景容，号蓉斋，松江府上海县（今上海）人，原籍淮扬（今江苏扬州），出身海陵秦氏，为北宋著名文学家、词人，婉约派一代词宗秦观（少游）八世孙，

是元末明初政治家、文学家、书法家。元大德年间（1297—1307），随父辈定居上海县长寿里（题桥）。元至正四年（1344）中进士，历官湖广行省照磨、山东高密县尹、福建行省郎中、延平路总管兼管内劝农事、行台侍御史，并与御史中丞刘基主持京畿考试，后出知陇州。秦裕伯为官十年，十分勤政，但并没有得到朝廷的真正赏识。作为一个心高气傲的儒生，于元至元十四年（1354）毅然辞官返乡，照料年近八旬的父母。起义军首领张士诚占据苏州后，仰慕他的学识，曾两次派人上门招贤，被他拒绝。为了躲避招揽带着母亲到外地隐居了一段时间。朱元璋先后三次征召而不受，后迫于传旨者言语颇具威慑性，不得已秦裕伯只得顺了朱元璋之意，入朝做了翰林侍读学士。然而时隔三年之后，秦裕伯又以病辞官不就，返回了故里。为了不祸及后人，始终未有纳妾以求绝传，而且不再联系任何朋友，以求销声匿迹。

明洪武六年（1373）七月二十日（8月8日），秦裕伯病逝。秦裕伯去世后，朱元璋为了笼络江南名绅，以"生不为我臣，死当卫我土"，亲自敕封秦裕伯为"显佑伯"，称"上海邑城隍正堂"，历明清两代不变。

徐光启（1562—1633）

字子先，号玄扈。明代科学大家、上海最有影响力的历史杰出人物，祖籍苏州，生于上海城厢农家。后居太卿坊（今乔家路"九间楼"），晚年居大南门外康衢里（今桑园街）。明万历三十二年（1604）中进士，历任翰林院庶吉士、詹事府少詹事、太子太保、礼部尚书、文渊阁大学士等职。徐光启虽官居首辅，却毕生致力于数学、天文、历法、水利等方面的研究，勤奋著述，尤精晓农学，译有《几何原本》《泰西水法》《农政全书》等。同时他还是一位沟通中西文化的先行者，为 17 世纪中西文化交流作出了重要贡献。《农政全书》是中国

1. 上海县城隍秦裕伯画像
2. 徐光启画像

第十一章　星汉灿烂的先贤文化

1	2
3	4

1. 光启路上纪念徐光启的阁老坊画像
2. 徐光启祠
3. 徐光启旧居九间楼原址（乔家路 228—240 号）
4. 九间楼院里的明代古井

古代内容最完备的一部农业科学巨著。此书基本囊括了中国古代汉族农业生产和人民生活的各个方面，而其中又贯穿着一个基本思想，即徐光启的治国治民的"农政"思想。明崇祯元年（1628），虽完成初稿，但由于忙于负责修订历书，无暇顾及，直到去世后，才由他的门人陈子龙等人负责修订，于崇祯十二年（1639）刻板付印，并定名为《农政全书》。明万历三十四年（1606）年与弟子孙元化同传教士利玛窦合译欧几里德的《几何原本》，徐光启在译本中提出了实用的"度数之学"思想，确定了"几何"这一特定的数学分科名称。在中国古代数学分科叫做"形学"，而"几何"两字，在中文里是个虚词，意思是"多少"。徐光启首先把"几何"一词作为数学的专业名词来使用，并用它来称呼这门数学分科。《几何原本》是第一部汉译欧洲经典数学著作。徐光启还与他人合作，翻译了大量关于水利、数学、历法等方面的著作，大大开阔了中国人认识西方近代科学的眼界。其晚年致力于天文学研究，奉旨修《崇祯历书》，不论刮风下雨均亲临观察台观察。崇祯五年（1632），以礼部尚书参预机务，仍关注修历工作，即使重病在身仍"力疾倚榻"，工作不辍。生前主持修订的《崇祯历书》完成74卷，其余63卷由他临终前推荐的李天经主持完成。在历书中，他引进了圆形地球的概念，明晰地介绍了地球经度和纬度的概念，

引进了星等的概念，提供了第一个全天性星图。在计算方法上，徐光启引进了球面和平面三角学的准确公式，并首先作了视差、蒙气差和时差的订正。《崇祯历书》的问世，是中国历法史上的一次重大改革，奠定了中国近300年历法的基础，今天的农历，就是在此基础上修订而成的。徐光启一生刚正清廉，克己奉公。临终时家人发现他所剩银子不足10两，盖在身上的是一条被暖壶烫一窟窿的被子。《明史》称之"盖棺之日，囊无余资"。崇祯六年（1633），徐光启病逝，崇祯帝赠太子太保、少保，谥文定。

二、上海老城的仁人志士

在上海老城厢历史上的社会活动进程中，也涌现过一批青史留名的仁人志士。

陈其美（1878—1916）

字英士，号无为，别署高野英，浙江湖州人。中国近代民主革命家、中国同盟会元老、青帮代表人物，于辛亥革命初期与黄兴同为孙中山的左右股肱。蔡元培称其可与历代侠士齐名列传，并盛赞陈其美为"民国第一豪侠"。清光绪三十二年（1906），陈其美赴日本留学，入东京警监学校，同年加入中国同盟会。其间与蒋介石、黄郛结为金兰。光绪三十四年（1908）奉孙中山派遣回国，往来于浙沪京津各地联络革命党人，密谋革命活动。光绪三十五年

第十一章　星汉灿烂的先贤文化

(1909)创办《中国公报》《民声丛报》，宣传革命。武昌一声枪响，不久上海也宣告独立。孙中山不止一次地说，当时响应最有力、对全国影响最大的是上海。上海光复后，陈其美为沪军都督。另他还协助于右任、宋教仁等筹办《民立报》，宣传革命。民国成立，陈其美曾任工商总长，并任孙中山领导的中华革命党总务部长。陈其美主要功绩：作为辛亥革命时的沪军都督、同盟会骨干，曾参与推动中华民国南京临时政府成立；袁世凯上台后，陈其美追随孙中山进行第二次和第三次革命，是其最主要的助手，曾策划一系列反袁军事行动。从支持孙中山的角度而言，陈其美是孙中山最坚定的追随者，筹集巨款全力支持；陈其美曾多次在江浙沪、北京、天津、山西乃至东北联络会党和组织起义，在上海组织沪军都督府，通过这一机构在政治、社会运动各方面发挥作用。1916年5月18日，陈其美被袁世凯的刺客暗杀于寓所。老西门曾建有陈英士纪念塔。

盛宣怀（1844—1916）

字杏荪，又字幼勖、荇生、杏生，号次沂、又号补楼，别署愚斋，晚年自号止叟。祖籍江苏江阴，出生于江苏常州，死后归葬江阴。清末官员，秀才出身，官办商人、买办，洋务派代表人物，著名的政治家、企业家和慈善家，被誉为"中国实业之父""中国商父""中国高等教育之父"。盛宣怀创造了11项"中国第一"：第一个民用股份制企业轮船招商局；第一个电报局中国电报总局；第一个内河小火轮公司；第一家银行中国通商银行；第一条铁路干线京汉铁路；第一个钢铁联合企业汉冶萍公司；第一所高等师范学堂南洋公学（今交通大学）；第一个勘矿公司；第一座公共图书馆；第一所近代大学北洋大学堂（今天津大学）；首先创办了中国红十字会。他热心公益，积极赈灾，创造性地用以工代赈的方法疏浚了山东小清河。盛宣怀的教育思想：（1）培养新式人才是富国强兵之根本，认为中国要走富强之路，"练兵、理财、育人"三端均为救时之要务，但最关键的在于"知人、用人"。他对新式人才的培养有着急切的希望，认为实业救国最终要归结到教育救国。（2）培养人才要遵循人才成长规律，必须循序渐进，不得浅尝辄止。指出学校今后一定要立法，留洋学习必须毕业获得文凭，必须杜绝学生急躁之心，免得浅尝辄止。（3）办学应该从高起点入手，他对中国经济和教育、实业与人才有着更多独到的认识。他的办学设想一半源自发展实业需要，一

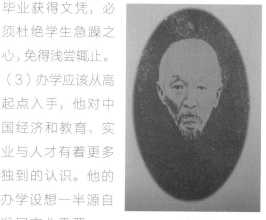

盛宣怀像

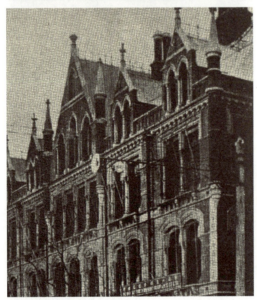

1. 盛宣怀创办的轮船招商局上海总办
2. 盛宣怀奏准成立中国通商银行

半出自振兴朝廷需要。他设想把南洋公学办成培养内政、外交、理财的高级人才学校,甚至提出要把南洋公学办成培养政治家的学校。盛宣怀一生经历传奇,成就不凡,创办了许多开时代先河的事业,涉及轮船、电报、铁路、钢铁、银行、纺织、教育诸多领域,影响巨大,中外著名,垂及后世。

李平书(1854—1927)

名钟珏,号瑟斋,60岁后别号且顽。生于江苏宝山高桥镇(今属上海市浦东新区)医业世家。幼入私塾,14岁父亡故,辍学来上海花行、米豆行当学徒。清光绪十九年(1893)起,先后署广东陵丰、新宁、遂溪知县。光绪二十六年(1900)被召入张之洞幕下,后任湖北武备学堂总稽查、提调。光绪二十九年(1903)转任江南制造局提调,兼任中国通商银行总董、轮船招商局董事、江苏铁路公司董事。此后他主持一系列社会改良活动,与名医陈莲舫创立医学会,创设中西女子医学堂、南市上海医院(后为上海市第二人民医院),开办华成保险公司、昆新垦牧公司,投资华兴面粉厂,主持闸北水电厂等。李平书首倡清末上海地方自治运动。光绪三十一年(1905),他和姚文木丹、郭怀珠、莫锡纶等集议创设总工程局,以整顿地方,立自治之基。在掌理总工程局的4年中,共辟建、修筑道路60多条,修理、拆建桥梁50多座,新辟、改建城门3座,

第十一章 星汉灿烂的先贤文化

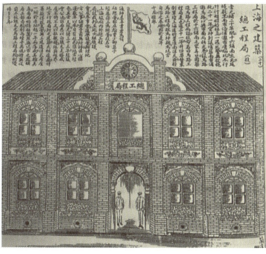

1	2
3	4
	5

1. 李平书像
2. 湖心亭荷花池中的李平书塑像
3. 清末通俗画报上的上海总工程局外观（十六铺毛家弄口）
4. 上海城厢内外总工程局钤记
5. 江南制造局

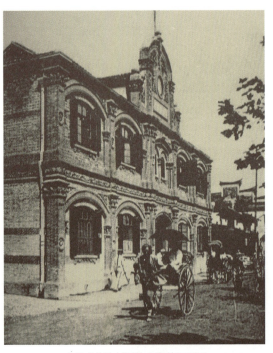

李平书集议创设的上海总工程局

疏浚河浜9处，修筑驳岸、码头11座，年收入达16.4万余两。光绪三十三年（1907），上海道瑞澂下令禁绝华界鸦片烟馆，交总工程局办理，李平书遂将原有沪南学会体操部、商业体操会、沪北商余学会、沪西士商体操会等五体育会组成南市商团公会，自任会长。清宣统元年（1909）清政府颁布《城镇乡地方自治章程》，原城厢内外总工程局改称上海城厢内外自治公所，李平书仍为总董。武昌起义爆发后，李平书转向革命，在上海光复之役中，和陈其美一同担负起领导起义的重任。上海光复后，担任沪军都府民政总长兼江南制造局局长，包揽城厢内外全部民政事务，并以此为契机，拆城墙、填濠沟、筑马路，实现了其多年的变革夙愿。与此同时，针对外商扩大经营地盘的企图，李平书物色了经营南市电灯公司的陆伯鸿，兼办电车公司，使南市有了自己的电车和路轨。在李平书苦心经营下，城厢内外面貌大有改观。

黄炎培（1878—1965）

号韧之，后改任之。出生于川沙县城厢镇（今浦东新区川沙镇）。少年时代即博览群书。清光绪二十七年（1901）来沪入南洋公学，开始接受新学，并结识蔡元培。光绪三十一年（1905），经蔡元培介绍加入同盟会，并接替蔡元培任同盟会上海干事，积极联络同志，从事革命党活动。翌年迁家上海，居小西门黄家阙路36号和林荫路135号陋室，入南洋公学，研读大量西方教育著作。接受杜威实用主义教育思想，又深感中国旧教育的弊端在于教育与职业分离、学校与社会脱节，提倡融教育与职业为一体的新教育形式。1917年5月，联合蔡元培、马相伯、张元济等创立中华职业教育社，该社为中国教育史上第一个研究、提倡、试行、推行职业教育的全国性机构。翌年6月，黄炎培在陆家浜路建立中华职业学校（即原商业会计学校址），作为职业教育推广和实践场所。抗日战争期间，黄炎培被聘为国防参议员，继又任国民参政会参政员。1941年3月"中国民主政团同盟"成立，被选为常委会主席。1945年黄炎培在延安同毛泽东进行过一次关于"周期率"的著名

黄炎培像

谈话，他说："所谓'其兴也勃焉'，'其亡也忽焉'，一人，一家，一团体，一地方，乃至一国，不少单位都没有能跳出这周期率的支配力。大凡初时聚精会神，没有一事不用心，没有一人不卖力，也许那时艰难困苦，只有从万死中觅取一生，继而环境渐渐好转了，精神也就渐渐放下了。有的因为历时长久，自然地惰性发作，由少数演为多数，到风气养成；虽有大力，无法扭转，并且无法补救，也有为了区域一步步扩大了，它的扩大，有的出于自然发展，有的为功业欲所驱使，强求发展，到干部人才渐见竭蹶，艰于应付的时候，环境倒越加复杂起来了，控制力不免趋于薄弱了。"他认为一部历史，"政怠宦成"的也有，"人亡政息"的也有，"求荣取辱"的也有，总之没有能跳出这周期率。他希望"中共诸君能找出一条新路，来跳出这周期率的支配。"听了黄炎培的这番见解后，毛泽东对他说："我们已经找到新路，我们能跳出这周期率。这条新路，就是民主，只有让人民来监督政府，政府才不敢松懈。只有人人起来负责，才不会人亡政息。"解放后，黄炎培历任中央人民政府委员、政务院副总理兼轻工业部部长、全国人大常委会副委员长、全国政协副主席、中国民主建国会主任委员等职。

史量才（1879—1934）

原名家修，字量才，南京市江宁人，生于松江泗泾镇，曾在杭州蚕学馆学习，攻读日文、理化及其他近代科学知识。史量才是杰出的商人、教育家和报业巨子，近代中国出色的报业经营者。1912年任《申报》总经理。1934年11月13日，死于国民党特务的暗杀。史量才曾投身于教育界，在泗泾设立小学，又在上海育才学堂、兵工学堂、务本女校及南洋中学等校任教。清光绪三十年（1904）在高昌庙

史量才与《申报》

桂墅里创办上海女子蚕桑学校，自任校长，妻庞明任教务主任，襄理校务。学校以"注意栽桑、养蚕、制种、缫丝等实验，并改良旧法，兼授普通及专门学理，以扩充女子职业，挽回我国利权"为宗旨，第一期招收16—18岁女生20人，为国人创办的第一所女子职业学校。光绪三十四年（1908）史量才担任《时报》主笔，开始跻身新闻界。民国元年（1912），与张謇、应德闳、赵凤昌等人集资购进《申报》。从此，他毕生事业及命运与《申报》联成一体。在他苦心经营下，《申报》成为国内最有影响的报纸之一。史量才与宋庆龄、杨杏佛等著名民主人士有着深厚的友谊。《申报》对"中国民权保障同盟"的正义活动进行了全方位的跟踪报道，扩大了其社会影响。1932—1933年，史量才还创办了几项社会文化事业，其中有以俞颂华为主编的《申报月刊》，以李公朴为馆长的"申报流动图书馆"及由李公朴主持的"申报业余实习学校"和"申报妇女实习学校"。这些带有公益性质的文化事业对中国社会的发展作出了贡献，也为抗日救亡工作培养了大批进步青年。

三、民族经济的实业巨子

在上海近代城市激速裂变的发展中，老城厢涌现了一大批以科技经济振兴城市、以慈善济民造福一方的实业巨子。

郁泰峰（1800-1866）

名松年，字万枝，号泰峰（邑人均以此名之），世居上海县城乔家浜。虽家资巨万，而自奉节俭，乐善好施。少年入庠，道光年间为贡生。然不慕仕途，性好读书。曾斥巨资收购历代名著典籍数十万册，筑藏书楼。弱冠立志以文化、经济振兴家乡，繁荣申江，故继父兄事业亲自经营郁森盛沙船号，拥有沙船近两百艘，致力于开辟南北航运，发展海外贸易；并开设钱庄、商号、典当等百余家，企业遍布申江，

郁氏祖先画像

第十一章 星汉灿烂的先贤文化

有"郁半城"之称,为繁荣早期上海经济作出了贡献。

小刀会起义时,清军围城,民食艰难,郁家曾出资购粮救济县民,当时有市井民谣咸颂其德。民间俗称泰峰为"郁家秀才",邑人亦为其建牌坊于学宫棂星门。郁泰峰一生举办善事不遗余力,不仅出资经营同仁、辅元等慈善机构,为贫民捐助义冢及棺木,还捐款设立育婴、果育、普育诸善堂。乔家路东端与巡道街交接处是其在嘉庆道光年间建造的住宅,为当时上海城厢内外首屈一指的深宅大院,除用材考究、陈设精致外,在设计上也匠心独具,崇古而又趋时,朴实中显豪华,令时人称羡。迄今虽已历经两百年风雨侵蚀、战乱破坏,然基本保持完整的江南大宅风貌。郁家大院曾多次掩护过革命志士。抗日战争前,著名的革命民主人士邹韬奋为躲避日伪敌特搜捕,曾秘密来大院养病。抗日战争后期,邹韬奋挚友、郁泰峰后裔郁鸿顺,从这座大院出发投身革命,参加新安旅行团及新四军后改名郁红,后成为东北新闻界的领导人之一。解放战争时期的上海学生运动中,郁泰峰后裔郁树铨改名郁青参加革命,利用大院房多又幽深易隐蔽的特点,为地下党刻制、印刷各种宣传文件,郁家大院由此给人一种神秘的感觉。

陆伯鸿(1875—1937)

原名陆熙顺,天主教徒,生于上海南市。18岁中秀才,21岁师从天主教堂龚神甫,学习法语及科技知识。曾参与编纂《法华新字典》,并先后任比利时洋行职员和法租界薄石律师事务所帮办。20世纪初,曾以上海总商会代表名义,赴美国、意大利、瑞士等国观光考察,受到罗

1. 郁泰峰故居家藏金砖
2. 乔家路郁泰峰老宅宜稼堂

马教皇接见。清宣统三年（1911），由李平书推荐，陆伯鸿担任债台高筑、濒临倒闭的华商内地电灯公司经理。由于管理有方，数年内南市电灯数由原1000余盏激增至7万盏，公司由此转亏为盈。民国元年（1912），李平书拒绝英法租界将电车线路延伸至华界的计划，遂推荐陆伯鸿出面经办南市电车开行事宜，次年华商经办的第一条有轨电车正式通车。当时开出的南市电车车头上端，均安装"绿、白、红"（为"陆伯鸿"谐音）三色的三盏电灯，南市市民对此引以为豪，乘客为之大增。1918年，电灯与电车两公司合并，改名华商电气股份有限公司，陆伯鸿任总经理。继而他又任闸北水电公司经理、上海航业同业公会执委、法租界公董局华董和全国民营电业联合会委员长等职。1913年11月，陆伯鸿以和兴实业公司名义集资本银12.5万两，后增至100万两，在浦东周家渡创办和兴化铁厂，日产生铁最高时曾达35吨。1921年，陆伯鸿又与德商合资筹

1. 陆伯鸿像
2. 旧时南市装路灯
3. 旧时华商大客车

第十一章 星汉灿烂的先贤文化

建和兴钢铁厂,新中国成立后改名上海第三钢铁厂。所产方形、圆形竹节钢,质量及外观可与进口钢媲美。当时上海建造的海关大楼、沙逊大楼、闸北水电厂和法商自来水厂以及南京中山陵,都曾采用和兴钢铁厂生产的竹节钢。陆伯鸿还创办了大通航业公司,借用境内求新厂船坞,建造了"隆大""志大"和"正大"3艘客轮。1937年淞沪抗战爆发,陆伯鸿遵照政府安排,将其中一艘轮船自沉于江阴附近长江之中,以阻止日军西进。陆伯鸿海外交往密切,积极从事宗教活动,关心社会慈善事业。先后操办新普育堂、上海普慈疗养院、圣心医院、中国公立医院、南市时疫医院、杨树浦诊疗所以及合办北京中央医院慈善机构。其中,民国元年创建于陆家浜南的新普育堂,分设学校、工场、医疗、养老、育幼、残废、疯癫等各部,陆伯鸿任主任,请天主教修女为看护。开办初6年中,先后收养男女102525人次,施医给药者达2194070人次。此外,他还创办5所男女中小学校。法国作家琼·麦森颂扬陆伯鸿:"能以事业上之长才与宗教上之热诚,融为一炉,反映其作为企业家、慈善家的才能。"1937年12月30日,陆伯鸿遇刺身亡。

徐寿(1818—1884)

字雪村,号生元。近代中国著名的造船家、化学家和教育家。生于江苏无锡北乡农民家庭。青少年时期追求科举,但未获功名,于是走上"专究致知格物之学"的道路。清同治元年(1862),徐寿应两江总督曾国藩之

1. 早期的华商水厂
2. 徐寿像
3. 旧时黄浦江上的货运船

聘，前往安庆内军械所，主持蒸汽轮船设计研制。翌年，安装有自制蒸汽机的木壳轮船下水试航，标志中国近代造船业的创始。同治六年（1867），由曾国藩派遣，徐寿携次子建寅赴上海襄办设在高昌庙镇的江南制造局。翌年，徐寿等建成中国第一艘大型机器轮船。船长185尺，宽29尺2寸，吃水8尺，马力392匹，载重600吨，船上有8门大炮，系木壳明轮兵船。曾国藩以"四海波恬，厂务安吉"之句，命名为"恬吉"（后改称"惠吉"号）。至光绪二年（1876）制造总局共造出"操江""澄庆""驭远""威清""海安"等船7艘，其中"海安"号的装备、吨位不差于当时外国二等兵船。同治七年（1868），江南制造局开设翻译馆，徐寿与华蘅芳主持馆务。徐寿还先后与英国教士伟烈亚力、傅兰雅等人合作，口译笔述，至光绪十年（1884）共翻译出版科技著作13部，内容涉及化学、工艺、数理、医学、兵学诸举科。而数量最多、影响最大的为西方近代化学著作，计有6部63卷。光绪

沈缦云担任协理的上海信成银行，为了上海光复捐献军饷，最后倒闭

第十一章 星汉灿烂的先贤文化

二年（1876），徐寿在上海公共租界创办中国第一所专门从事近代科技教育的学校，名"格致书院"。

沈缦云（1869-1915）

名懋昭，以字行。原名张翔飞，入赘沈家后改姓沈。祖籍江苏无锡，生于江苏吴县。少年时入上海培雅书院读书，12岁入基督教。20岁后考中秀才、举人。因父反对走仕途，乃弃官就商。清光绪三十一年（1905），与无锡实业家周舜卿（廷弼）共同倡议开办储蓄银行。次年，设于万聚码头的上海信成商业储蓄银行成立。这是中国第一家商办储蓄银行，沈缦云担任协理，主持银行日常行务。信成银行先后在南京、天津、无锡、北京等地设立分行，并有筹设广东、福建、新加坡分行的打算。信成银行获准发行钞票，流通量达110万元。光绪三十二年（1906），沈缦云与人合办上海竟化女子师范学堂，由其妻沈钦苓任校长。同年沈又受聘为复旦公学校董，并在雨花堂创办上海孤儿院，收容孤儿数百人。沈缦云曾以1.5万元资助唐才常组织的自立军。信成银行创立后，沈更以商业银行为掩护，筹措大量经费支持孙中山和同盟会的革命活动。同盟会在上海的联络站和同盟会机关报《民立报》的经费均由沈缦云资助；同盟会准备在长江流域组织武装起义，需购买军械，沈为之筹白银4.5万两。上海光复后，成立军政府，沈缦云出任财政总长。

火柴大王刘鸿生

刘鸿生（1888—1956）

祖籍浙江定海，出生于上海。中国近代著名爱国实业家，以经营开滦煤矿起家，后投资火柴、水泥、毛织等业，被誉为"中国火柴大王"和"毛纺业大王"。刘鸿生早年就读于圣约翰大学，后入英商开平矿务公司上海办事处充当跑街（推销员），民国元年（1912）升为买办。他利用职务之便，与义泰兴煤号合作，从事经销开滦煤炭的活动，从中获取巨额利润。1918年，刘在南码头修建一座木结构码头，翌年创建义泰兴北栈，然后又建立义泰兴董家渡码头南栈、义泰兴白莲泾栈和周家渡水泥专用码头。1920年成立鸿生火柴公司，所产火柴挤掉了当时垄断市场的日本猴子牌和瑞典凤凰牌火柴，博得"火柴大王"称号。此后，又开办大中华火柴公司、上海水泥厂、华东煤矿、华丰搪瓷厂等企业。抗日战争爆发后，刘鸿生曾担任中国红十字会副会长、上海市伤兵救济委员会会长等职，积极投入救亡运动。1949年10月由香港回到北京，受到政务院总理周恩来的亲切接见。1949年12月，任华东军政委员会委员兼财经委员会委员和生产救灾委员会委员。抗美援朝期间，刘鸿生带头捐献飞机大炮。1950年6月加入中国民主建国会。同年10月，任上海市人民政府委员。1953年10月当选为全国工商联常委兼上海市工商业联合会副主任委员，1954年9月当选为第一届全国人大代表。

四、风云上海的人文先驱

在上海城市发展过程中，一大批时代先驱风云际会于老城厢，很好引领了中国近代教育的转型，推进了上海城市人文的进步。

冯桂芬（1809—1874）

字林一，号景亭，江苏吴县人。清道光二十年（1840）甲二名进士，授翰林院编修。咸丰十年（1860）太平军攻克苏州，冯逃到上海，入李鸿章幕。曾师从林则徐，思想颇受其师影响，提出"采西学""制洋器""以中国之伦常名故为原本，辅以诸国富强之术"的理论。他很多设想后来被付诸实施或部分成为现实，如兴办船炮局、办外语学校、改革官制等。同治元年（1862）第二次鸦片战争结束，冯桂芬提出在上海设立翻译公所，教授中国幼

冯桂芬画像

童学习外语。翌年，他在为李鸿章代拟的《奏请设立在海学馆》稿中，特别论述了在上海开设外语学校的必要性。后冯桂芬正式将其定名为上海"学习外国语言文字同文馆"，简称"上海同文馆"，后改名"上海广方言馆"，冯出任山长（馆长）。学馆堂中有冯桂芬所写楹联："九邱能读是良史，一物不知非通儒。"广方言馆最初设在城内旧学宫之后敬业学院之西（今四牌楼路学院路口）。广方言馆兴办42年，培养了五六百名擅长外语、懂得近代科学技术的新型人才，在近代政治、教育、文化界有一定影响。冯桂芬精通古文辞，兼通数学，其间另在敬业书院任教。同治九年（1870），广方言馆迁入江南制造局。李鸿章奏冯桂芬"平居讲学著书，岿然为东南耆宿，某设上海广方

言馆，务求博通西学。卓识宏议，足裨军国而垂久远"，请破格优奖，赏给冯桂芬三品衔。

张焕纶（1846—1904）

字经甫，号经堂。出身于上海梅溪弄一书香门第，幼时随父亲识字读书，青年时入龙门书院。张不拘于迂腐空疏的义理考据，而是关心与国计民生有关的经世之学，对地理学、军事学都有深入研究。在龙门书院就读时便在新建的求志书院主讲舆地学，开始从教生涯。张焕纶是近代小学教育的创始人。清光绪四年（1878），邀集同窗好友沈成浩、徐葵德等人，筹资兴办书院。将自己住宅的部分厅堂、庭院，拨作校舍，招收学生40余人，分班组进行教授。因为就学的都是刚开蒙的儿童，学校定名为"正蒙学院"。学校的办学体制、课程设置、教学内容以及组织管理都参照西方学校的方法。光绪八年（1882），学校改名"梅溪书院"。为适应社会环境，增设英文、法文课，还注重体育和军事训练。光绪二十三年（1897），盛宣怀聘张焕纶为南洋公学首任总教习，主持学校教务。由于缺乏资金，张焕纶决定先办师范班，招生40人，培训后留校作为教师。这一举措，开了中国师范教育的先河。翌年（1898），张焕纶因病辞去南洋公学总教习职务，仍主持梅溪书院事务。光绪

1. 梅溪书院创办人张焕纶
2. 青年时代的胡适

二十八年（1902）担任敬业学校总教习。

胡适（1891—1962）

原名嗣穈，行名洪马辛，字适之。祖籍安徽绩溪，生于大东门外淞沪厘卡总巡府。清光绪三十年（1904）春，胡适入梅溪学堂就读，分在第五班。其课余读过《明治维新三十年史》《壬寅新民丛报汇编》等书后，萌发了民族民主革命和爱国主义思想。入澄衷学堂后，更多接触到西方的科学和文化。国文老师杨千里以赫胥黎的《天演论》作教科书，宣扬"物竞天择，适者生存"的进化思想，对胡适震动极大。宣统二年（1910）留学美国，1918年参加编辑《新青年》。翌年在《新青年》发表《文学改

良刍议》,提出以白话文学为正宗文学革命主张的"八不主义"。1920年出版中国第一部新诗集《尝试集》,以后陆续创办《努力周报》《读书杂志》《国学季刊》《现代评论》周刊,并与徐志摩组织新月社。主要著作有《胡适文存》《中国哲学史大纲》《戴东厚的哲学》《白话文学史(上卷)》《胡适论学近著》等。

叶企孙（*1896—1977*）

原名鸿眷,号企孙。中国物理学家、教育家,中国近代物理学奠基人、中国物理学界的一代宗师。1918年毕业于清华学校（今清华大学）,1920年6月获芝加哥大学理学学士学位,1923年6月获美国哈佛大学博士学位,1948年当选为中央研究院院士,1955年被选聘为中国科学院学部委员。

叶企孙出生于上海蓬莱路一书香之家,自幼受父严格教育,从小读经史子集,对古汉语造诣很深,小小年纪便修得一身儒雅气质。9岁到父亲主持的敬业学堂（现敬业中学）读书。不到13岁,考取清华学堂,成为清华的首批学生。22岁远渡重洋,赴美留学,师从诺贝尔奖得主布里奇曼,获理学博士学位,测量出了当时世界上最精确的普朗克常数 h 值,得到国际科学界公认,并被国际科学界沿用达16年之久。27岁回国,在清华创建物理系。31岁创建了清华理学院,其中包括算学、物理、

一代宗师叶企孙

第十一章 星汉灿烂的先贤文化

化学、生物、心理、地学6个系。

叶企孙把毕生精力贡献给中国教育及科学事业。在主持清华物理系和理学院工作及开展教学、科研活动期间，千方百计招揽名师，推进教授治校体制，营造和谐环境，倡导教师科研与教学并重，注重因材施教，培养了大批人才和优秀科学家。至1952年清华大学院系调整前，其门下57位学生都成了院士。抗战前毕业的九届学生50余人中，涌现出的杰出学者有理论物理学家王竹溪、彭桓武、张宗燧、胡宁，核物理学家王淦昌、施士元、钱三强、何泽慧，力学家林家翘、钱伟长，光学家王大珩、周同庆、龚祖同，晶体学家陆学善，固体物理学家葛庭燧，地球物理学家赵九章、翁文波、傅承义，以及秦馨菱、李正武、陈芳允、于光远等。西南联大物理系毕业生中，后来成为著名科学家的有黄昆、戴传曾、李荫远、萧健、徐叙瑢、朱光亚、邓稼先、杨振宁、李政道等。解放后毕业于清华物理系、后来成为著名物理学家的有周光召、何祚庥、唐孝威、黄祖洽、胡仁宇、蒲富恪等。历年间，叶企孙为国家培养的院士共有79名。

叶企孙是一位真诚的爱国者。抗日战争时期，他曾借用清华公款6万余元，购买医药用品、电台、炸药、手榴弹、地雷等，支援前方作战。叶企孙为人正直，生活俭朴，甚至终生不戴手表，而把自己的积蓄均用于支援抗战公益事业或接济贫困工友、同事、学生等。

新中国成立前，叶企孙在清华大学等多所高校任教授，并成为中央研究院总干事、院士。新中国成立后历任清华大学校务委员会主任，北京大学物理系金属物理及磁学研究室主任。在国内第一个研究磁学，开创高压磁化的正确方法，把压强从200多个大气压提高到12000个大气压。叶企孙主持校政时，坚持开展教学研究工作，对开拓和促进中国物理学及整个自然科学的发展、培育科学技术人材作出了不可磨灭的贡献。他得天下英才而育之，所提倡的教育思想结出了丰硕的果实。他主张加强教师队伍建设，曾选聘熊庆来、吴有训、萨本栋、周培源等著名教授入清华执教。叶企孙创建了国内一流的清华大学物理系和理学院，并培养出秦馨菱、刘庆龄、王大珩、龚祖同等学科带头人。

叶企孙一辈子大公无私，从不考虑个人私利。他终生不娶，毕生精力都投入教育事业和学术研究上，学生就是他的心灵依靠。叶企孙重视人才培养，为人才他可以不拘一格。数学大师华罗庚只有初中学历，是叶企孙力排众议让其在清华数学系任教，后又送往剑桥大学深造。与华罗庚齐名的陈省身，同样受益于他的教诲，日后成为20世纪最伟大的几何学家、现代微分几何之父。

"文革"期间，叶企孙被污蔑是其学生熊

大缜变为中统特务的介绍者,还被指控为反动权威、国家罪人。在狱中惨遭毒打,脊骨受创,大小便失禁,捱过了一年半后因精神崩溃,出现幻觉而获释,但已经双腿肿胀难以站立,身子弯屈成九十度,一度在中关村大街上乞讨。叶企孙逝世于"文革"结束之际,临终前口中还在喃喃自语:"回清华,回清华……"1987年,他和熊大缜终于得以平反。此时距离他去世已十年之久,距离熊大缜冤死已近五十年。1992年,海内外上百位学者联名呼吁,请求清华大学为他树立铜像。1995年4月30日,著名科学家施嘉炀和叶企孙的弟子王淦昌,为新落成的叶企孙铜像揭幕。

五、中西医学的典型代表

《上海通志》称,南宋时已有何氏行医,后形成何氏医学世系。20世纪后,形成众多名家流派,各派传人至今仍为上海中医界骨干。在上海中西医学公益社会创新实践中,出现了一批中国医学界的代表。

石筱山(1904—1964)

原名瑞昌,字熙侯。原籍江苏无锡石家岩,祖上于清乾隆年间迁沪。早年学医于上海神州中医专门学校,后随父从医,20多岁始独立应诊。1928年其父石晓山逝世后,石筱山与其弟石幼山共同主持诊所业务。在继承家传治

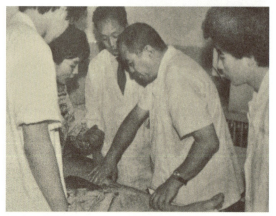

1. 石筱山像
2. 石氏伤科传人石仰山为患者治病

第十一章 星汉灿烂的先贤文化

伤经验基础上，努力钻研，医术日精，以善治骨折伤痛远近闻名，创石氏伤科一大流派。提出治疗伤科疾患需气血兼顾而以气为主的学术思想。重视整体调理，内外兼顾，对外伤筋骨、内伤气血及伤科杂病，灵活运用理伤、针刺、外敷固定等治法，兼施内服西药。石筱山临床用药很有特色，他对家传的外敷药"三色敷药"加以改进，疗效明显提高。石筱山晚年将其经验归纳成文，并整理了部分医案。著作有《石氏伤科经验介绍》《伤科发展简史》《祖国伤科内伤的研究》《筋骨损伤述略》等。新中国成立后，石筱山历任上海中医学院教研组主任、上海市中医学会副主任委员、伤科分会主任委员、市卫生局伤科顾问等职。

张竹君（1876—1964）

女，广东番禺人。清光绪二十六年（1900）毕业于广州夏葛医学堂。翌年在广州创办南福医院并担任院长，成为中国创办西医院的先行者。她还创办育贤女校，提倡女子教育。光绪三十年（1904）来沪设诊行医，是上海第一个开业的女西医。她拜李平书为义父，在李平书创设的女子中西医学堂中教西医，李平书教中

1. 张竹君像
2. 辛亥革命时张竹君与红十字会救护队员在汉阳

医。光绪三十四年（1908）李平书发起创立上海医院（今多稼路原上海第二人民医院），张竹君为监院。宣统三年（1911）辛亥革命爆发，张竹君发起成立赤十字会，组织并率领救护队去汉口抢救起义官兵，并掩护革命党人黄兴、宋教仁随队去武汉。中华民国临时政府两次授予其国家级勋章，以表其功。以后上海流行白喉和山东发生饥荒期间，她均奔赴灾区主持赈救工作。"一·二八"及"八一三"淞沪抗战中，张竹君虽年事已高，仍积极参与救伤工作。张竹君终身以公益事业为己任，是医学界中杰出的社会活动家。

上海老城厢历史上走过的先贤人杰浩如大海星辰，虽然他们已经远去，但他们的品格精神与贤能义举不会轻易逝去，一定会在当今的社会发展实践中继续闪烁灿烂的光芒。见贤思齐，在大力弘扬社会主义新时代核心价值观的当今，颂扬老城厢古圣先贤仁人志士的历史功绩，以他们在上海城市发展过程中于思想、社会、科技、人文、教育等方面所作出的贡献，诠释和反映中华文化的基本精神，对于我们追忆先贤、示敬感怀，继承发扬中华文化，服务和建设社会主义文化强国有着深远的意义。

最近的远方

下编

赋篇
一地风物

自古对《诗经》就有六义之分："风、雅、颂"是《诗经》截然不同的三种题材;"赋、比、兴"则是《诗经》中三种最主要的修辞手法。朱熹《诗集传》说:"赋者,敷陈其事而直言之也。"这里的"直言之",就是说"不以兴词为引,也不用比的手法"。因此可以说,赋是独立于兴和比等其他一切之外的表现手段。按现代汉语解释,赋就是直接铺陈、叙述,是文学创作中最基本的表现手法之一。

赋作为一种文学创作中极为有效的修辞手法,其在《诗经》中的体现可反映在叙述、形容、联想、悬念、对话、心理刻画等各方面。如"死生契阔,与子成说。执子之手,与子偕老"就是用赋的手法直抒胸臆,直截了当地抒发自己的情感。《诗经》中还有用纯粹的赋之手法唱出的诗如《君子于役》《蒹葭》,诗中既无兴词,也无比喻,然而抒情味道之浓、情调之感人,后来之诗少有其比。诗人写景从抒情中一一带出,而情又寓于景,所以有着很深远的意境。"昔我往矣,杨柳依依。今我来思,雨雪霏霏。"——以平铺直叙的赋的手法,吟出了最为上乘的写景诗句。

所以,运用"赋"的创作艺术、白描手法,多面性地叙述上海传统文化,敷陈老城厢的一地风物,为后世永远留存一幅幅充满江南烟火味道、民间祥和气氛的城厢民俗诗情画卷,也是一件具有传承意义的事情。

因为,上海如果有远方,老城厢就是最近的远方……

第十二章 江山半壁的收藏文化

上海民间收藏素有中国收藏"半壁江山"之称。清末便有竹枝词道："寻常巷陌藏珍宝，半壁江山在申城。"上海民间收藏以"新""奇""精""博"为特点。1843年上海开埠后，沿海及内陆省份的客籍移民涌入上海滩，在风雨奔波、经商致富后，又以大雅大俗的心态，将玩物藏物视为风尚并形成一种时尚。海派收藏有"人弃我取，标新立异"的特点，一大批沪上藏家，用他们独特的收藏眼光，兼容的收藏审美，精到的收藏思维，杂中求一的收藏手法，演绎出许许多多有别于传统收藏特点且具多元性、创新性、兼容性和开放性等特征的精彩故事。

一、海派收藏的特点

海派收藏一个显著的特点就是"人弃我取，标新立异"。上海开埠，西风东渐，来自于各地的移民以商人的眼光看待所谓的收藏，同时也按自己的爱好，按自己的财力进行有选择的收藏。

书画家与收藏家是对立统一的一对孪生兄弟。海派画家任伯年的画作与传统绘画背道而驰，画风潇洒，又敢于借鉴民间艺术手法，接受西洋画艺术特点，标新立异地自成一派。集"诗书画印"为一身，融"金石书画"为一炉的海派绘画集大成者吴昌硕也是物极必反的强者。他出身书香门第，因年轻时有过流亡生活，经历生死、背井离乡的磨难，而使他目光更深邃地关注现实，"以作书之法作画"，而不是囿于虚无缥缈的传统规范。海派画家也是标新立异的践行者，吴昌硕以金石经验入手绘画，摆脱延绵数千年的传统绘画桎梏，不仅形成了独有的个人风格，也较好拓展了传统绘画的疆域。

海派收藏发扬海派书画家那种"人弃我取，标新立异"的洒脱风格，在传统收藏文化的版图中生生地闯出了一条新路，不但打下了属于海派文化的一片新天地，也为自身立足收藏界占得了一席之地。

在东西方两种文化交汇、碰撞、融合的上海滩，海派文化独有的性格特征也体现在沪上民间收藏这个领域。收藏其实就是一种对于物品的搜集、储存、分类与维护的癖好。上海一直是中国收藏的重镇，一百多年来，沪上藏家辈出，藏史留名者甚众。海派文化滋养下的沪上藏家，实力雄厚，视界开阔，通常会收藏一些极有文物价值的古董，也会收藏一些不起眼、不入流的小物件。正是这样，他们往往以与众不同的眼光和独树一帜的收藏理念，自立于国内的收藏界。

古老与现代、东方与西方、传统与新潮、高雅与民俗等各种形式的收藏，在上海得到了完美的统一。既形成了具现实与精明特点的上

海收藏文化,也充分体现出藏品得到他人认可、价值观、审美观得到别人认同的收藏价值。

　　清末时,从皇城根下的京城至地方各省府州县(京派,相对海派而言),收藏的主流为宋元时期的艺术品,如宋元绘画。由于它的稀缺性、纸质材质的脆弱性、难以保藏储存的特点而受京派所追捧。宋元绘画是当代绘画的源流和基础,受到皇城根达官贵人和地方各省府州县官员士绅的追捧也是理所当然。时至民国,秦砖汉瓦、金石碑帖成了京城等地藏家体现和标榜自我文化内涵素养的物件,而沪上收藏家们却偏偏喜好明清的艺术珍品,他们的追求目

1. 古玩鉴别
2. 入夜方浜路上的人群
3. 古玩收藏与鉴赏
4. 古玩鉴别

光和追捧目标,是竹木牙雕、紫砂玉器这些外在艺术形态优美、内在艺术品位高雅的藏品。

由此,沪上收藏文化具有独树一帜的风格,其在推陈出新的同时不偏废传统收藏,并与京派收藏遥相呼应,铸就了收藏界中沪上收藏"半壁江山"的神话。

二、沪上收藏大家之雅集

海派收藏有雅、有俗,其最大的特点是雅俗共赏、雅俗共藏。早年活跃沪上的收藏家,均堪称中国的一流收藏家,亦为大雅之收藏家。主要有潘达于(青铜器)、袁寒云(古玩、古籍)、郑振铎(古籍)、丁福保(钱币)、叶恭绰(文物)、吴湖帆(书画)、刘晦之(甲骨)、陈器成(瓷器)、孙伯渊(碑帖)、陈光甫(外国金银币)等。

潘达于 (1906—2007)

为苏州名门潘世恩、潘祖荫之后。1951年7月,移居上海的潘达于致函华东军政委员会文化部,将所藏的大盂鼎与大克鼎,拨交上海市文物管理委员会筹备的博物馆珍藏展览。1952年,上海博物馆开馆,两鼎入馆珍藏。1959年,中国历史博物馆开馆,大盂鼎等125件珍贵文物应征北上。两件巨鼎自此各镇一方,大克鼎成为上海博物馆的镇馆之宝。

大盂鼎,现藏中国国家博物馆。道光初年出土于陕西省岐山县礼村,为目前出土的形制最大的西周青铜器,距今已有三千年。腹内侧铸有铭文19行,分2段,共291字,记载了周康王对大贵族盂的训诰和赏赐。大克鼎,现藏上海博物馆。清光绪十六年(1890)出土于陕西扶风法门寺任村,为现存的西周第三大青铜器。它是周孝王时大贵族克为颂扬国君、祭祀祖父所铸,距今有2800多年。鼎腹内壁亦铸有铭文2段,共28行,290字,其内容一是歌颂祖父佐助周室的功绩,记述自己由此蒙受余荫,被周孝王任命为大臣;二是记载其受赏赐的物品,其中有服饰、田地和大量的奴隶。

袁寒云 (1890—1931)

即袁世凯次子袁克文,字豹岑,号寒云,学名继前,乳名昭儿,河南项城人,昆曲名家,为"民国四公子"之一。袁克文出生不久,被过继给袁世凯宠爱的大姨太沈氏。沈氏无子女,对袁溺爱有加,几乎到了百依百顺的地步,所以使其变得放荡不羁,从不正经读书。但他十分聪明,一目十行,过目不忘,喜唱昆曲,好玩古钱,好结文人,自言"志在做一名士"。袁一生爱好藏书和古玩,精于鉴赏,能书善画,富于收藏。以巨资购得古籍、金石、书画、钱币、邮票等。旅居上海多年,好研究金石、古钱币,工于书法、能诗词。好购藏古籍,收藏有宋、元、明精椠数百种。袁克文生性豪放,见到宋元刻本,必设法购得。民国年间,袁克文、张学良、

张伯驹、溥侗人称"四大公子",晚年居于上海。

郑振铎（1898—1958）

字西谛,笔名有郭源新、落雪、ct 等,出生于浙江温州,原籍福建长乐。中国现代杰出的爱国主义者和社会活动家、作家、诗人、学者、文学评论家、文学史家、翻译家、艺术史家,也是著名的收藏家、训诂家。抗日战争时期,他曾在上海秘密组建"文献保存同志会",倾囊收购流散古籍,抢购了善本古籍 3800 余种。就任国家文物局局长之后,他主持成立文物征集小组和北海团城文物收购点,所回购的《中秋帖》《伯远帖》《韩熙载夜宴图》《五牛图》等诸多国之重器,以及其本人捐献给国家的陶俑,均为故宫博物院的珍贵藏品。

丁福保（1874—1952）

字仲祜,号畴居士,一号济阳破衲,江苏无锡人,近代藏书家、书目专家。提起丁福保,搞钱币收藏的几乎无人不知,无人不晓。他编著的《古泉大辞典》和《历代古钱图说》,自 20 世纪三四十年代出版后,多次重印,是玩钱者案头必备的工具书。《古泉大辞典》出版后,丁福保向世界各国约四五百家博物馆赠送该书,并附上订单,每册售价 400 块银元。

叶恭绰（1881—1968）

字裕甫（玉甫、玉虎、玉父）,又字誉虎,号遐庵,晚年别署矩园,室名"宣室"。祖籍浙江余姚,生于广东番禺书香门第,书画家、收藏家、政治活动家,交通系成员之一。叶恭绰生性喜好收藏古籍和文物。他花了大量财力,收藏稀世珍宝,如西周毛公鼎、晋王羲之《曹娥碑》、晋王献之《鸭头丸帖》、清初张纯修《楝亭夜话图》等；收藏大量乡镇专志、清人词集、清人传记、名僧翰墨、文物图录,如清人词集有 5000 余种,《全清词钞》有 3196 家。叶恭绰还将大批珍贵古籍和文物捐献给图书馆、博物馆。1943 年将地理类藏书等 906 种 3245 册捐赠上海合众图书馆；珍藏的文物或捐赠,或出售,尽归北京、上海、广州、苏州、成都等有关文化机构收藏。如《鸭头丸帖》归上海博物馆,《楝亭夜话图》归吉林省博物馆。

吴湖帆（1894—1968）

江苏苏州人,初名翼燕,字遹骏,后更名万,字东庄,又名倩,别署丑簃,号倩庵,书画署名湖帆。《富春山居图》残卷为吴湖帆梅景书屋于 1963 年入藏的重要秘笈之一。吴湖帆富于收藏,为近代著名收藏家之一,藏有金石书画 1400 件。一是来自祖父旧藏。如周代邢钟和克鼎,古印 40 余方、官印 50 余方、将军印 28 方,欧阳询的《虞恭公碑》等。二是来自夫人潘静淑的家藏。有宋拓欧阳询《化度寺塔铭》《九成宫醴泉铭》《皇甫诞碑》三帖等。三是湖帆本人收集之珍品。如《董美人墓志铭》碑帖,清代的状元写扇 75 柄,均为他的收藏特色之一。此外,北宋米芾行书《多景楼诗册》、

第十二章 江山半壁的收藏文化

吴湖帆画像

宋宁宗后《樱桃黄鹤图》、宋梁楷《睡猿图》、宋王晋卿《巫峡清秋图》、宋赵构《千字文》、宋画《汉宫春晓图》、刘松年《高山四皓图》、宋拓《梁萧敷敬太妃墓志》、宋刻《淮海长短句》、元倪云林《秋浦渔村图》、元吴镇《渔父图》、元黄公望《富春合璧图》之《剩山图》、元王蒙《松窗读书图》等均为国家一级藏品。

刘晦之（1879—1962）

名体智，晚号善斋老人，安徽庐江人，现代大收藏家，原中国实业银行总经理，近代旧式私家藏书楼——小校经阁的主人。刘晦之的文物收藏以龟甲骨片和青铜器为最，世间罕有其比。其龟甲骨片的收藏在二战前就达28000余片，据文物部门统计，现存我国大陆的龟甲骨片，总共9万余片，分布在95个机关单位和44位私人收藏家手里，而刘晦之的28000片，差不多占了三分之一，为私人收藏甲骨最大的一宗。郭沫若曾感叹道："刘氏体智所藏甲骨之多而未见，殆为海内外之冠。"1949年之后，刘氏多次向上海文管部门捐赠藏品，第一批捐书326箱，67873册；第二批捐历代碑刻拓本282种，共436册，其中有汉魏名碑50册、晋至隋79册、唐185册、宋金元明122册；第三批捐书34箱。1951年又捐献上古三代及秦汉时期的兵器130件，由上海市文管会转交上海博物馆保存。刘晦之逝于1962年，在生前已把所有藏品捐献殆尽（还有一大批古墨、古砚捐献给安徽省博物馆，该馆为之特辟"中国历代古墨陈列室"），身后不留一石一木，这在私家收藏史上，亦是为数不多的。

陈器成（1902—1983）

别名辛伟，浙江鄞县人。1981年7月入上海市文史研究馆，曾任上海光明药厂厂长。陈器成收藏颇丰，青铜器、瓷器、甲骨、石刻造像均有涉及。1962年，他将88件珍贵文物捐赠给上海博物馆。1980年又将重要文物130件捐赠给市文物管理委员会。其中商代甲骨100片、五代白釉梅花罐、宋定窑刻花大盘、明宣德白釉莲瓣暗花碗等都属稀见之物。

孙伯渊（1898—1984）

江苏苏州人，出生于装裱篆刻世家。其父

孙念乔善于镌刻碑石，擅长鉴定碑帖，且开设"集宝斋"小作坊。他子承父业，从事刻石拓碑，对碑帖书画鉴定有较深造诣，是徐森玉、刘海等推崇的碑帖鉴定专家。他先后将金石碑文4000余件捐献给上海市文物管理委员会；将颜真卿《多宝塔》、欧阳询《皇甫君碑》、李北海《岳麓寺碑》等宋拓法帖10种捐献给北京故宫博物院；将高攀龙书札卷捐献给苏南文管会（现由南京博物院收藏）；将书画文献资料捐献给南京博物院；宋拓《张长史郎官石记》、宋拓米芾《方圆菴记》、宋刊《竹友集》、吴历《葑谿会禽图卷》等碑帖、书画23种捐献给上海博物馆。另外孙伯渊还为国内许多文物单位鉴定过大批书画文物。

陈光甫（1881—1976）

中国银行家、中国近代旅游业创始人。原名辉祖，后易名辉德，字光甫，以字行世，江苏镇江人。陈光甫是一位贡献卓越的著名银行家。他于1915年创办上海商业储蓄银行，总行设在上海宁波路。陈光甫利用银行工作之便，专门收藏外国金银币，其中有英、法、美、日、德、奥、埃及、波斯、印度、暹罗、智利、瑞士、土耳其、西班牙、墨西哥、荷兰、秘鲁、巴西等四十多个国家的各种金银币一千余枚。其中1830年帝俄时代所铸白金卢布、1819年日本幕府时期所铸的壹两金币、1588年的西班牙金币等，都是极为罕见的珍品。陈光甫1949年离沪赴香港时，将自己多年收藏的珍稀金银古币交由上海商业储蓄银行总经理任克家保管。任克家曾多次请他取回，陈一再表示："全部持赠吾弟，听由任意支用。"任克家于1965年病逝，1980年11月，任克家夫人黄梅贞遵照先夫遗愿，将陈光甫收藏的金币572枚、银币489枚，铜、镍、铝、铅币358枚，共计1419枚，全部捐赠给中国人民银行上海分行，其中一部分移交给了上海博物馆。

从上述许多收藏大家的作为来看，对他们个人而言可谓"独善其身"，对社会而言则是"兼济天下"，并由此为沪上收藏界赢得了流芳于世的一份光耀。

三、沪上收藏爱好者之俗藏

其实收藏作为一种个人的行为与爱好，无关雅俗，但收藏和社会文化现象却一直紧密相关。中国文化艺术几千年源远流长的历史，凝聚着民间文艺收藏的风云沧桑。郑逸梅说过："收藏便是静里的享受，闲里的纳福。"在社会文明进步、经济繁荣发展的昌明期，收藏成了普通百姓的寻常事，民俗之物也悄然走入藏家的眼际，在人们不经意间拓展了收藏界的宽度。

20世纪90年代末，方浜中路上开设了

第十二章　江山半壁的收藏文化

一家"老上海茶楼",拾阶而上,步入店堂,只觉得该处虽是茶楼,亦像展馆。这里陈列有几十年前上海每个家庭常见的旧物,如煤气灯、饼干听、香烟罐、老式电话机;1913年商务印书馆出版的《租界城乡全图》、1926年版的中英文《上海商埠全图》、1937年工部局的《交通枢纽及主干道图》;清末民初的各式旗袍、缝纫机、炭火熨斗等。让人见了,马上会联想起老上海逝去的岁月,以及这座城市曾经的开放、包容、含蓄和繁华。几十年来,店主人用自己的火眼金睛,以人弃我取、聚沙成塔、点石成金的坚守精神,将散佚民间的平常物件收集起来,从而汇成一部极富民俗色彩、可以引人驻足深思的老上海生活物化史诗。

老城厢居民的收藏也是多种多样。明代的油灯、清朝的茶壶、民国的木箱、新中国成立初期的草鞋,还有称量或屯放粮食的升、斗、囤,农用木式推车,家用织布机、粗布衣衫……现代生活中几乎消失殆尽的民俗生活用品,都有人寻觅与收藏。对年轻人而言,那些"老物件"颇为新奇,而从另一种意义上来说,"老物件"一旦汇聚在一起,便是一个时代的故事、一段老辈人的经历、一种值得研究的历史文化。

沪上的民间收藏,形式多样,各具特色,人们所收藏的藏品,很好地诠释了城市演进的历史以及与之相附的文化发展轨迹。

比如别具一格的当票收藏。当票,是向当铺赎取所当物品的凭证,在规定期限内未赎回当物,按约定当物由当铺处理,而当票则成了不可赎回当物的"没过当票"。旧时上海有不少当铺,是一种以经营动产抵押借款为主的金融行业。典当业作为小农业和小手工业经济时期的特定社会产物,有其积极意义的一面。时过境迁,昔日典当人手执的重要凭证,却成了后代收藏者心仪的藏品,其中的是非原委似乎已让人无法理性评说。

再比如中国的计时器南京钟。从滴漏到日晷,直至近代的钟表,经过了一段漫长的历史,而清代南京制造的插屏钟——南京钟,便为其中的佼佼者。南京钟外形如一座精美的雕塑屏风,钟身嵌于其中,显得古朴、雅致,钟面镀金,镌刻着传统花纹,民族风格鲜明。其设计巧妙、工艺讲究、构造独特,不仅为清代工匠手工制作精品,而且是具有反映古钟表历史、制钟工艺等多重价值的收藏珍品。南京钟曾在1915年巴拿马国际博览会上获特别奖,现已成为钟表收藏家眼中的稀世珍品。

还有民间收藏中的世界各国火花。火花即火柴盒上的贴画,"火花"这个极富诗意的美名出自于它的收藏迷们。最初火花仅是火柴的商标,只是作为商品的火柴在流通时的一种标识。岁月流逝,火花贴画突破了商标这一概念,成了人们收藏、收集的对象。就这样,世上多了一种收藏。目前火花作为一种艺术收藏品,仍在继续生产，尽管它没有或很少在火柴盒上贴用，但对满足收藏者心理追求和欣赏欲望还是有一定的社会意义，这也是形成火花收藏热的重要原因。

与火花贴画收藏类似的，还有酒标、各国烟壳（烟标）的收藏。酒标、烟标作为一种商品的包装，之所以受人们的青睐，是因为它们融美术、书法、摄影、印刷众多艺术为一体，透射出千姿百态、疏密有致、耐人寻味的艺术效果。从酒标、烟标中可以知晓天文地理、人文历史、科学技术、动物植物等相关知识及许多故事，也是一个很好的认识世界的窗口。

也有人收藏各类锁具和钥匙。锁具是杂项收藏中的一种，属小众收藏，随着社会收藏热的到来，锁具与钥匙的收藏大有自成一体的趋势。不少收藏者在边收藏边对收藏品进行系统研究后，会自己动手制作这类藏品，使得锁具和钥匙成为一种技术型、工匠型的收藏。

进入收藏行列的还有算盘、各类票证、公园旅游门票、戏剧节目单、船模、车模、雨花石、蝴蝶标本等。真的应了那句话：没有你看不到的，只有你想不到的。

天地有大美而不言，寓诸万物；万物有大美而不语，得之在人。无论是雅玩古物收藏，还是民俗器物收藏，都是为了充实自我的一种文化修为，也是提升人生自在的一份乐趣。藏品世界可谓包罗万象，万物之美尽在其中，善悟者得之。城厢的人们就是通过如此追求，用不尽相同的方式、方法，收藏千古历史，品味天地造化，开阔世人眼界，滋养民众心灵。

四、海派收藏的盛世繁荣

有研究认为，中国历史上曾形成六次大的收藏热，其中古代三次、当代三次。第六次收

1. 老物件
2. 收藏爱好者相互交流

第十二章 江山半壁的收藏文化

藏热始于20世纪70年代末、80年代初，也是中国历史上收藏热最普及、最繁荣的时期。

改革开放后，上海的会稽路、北京的潘家园周围自发形成了古玩市场，传统的民间收藏势不可挡地进入了人们的生活。明代就有"鉴古可以进德，收藏可以成才"之论，似乎也成了当今人们收藏行为的参照。当今收藏类别中除了"古玩"之外，还形成了另一项"今玩"收藏。上海的古玩工艺品市场蓬勃兴起，离不开豫园地区曾经的"福佑路工艺品市场"。

形成于20世纪80年代后期的会稽路地摊市场，在政府屡禁不止的情况下，有关部门因势引导衍生出两个著名的古玩市场，一为以售货亭为主的"东台路工艺品市场"，二为地摊式的"福佑路工艺品市场"。福佑路工艺品市场原在河南南路以西的福佑路与旧仓街一带，鼎盛时福佑路工艺品市场涉及周边几条街巷，多达上千个地摊。故而有了与北京潘家园古玩市场齐名的"南福北潘"一说。

1997年，上海实施的"引场入室"工程，将福佑路的地摊市场迁入方浜中路一幢六层楼的旧厂房内，并取名藏宝楼。从此福佑路工艺品市场被"藏宝楼"所替代。"藏宝楼"共设四个古玩、工艺品交易楼层，其中一至三楼设固定铺位，四楼每逢周六与周日开设临时地摊。为了能在一摊难求的四楼临时地摊占据一席之地，上海周边城市的经营者，每周五便早早来到藏宝楼外，排队租买摊位。久而久之，这些赶来租摊者因不想虚度时间，夜深以后便在街面上临时练起摊来。

当老城厢居民尚在睡梦时分，藏宝楼前方浜路再度热闹起来，老街上处处人头攒动。摆摊的、捡漏的、觅宝的人们麇集在一起，俯身观物，仰头借光，或轻声细语，或手电交错，处处是昏暗路灯下人影晃动，背暗角落里私语窃窃，买者似漫不经心讨价还价，卖者实步步为营欲擒故纵的交易场面。此时，古玩旧什、陶瓷紫砂、金银玉器、竹雕木刻、文房四宝、新旧字画、像章票证、邮票磁卡、历代钱币，

昔日福佑路古玩市场

最初上海 老城厢的诗和远方

一直到老爷扇、古钟表、月份牌、老照片，无所不有，真假难辨，藏家们面冷心热地陷于其中，用心过滤着摊位的每个玩件。该交易夜市因此被称之为"鬼市"，入夜而聚，至晓而散，引得沪上各路玩家纷至沓来，一时成了沪上收

1. 昔日福佑路古玩市场一角
2. 方浜中路周五晚的古玩交易摊位

第十二章 江山半壁的收藏文化

藏的一道独特风景线。

老城厢的收藏文化，一直是江南民间收藏的江湖重镇，也是解读海派文化的一个重要窗口。收藏作为一种载体，其意义在于对历史文化遗存的良好保护和有效传承，收藏文化则很好体现了历史文脉延续的承先启后。由此而见，老城厢收藏文化便是这种承先启后的一个典范，也是传统中华文化精髓的延续、累积与演变的一种方式。

1. 方浜中路上的古玩夜市
2. 方浜中路上的古玩夜市
3. 入夜而兴、天亮即散的古玩夜市
4. 上海老街藏宝楼外景
5. 藏宝楼门前的古玩地摊

1. 藏宝楼内底楼经营摊位
2. 藏宝楼三楼摊位
3. 方浜路上的淘宝乐趣
4. 华宝楼

第十三章　笃诚开放的商业文化

上海的快速崛起，不是一个孤立的事件，对外与早期全球化的历史紧密关联，对内与上海商业文化的创新发展关联。商业文化是指在商贸活动中最大程度地产出文化价值的理念和行为。老城厢商业文化，在中国传统文化与西方契约精神最早融汇中将此演绎得可敬可书。老城厢的主流商业前辈在各类贸易活动中，历来尊崇不售假劣、童叟无欺、服务精良的商业信誉。正因为讲究商业良心，珍惜品牌荣誉，涵养行业精神，老城厢的商业才能在身处乱世的竞争中长期保持不败。

一、方浜边上的银楼

小东门是上海老城厢一扇著名的城门，亦是上海老城隍庙所在地的主要入口，城门外即是十六铺地区。清乾隆年间方浜岸边已经十分繁荣。一些精明的金银业商家早已意识到流经城隍庙的方浜沿岸是一块商业宝地，于是在东门内外的方浜边上开设了多家风格迥异的金店、银楼。

银楼业是以收兑金银，制售金银饰品、礼品和器皿作为营业载体的一项特殊而又传统的行业，在中国传统婚嫁文化与礼仪文化背景下，银楼业曾对繁荣经济、美化人民生活、调节金融、稳定社会起过一定的作用。银楼业的兴衰荣枯也折射出上海滩百年来的风云变幻与时代更迭。

城内的庙前大街（今城隍庙庙前方浜路），是一条以银楼业为主，辅有其他众多行业的商业大街，方浜路成了我国早期银楼业的发祥地，巍然而成，蜚声海内外。上海第一家银楼是清顺治元年（1644）创立于华亭（今松江区）的"日升"金铺。到了清乾隆三十八年（1773），一家名号为"杨庆和"的银楼率先在上海城内的庙前大街上开设。十年后，在城隍庙东面今方浜中路59号的"老庆云"银楼也开市营业。方浜中路59号旧址，是一栋三层钢筋混凝土结构、正面圆柱拱门的房屋，气势宏伟，抗战时银楼关闭，后改设警察局，1949年后成为浦江医院，现为黄浦区中西医结合医院管理、从事中医诊疗的"名医堂"所在地。清道光二十八年（1848），"凤祥裕记银楼"在小东门开办，自产自销金银饰品。清光绪六年（1880）前后，"方九霞裕记"开设于今方浜中路人民路口。当时，银楼多集中在大东门、小东门、十六铺、九亩地一带。

老城厢银楼街的各家银楼有个共同的特点，即前店后工场。那时的银楼主要经销妇女使用的金银饰品，大户人家的小姐太太、平民百姓家的主妇闺女，需要金银首饰都会上银楼定制。每家银楼都有绝技藏身、手艺出众的老工匠坐镇，精心制作具有自家银楼风格特点的金银饰品，以此形成独创的银楼品牌。

自租界开辟后,上海商业中心逐渐北移。银楼业也开始向北分设支店,或径自迁入租界内营业,但为数不多,个别银楼还接受外国洋行拆放款。不过,银楼因规模小,资本有限,主要经营对象还是以中国人为主,所以一般也不敢向外国洋行多借款。

太平军定都南京后,苏浙大部分地区逐渐卷入战争,苏州、杭州等江南富庶地区相继被太平军占领,上海因中外联防,尚在清朝手中。许多地主、绅商乃至普通民众挟资避难上海,上海人口激增,一时多达60万至70万人。人们往往购买金银饰品随身携带,以备不时之需,这也在一定程度上促进了银楼业的发展。

九大银楼聚集庙前大街后,为增进业务、组成同行,同业议决,在大东门外花园街购地建筑银楼公所,公所于清光绪二十二年(1896)落成,是上海银楼业银楼公所之始,为当时上海唯一之银楼团体。后九大银楼又在薛弄底(今人民路和大境路)设立金银实业公所(凝仁堂),被称为大同行。此九大银楼依次为"凤祥""杨庆和""裘天宝""方九霞""宝成""庆云""景福""费文元""庆福星",九大银楼中有八家源出方浜沿岸,掌控制着当时上海乃至江浙两省银楼业的发展,影响力触及内陆诸省。金银实业公所建立后,自定规章,树立行业信誉,迅速提升了整个上海银楼行业的地位,也促进

清末上海设立金银实业公所

第十三章 笃诚开放的商业文化

了金银工艺技术水平的不断提高。与此同时，同业内部金银通兑、贵金属融通交易、质量纯度统一和定价等方面的机制，也得到了较好完善。上海银楼业极盛时期约有400多家，这为上海成为当时中国乃至亚洲黄金交易和金融中心奠定了很好的基础。

1930年后，银楼业妇女金银饰品的销售开始走下坡路。南京国民政府推行新生活运动，女子盛行着便装，穿旗袍，剪短发。女子短发既卫生又时髦，毋需在身上披金戴银，造成银楼制品滞销。除了少数农村女子结婚时仍按旧规矩外，一般妇女均不需使用金银饰品。于是以九大银楼为首的上海银楼业逐渐转为制造金银器皿等日用品。

二、侯家浜边上的珠玉汇市

《天工开物·下篇》有关珠、宝、玉的三小节，专门讲述珍珠、宝石和玉。"藏蕴玉石的山总是光辉四溢，涵养珍珠的水也是明媚秀丽""良玉虽集京师，工巧则推苏郡"。宋应星所言揭示了历史上江南珠玉的资源丰盈与工艺水平。《天工开物》将描绘珠玉的章节放在最后一篇，是因为作者认为珠玉宝物这些东西与民生无关紧要，对平民百姓来说远不如吃饱穿暖重要。在现实中也确实如此，上海老城厢原本少有经营珠宝玉器的坐商，更谈不上珠宝玉器行业公所的出现。虽有些零星的珠玉行商，但也只是通过穿街走巷的形式，向朱门大户家的小姐太太推销珠玉首饰。

开埠前上海银楼业虽盛况空前，但并没有一家专业销售珠宝玉器的商店。清道光三十年（1850）太平军在江南一带攻城掠地，并定都南京十年之久。一些清朝官僚、富商达贵纷纷出逃上海。南京、无锡、苏州、湖州不少珠

旧时上海老凤祥银楼

宝商人也举家避难上海。因为上海有英法等外国势力的盘踞，太平军没有大规模南进的动向，安居下来的这些珠宝商人开始在城隍庙一带开店设铺。

江南数十万士绅富豪为避战火，携资偕眷举家涌入上海租界，使得江南精华得以在此荟萃。躲避战乱的人们涌入上海的过程，也是财富和劳动力向上海集中的过程，它至少给上海带来三样东西：一是资本，江南地区是相对富庶的区域，躲避战乱来上海的，不乏有钱的殷实人家，他们带着财富来到上海；二是庞大的消费需求，他地的人们大量涌入上海，衣食住行都成为大问题，典型的石库门开始成片开发，有需求就有市场，巨大的消费市场一发不可收；三是廉价的劳动力大军，难民潮中更多的是贫民，他们在上海生存必须找活干，便使得上海必须快速为各地移民提供各式各样的就业机会，也使上海有了源源不竭的发展动力。

是时城隍庙庙市各种行当齐全，并各有各的地盘，新迁至上海城的苏州珠宝商人很难随意进入。如旧校场，也称小校场，是一个年画市场集散地，旧校场路两侧至少汇集了近百家年画作坊与商店，以至"小校场年画"成了上海年画的代名词，珠宝商人不可能在旧校场路与年画商人混杂在一起开设店铺营业。

方浜边上规模宏大的银业林立，也让南迁的珠宝商人望而却步，不敢、也不能涉足其间。于是珠宝商人进入上海后，只能先是聚集在茶馆做珠宝生意，后又集资在侯家浜（今侯家路）西侧买得房屋，开设珠宝商店。而南京珠宝玉器商大多避居在上海县城南门外草鞋湾一带，他们见南市城隍庙周边游人如织，金银首饰生意也佳，便萌发了在城隍庙周边经营珠玉生意的想法。

清咸丰三年（1853），有珠宝玉器商和制作水晶玉器者在邑庙附近自设作坊，加工销售珠宝玉器。清同治元年（1862），在新北门、老北门一带出现由回民开设的数家珠玉店，此后回民珠宝店越开越盛，形成有一百二三十家珠宝玉器商店的发展规模。那些珠宝玉器商店主要集中在老北门季家弄、侯家浜、长生街、石皮街、吴家弄、和尚浜一带，老城厢的珠玉市场亦由此基本确立。

清同治八年（1869）正月，上海知县叶庭春发现当时市面上有不少人聚集于茶馆、一些男女混杂在城隍庙罗神殿旁茶室中做珠宝生意，认为此事有渎神明须严加惩处，于是张贴布告以示警告。为此，同行之间觉得最好有个每天能聚集营业的场所。当时苏州吴县几家较有实力的珠玉商人，由沈时丰、陆景庭等六人发起，共同集资购地，在今侯家浜路26号修建公所，题额"仰止堂"，又名"玉业汇市公所"，作为上海经营珠宝玉器的行会组织。侯家浜一带由此很快成了珠玉饰品同业每日交流

第十三章 笃诚开放的商业文化

行情、切磋技艺的行业中心,成为全国珠玉首饰最大的集散市场和进出口贸易中心。

珠玉汇市的回、汉珠玉商人在生意交往中,逐渐形成了苏、京两帮。苏州籍同业结杭州、湖州来的同业谓之苏帮,南京籍同业结合镇江来的同业谓之京帮。苏京两帮在汇市因小事而口角,又因口角诉讼,矛盾逐步加深。诉讼自县至抚院、督院及直至京都二宫。因同人诉讼而公所关闭,只得借"康园"茶室作为平常交易的权宜之地,后在公所对门一所坐东朝西住宅(侯家浜25号)设立新的汇市。于清光绪三十三年(1907)鸠工建筑,翌年春方告始成,题额曰"珠玉业新汇市",堂额曰"韫怀堂"。

光绪十六年(1890),苏京两帮因捐资建所费用悬殊而长达19年之久的官司结讼,直至光绪三十四年(1908)九月二十日,经上海商会调处,苏松太兵备道断案:京、苏两帮各立市场,公所"仰止堂"暂借京帮使用,限期5年,而苏帮及其他各帮仍可照常进所贸易,并设摊摆位。仰止堂5年租期满,京帮在侯家浜75号建起新公所"韫辉堂",也称"振兴公所"。京帮退出仰止堂,老公所交给了扬州帮。韫怀堂是苏帮同业公所,专营有色宝石和翡翠饰品;韫辉堂作为京帮同业公所,经营珍珠和钻石。此后的对外联系、公所往来,京苏两帮各用自己的名称,内部事务和生意往来各归自己管理,至此,苏京两帮互为犄角,老北门一带珠玉市场顿趋繁荣。

自从珠宝商人有了自己交易、经营的场所,一些老字号珠宝店家也纷纷挂牌营业。于是侯家浜、黑桥浜、沉香阁一带人来人往,车水马龙,成为方浜沿岸老城厢地区一个新商圈。民国年间,珠宝同业组成"珠宝同业公会",正式申报市商会核准成立。珠玉汇市正式合并改组为

1. 经营紫砂壶的铁画轩
2. 昔日珠宝同业公会旁的老楼

"上海市珠玉商业同业公会"，京苏两帮复归统一。

方浜沿岸侯家路上珠宝业的壮大、矛盾、纠纷、归统的整合过程，形成了沪上珠宝首饰行业发展历史所积攒的文化遗风，其世代传承的产品、技艺或服务，具有鲜明的中华民族传统文化背景和深厚的文化底蕴，不仅得到社会的广泛认同，也逐渐成为信誉传世的优质品牌。

三、老城厢的商业街市

自古上海商业以棉花、棉布生产发展为契机，于沿江一带设商行、辟市场。明清时期，黄浦江水道畅通，以及长江、内河、南洋、北洋、日本等多条商贸航线的辟通，促进了包括海外贸易在内的埠际贸易发展，上海亦随之成为沿海和长江流域多宗商品的集散地。

随着商业发展和人口增加，城厢内外相继出现一批适合埠际贸易需要的商号、货栈，以及不少前店后工场形式生产特色商品的大店和名店，由此形成多处商业中心和数十条专业街市。至上海开埠时，邑城商户繁多、商业兴旺，辐射面已遍及沿海和长江流域各省市。嘉道年间上海人曹晟在《觉梦录》中称，当时的上海县城"自海禁既开，民生日盛，生计日繁，金山银穴，区区草县，名震天下"，客观阐述了开埠后上海政治、经济发展的实况及其在区域中的地位。

光绪年间，老城厢商业主要分布在以庙前大街为主的城东南地区、小东门十六铺、小南门和老西门地区。其行业分布状况大体为：水果、蔬菜地货、冰鲜在十六铺，人参药材在东门外咸瓜街，棉花在东门外，糖在洋行街；木行在董家渡，船用缆绳五金在铁锚弄，绸缎在东门外，洋布呢绒在东门内，衣庄和帽铺在彩衣街（今复兴东路）、东街；米业在东门外大码头大街（今复兴东路东段），竹器在篾竹街，珠宝玉器在老北门，笺扇、书画、古玩、骨牌、象牙在城隍庙及四牌楼。

小东门原名宝带门，门外是十六铺。街市东临黄浦江，西濒丹凤路，南达老太平弄，北至龙潭路，历史上

铁画轩紫砂壶

第十三章 笃诚开放的商业文化

南侧曾延伸至万豫码头街。此处依水傍城,是上海的水上门户。埠际贸易使得这里成了众多外埠商贾在此开店设庄、从事航运贸易业务的首选之地,也成了农副土特产品的重要集散地。

小南门原名朝阳门,门外董家渡,各地沙船沿江停泊,两岸居民往返频繁。明清时代,从事大豆、棉花埠际贸易的商户和产销手工业品的专业街坊大都集中在这一带。沿岸木行林立,码头比肩,南市的木行大都开设于此。周围的饮食、服务和手工业等行业颇为兴盛。

老西门原名仪凤门,旁有水门一座,肇嘉浜、周泾、陆家浜等汇流于此。原来商铺甚少,居民购物须驾船过桥,较为不便。民国元年(1912)拆城填河,两侧开设店铺,出现商业区雏形。老西门街市,东至曹家街,西至今西藏南路,南抵蓬莱路,北达方浜路。后随华界与租界、东门至西门电车通车,此处成为邑

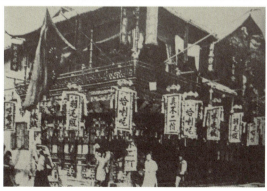

1. 昔日方浜路街景
2. 昔日方浜路上的商铺
3. 昔日方浜路上的商铺
4. 昔日方浜路上的商铺

城与租界之间的陆上交通枢纽，商业渐趋兴旺，一批特色名店如张兴记丝线店、老同盛南货店、大富贵酒楼、永和祥棉布店、老大房茶食店、冠生园食品店、西门钟表店等开张营业。抗战胜利后，新开了一批五金交电、钟表照相、服装皮鞋、百货绒线、西药房等商店，街市遂愈益繁荣。

城隍庙周围街市，以京广杂货、骨牌、象牙、耍货、戏扇、照相、画像、点心等店铺居多，

1. 昔日方浜路上的店铺
2. 昔日方浜路上的店铺
3. 昔日方浜路上的店铺
4. 昔日方浜路上的店铺

1. 昔日方浜路上的店铺
2. 昔日方浜路上的店铺
3. 旧时上海的当铺
4. 旧时小世界门口
5. 旧时九曲桥畔各地风味小吃开

第十三章 笃诚开放的商业文化

1. 改革开放后开辟的福民街小商品市场
2. 万商云集的福民街小商品市场
3. 游人如织的旧校场路

较出名的有文昌路上梨膏糖店，香雪街上旧书、古玩店，百翎路上花鸟虫鱼店等，此外还有发饰、梳篦、镜箱、纽扣、线带、玩具等小商品批发市场。小东门大街（方浜东路）是明清时期上海最繁盛的商业区，集中了银楼、棉花、绸缎、绣品、皮货、参茸、药材、木器、京广杂货、洋货、海味、南货、腌腊、酒楼、饭店等店铺，其中有童涵春国药号、万有全腌腊店、老德泰铜锡号等历史名店。

豆市街、花衣街等其他街市。豆市街是上海豆、麦、米、食油批发商行集中地，有致祥、义昌、益康、益慎、恒久等老商号。当时有"几日牛庄船不到，油、豆看涨三分"之说。附近棉阳里、萃丰弄、吉祥里一带，因交易豆类食物需要汇划便开设了许多钱庄。花衣街多为棉花堆栈和商行，每至秋末棉花收摘季节，各地棉农驱车船运至此出售新棉，闽粤客商则来此购棉南运。花衣街以南至南码头，聚集百余家竹木行，沿江竹木筏拥挤、竹木材山积，规模较大的木行有萃丰、久大、聚丰、震丰等号。城内肇嘉浜北侧彩衣巷以成衣业闻名，有立大、协泰、福泰、陈大亨等衣庄，所经营服装多为刺绣丝织品。

城厢地区手工业作坊多为前店后工场模式，作坊集中之处形成街市，主要有篾竹街（加工竹篾制品）、猪作弄（宰猪业）、钩玉弄（宰狗业）、汤罐弄（制作汤罐）、芦席街（编织芦席）、糖坊弄（制作麦芽糖）、火腿弄（腌腊业）、硝皮弄（加工皮革）、面筋弄（制作面筋）、筷竹弄（加工筷竹）等。

数百年来，老城厢的商业和手工业在市场竞争中，留下了一大批统领行业的品牌，如童涵春、宝大祥、杏花楼、老半斋、全泰、上海老饭店、南翔小笼、万有全、老凤祥、乔家栅等，这些品牌都具有深厚的历史文化沉淀。

中华老字号集群式地得到传承，使得由商而兴、因商立市的"东南之都会"，发展内涵更丰富、商业底蕴更深厚、海派特色更鲜明。优质品牌在上海商业发展史上留下的精彩印痕不会抹去，但如何利用中华老字号的金字招牌与深厚底蕴，传承光大优质品牌的创新发展精神，促进新时代商业文化的发展，则是经济社会飞跃发展过程中需要永远认真思考对待的一个重大课题。

四、店招匾额的人文蕴涵

老城厢传统行业的店招，是店铺的标记，也是中国商业习俗的表现形式之一，具有鲜明的人文意识。城厢市招、店额，既是一家商铺开宗明义的行业昭告，也是含义深刻的具象广告，更是美化市景、点缀生活、陶冶性情的传统民俗文化瑰宝，其独具民俗文化风情的唯美表现形式，自然地构成了商业市场不可或缺的空间连体图案。

《楚辞·招魂序》王逸注云："招者，召也；以手曰招，以言曰召。"由此引申到店招上来。最初的店招是用布帘，即招幌。"千里莺啼绿映红，水村山郭酒旗风"，这"酒旗风"吹起的就是酒店的招幌。老远处，路上行人便可望见酒家风中摇曳的招幌,"杏帘在望"快马加鞭,加紧脚力,赶去酒店歇一歇,喝上一杯酒解解乏。幌子在唐宋时便出现了,后来木牌的店招逐渐替代了布帘。

店招是一家商店的门面,字号多由商家遴选既成,为写得一好的店招,店主定会拜求名流贤达,以求书法名家墨宝,用深厚圆劲、秀朗细挺、刚劲笃实、峻严方饬、雄健奔放的各种字体,来提升金字招牌的神韵。商铺字号大字一出,或好木以刻,或精石以雕,凸体阴文取其灵性;或字以鎏金,或浮雕金饰,雍容华贵求其夺目。故环顾过往城厢商街,有百业峥嵘、店招千姿,而匾额迥异、错落有致,自成风景之壮美景象。

中华汉字书法的灵动秀美,与别出心裁字号的意蕴深远,加之吉祥禧福的个性演绎,往往通过店招透露出业主十分自觉的人文蕴涵。老城厢商铺字号,都是喜庆吉祥的如童涵春、老凤祥、方九霞、冠生园、东升阳、葛德和、乔家栅、德兴馆、大富贵、杏花楼、老同盛、万有全、冯万通、春风松月楼、绿波廊、铁画轩、信大祥、宝大祥、协大祥等。这些字号均蕴意了店主们祈望财源茂盛、生意兴隆的美好心愿。曾经有人编写了一首店铺字号打油诗:

国泰民安福永昌,兴隆正利同齐祥。
协益长裕全美瑞,合和元亨金顺良。
惠丰成聚润发久,谦德达生洪源强。
恒义万宝复大通,新春茂盛庆安康。

若要想起上一个既响亮又吉祥的商店字号,只要在上述 56 个字中挑上两个字,或挑上三个字,都能成为亮亮敞敞的商店字号。百年老店"童涵春堂"店堂门楣上,悬挂着一块金底黑字"童涵春堂"的匾额,人们说这就是金字招牌,这其中还有段传奇故事。"童涵春堂"四个大字,为清代光绪年间状元陆润庠手迹,字体苍劲有力、气度非凡。后人将童涵春堂企业精神概括为:"童叟无欺、涵和理中、春生万物、堂堂正正"。"文革"期间,"童涵春堂"这块堂匾被人摘了下来,与一大堆废木料作为清仓物品卖给了旧木料商店,一市民在淘旧木料时发现了布满灰尘的木匾,马上花了十多元钱买了下来,并搬回浦东川沙的家里。但又觉得这样保存"四旧"之物似有不妥,于是想了个办法,将堂匾作为孩子的床板留了下来。十多年过去后,当"童涵春堂"恢复后,但那块老匾却如石沉大海,难以寻觅。大家正在为丢失这块金字招牌痛心不已时,不料有市民却来告知,说那金字招牌在其家中。"童涵春堂"匾额终得以重见天日并物归原主,再次悬挂于店堂门楣上了。

1. 上海街头的店牌与商业广告
2. 冠生园店招
3. 协大昌布店

最初上海 老城厢的诗和远方

1	2
3	4

1. 方浜路上海老街西施豆腐坊
2. 老城隍庙梨膏糖店
3. 老城隍庙南翔馒头店
4. 宁波汤团店

第十三章　笃诚开放的商业文化

1. 昔日童涵春堂
2. 昔日童涵春堂老门头
3. 童涵春堂院墙
4. 童涵春旧物"三童归一"大团圆
5. 童涵春堂的中药

第十四章 兼收并蓄的饮食文化

在历史的长河中，不同地域的气候、地理、历史、物产及饮食风俗差异，演变出富有地域特点的各种烹饪技艺和风味，构成了饮食文化的不同菜系。史料显示，早在商周时期中国的膳食文化已有了雏形，再到春秋战国的齐桓公时期，南北菜肴风味就表现出了差异性。唐宋时，南食、北食各自形成体系；南宋时期，南甜北咸的格局已经形成。清代初期，鲁菜、川菜、粤菜、苏菜，成为当时最有影响的地方菜，被称作"四大菜系"。清末时，浙菜、闽菜、湘菜、徽菜等四大新地方菜系又分化形成，从而共同构成中国传统饮食的"八大菜系"。

一、本帮菜的源头与传承

大约20世纪30年代，上海出现了"本帮菜"这一概念。而其他外来菜系的菜肴，亦被上海市民称之为京帮、扬帮、苏帮、杭帮菜等。本帮菜，最初是以弄堂小饭店的形象为市民所接受的，所以本帮菜留有非常明显的家常菜胎记。本帮菜诞生初期属不登大雅之堂之列，家常、平民化则是其最明显的特色。

何以称其为"本帮菜"而不叫上海菜？上海开埠，除了西风东渐外，周边省份的商家亦纷纷进驻上海，于是上海出现了以乡缘为纽带不分行业的会馆，同时也形成了以一种或几种行业同乡商人为纽带的会馆或公所。这些会馆、公所中专门聘有家乡厨师为大家做饭烧菜，烧出的菜基本都是家乡味道。久而久之，会馆、公所等行帮特色的菜肴流传至社会，且被冠上某帮菜的名称。此处的"帮"应该就是指某行帮，因而"本帮菜"便顺理成章地被命名了。随着上海开埠，全国各系菜肴迅速传入上海，形成了沪上各派菜肴互相交融、互补特色，又自成一体且特色分明的发展局面，并由此创造出兼容并蓄的海派特色饮食文化。

1. 昔日老城厢风味小吃
2. 十六铺旧景，德兴馆发祥于此

第十四章　兼收并蓄的饮食文化

本帮菜，其实就是上海滩的土菜，它的一个特点是就地取材、因地制宜。本帮菜一般以猪肉、猪内脏、河鲜、豆制品和时令菜蔬为主要原料，选料是粗放的，边角料也要"废物"利用，从而可以了解上海人"过日脚"精打细算的一面。上海人具有倡导俭省的美德，他们对一时吃不掉的菜肴，大都会采用隔夜吃或存上的做法，于是非常有特色的"糟钵斗""糟货"由此诞生了。

本帮菜的烹饪手段，一般以红烧、清炖为主，厨师们会将不同原料、食材的不同部位施以不同的烹制方法。本帮菜吸取了苏、浙、皖等地菜系的烹制特色，改浓油赤酱为重原味、重烹调，注意保持菜肴的香、脆、鲜、嫩特性，形成了其甜咸适宜、浓淡兼长、清醇和美的独特风味。

本帮菜的源远流长，离不开本帮菜烹饪技法的传承人。李伯荣于1945年在上海德兴馆拜上海本帮菜名厨杨和生为师，深得真传。李伯荣博采众长，敢于创新，烹饪出了代表菜品：虾子大乌参、花塔形扣三丝、八宝鹌鹑、糟香划水、霉干菜鲳鱼等，尤其烹制的虾子大乌参被誉为"本帮一绝"。

师从李伯荣的任德峰是国家烹饪技师、中国烹饪大师、上海十大名厨之一，曾任上海老饭店总经理兼德兴餐饮公司总经理。他善于变革，勇于创新，制作、改良了一批上海典型本帮传统菜，首创了"生炒甲鱼""白玉天顶汤""荠菜烩蟹肉"等上海名特菜点。"虾子大乌参"在其改良下，被评为"中华名菜"，开创了上海本帮菜的新纪元。任德峰提出"本帮为根、创新为魂"的发展理念，并佐以《都市乡情本帮菜》《上海菜的继承与发展》《食品与生活》等专业论文，以"上海本帮菜发展方法的一面旗帜"的创新高度，在社会上掀起了一股对本帮菜进行学术研究的浪潮。正是有了李伯荣、任德峰这样的上海本帮菜肴传统烹饪技艺传承

1	
2	1. 春风松月楼
	2. 松月楼旧照

人一代一代的努力传承与不断创新，才使得上海本帮菜承前启后在业界乃至沪上产生广泛而深远的影响。

二、本帮菜特色菜馆

南宋末年，老城厢东门外就开设有酒肆。清初，东门外洋行街（原阳朔路）有菜馆六七家。上海开埠后，徽、苏锡、宁帮随商贾至沪设菜馆，菜馆由十六铺向北发展。清光绪二年（1876），

中国商业联合会会长何济海题词

1. 老饭店恢复的荣顺堂
2. 老饭店紫云殿
3. 中国商业联合会会长为老饭店题词

小东门至南京路一带有酒菜馆一两百家。此后各地菜系，以及清真、素菜馆蜂拥进入上海。各种菜系传入上海，客观上起到了互相交融的作用，也催生了上海本帮菜的出现。

清嘉庆年间，以糟醉为特色的人和馆在小东门开业后改名老人和。道光年间，泰和馆、鸿运馆、大中园开业。清光绪年间，荣顺馆（今老饭店）、一家春、德兴馆、老协兴、同泰祥等一批菜馆在上海开业。20世纪30年代，本帮菜馆发展至40余家，1945年有89家，

第十四章 兼收并蓄的饮食文化

1949年5月有78家。

老饭店（荣顺馆），清光绪元年由川沙张焕英在上海县城旧校场路创设，经营本地菜肴，人称老饭店，1965年定今名。1978年，迁福佑路242号。以烹制河鲜和四季时令菜为主，擅长煸、烩、炸、蒸、糟，菜肴原汁原味，汤卤醇厚，浓油赤酱。看家菜扣三丝系浦东吉祥菜，刀工精细，火腿丝、鸡丝、笋丝均匀，汤

1	3
2	4

1. 绿波廊酒楼
2. 绿波廊外景
3. 绿波廊旧景
4. 宁波汤团店

1. 桂花厅旧貌
2. 创建于1878年的德兴馆

汁清洌，口味鲜美。八宝鸭选用新鸭，从翅膀下开膛，放糯米、莲心、火腿丁、冬菇丁、栗子丁、开洋、鸡肫丁等蒸熟，口味肥嫩、香酥。

德兴馆，清光绪九年（1883）在十六铺真如路2号开业（后迁东门路29号），由阿生与三林本帮菜创始人李林根等人经营本帮大众菜，经李林根操作的本帮菜肴，均细腻嫩滑，鲜美绝伦，故声誉日隆，遂以"本帮菜"驰名沪上。后万云生接盘，在原址翻建三层楼，定今名。德兴馆看家菜中还有糟钵头，为用猪耳、脑、舌、肝、肠、肚等，在钵中隔夜小火焖烧，焖至酥烂，并用重料解腥，糟香调味，故肥而不腻，气味芬芳。

同泰祥酒家看家菜为砂锅大鱼头，风味独特。还有糟货系列，其中糟鸡皮脆肉嫩爽口，为夏季佳品。老人和酒家20世纪40年代起，以糟醉出名，除冷糟外，还有热糟菜肴，尤以渍糟、烹糟为绝招，故其糟醉菜肴有糟香诱人、鲜醇开胃之赞誉。

一家春酒楼看家菜有白切肉、黄浆、鸡圈肉等。黄浆用豆腐衣或百页包肉糜，在油锅中氽至金黄起锅，再加汤料烧煮，其特点为脆中带韧，香糯鲜美。鸡圈用鸡肉、猪肠、肋条肉烧煮而成。

三、本帮菜中的名菜

虾籽大乌参

为本帮传统菜中的头道大菜。据说"八一三"淞沪抗战期间,小东门外洋行街一批经营海味的商号生意清淡,大批乌参积压仓库,黑不溜秋的乌参如石头一般丢在路上都无人要。本帮菜宗师杨和生获悉后,与徒弟李伯荣、蔡福生等一起悉心钻研,最终创制出一道上海风味的"虾籽大乌参",20世纪三四十年代载誉上海滩。这是一道典型的功夫菜,首先要用火燎烧大乌参的外皮,经过涨发后,用油汆烫,加虾籽、高汤和其他调味料连烧带炖。光涨发这一道工序,就要用"六步法",选料、大火烤、刮焦、浸泡、开膛去肠、洗净,需耗时7天左右。涨发好的乌参先入油锅爆,再配以河虾籽、红高汤煨,使之产生鲜味……最后勾芡淋上滚热的葱油。上好的虾籽大乌参色泽乌光发亮,质感软糯中略带胶滑咬嚼感,抖动后有明显的飘移式浮动感。其味感是典型的上海浓厚酱香,虾籽的醇厚鲜香则起到了点化的作用。

扣三丝

系发源于浦东三林塘农家菜。过去沪郊富裕人家摆喜酒,将其作为一道主菜,红、白色的细丝堆砌如小山,寓意"金山银山堆成山",希望子女成家后财源广进。扣三丝是取鸡胸肉、冬笋和火腿三种极鲜的食材,先片后切,片需薄如纸片,切需丝丝均匀,且每根丝仅有牙签粗细。按照传统做法,一盘扣三丝总共要有1999根。这道菜食材虽普通,却极考刀工,一道菜细切需耗时1小时,粗切也要耗时30分钟。切成后的三丝需塞入早已准备好的扣盅,不能断、不能扭曲,上笼蒸透后,再往透明的玻璃盆中一扣脱模,便可见那道菜似一座色泽分明的三丝宝塔矗立于盆子中央,尔后浇上清汤,再漂上两

| 1 | 2 |

1. 本帮虾子大乌参
2. 本帮扣三丝

1. 本帮草头圈子
2. 本帮油爆河虾

三叶豆苗嫩芽,即便不下箸,亦已令人啧啧称道。

红烧河鳗

作为食材的河鳗不用选太大,一斤三两、头小身圆的即可,以利红烧入味。烧制过程中,需分别采用"大、中、小、文"四种火候,时间分别控制在5分钟、10分钟、10分钟和5分钟,最后再用大火收汁。经过火候的慢慢调理,使鱼体胶质多溶于汤汁,不用淀粉勾芡,汤汁自然浓腻如芡(业内称"自来芡"),能很好保持食材原汁原味的特点。成品由生抽、老抽、冰糖、料酒熬炼的芡汁覆盖,观之红润光亮,外皮不破,实则软烂脱骨,入口肥腴鲜甜,堪称浓油赤酱类菜肴的代表。

草头圈子

圈子和草头,恰似一对灵魂伴侣。圈子为猪大肠中的直肠,容易烧成圈,味道亦醇厚甜糯。初时人们只是单独烧制红烧圈子,但油脂太多,食后容易发腻。而草头却有"油抹布"之称,其吃油能力非一般菜可比,故将草头与大肠一起搭配。如此,草头能吸收大肠的油脂,大肠且又融入草头的清香,呈现出草有肉感、肉有草香、肥而不腻的特点,食之大有"洗净铅华,摧刚为柔,清雅脱俗"之感。

响油鳝糊

很多人在本帮菜馆中必点的一道菜便是响油鳝糊,上菜的时候,常见服务生一手托着鳝糊盘子,其中热气腾腾的鳝丝间窝了一个洞,撒满蒜泥姜末和葱花;另一手拿着半勺烧得冒烟的热油,来到餐桌前,放下鳝糊盘子,随手将热油浇在蒜泥姜末葱花之上,只听"嗞"的一声,烟气、香气、热气扑面而来,此时,色、香、味、形都达到了最佳的境界,故有"响油"之称。这道以鳝丝为主料的菜之所以被称为鳝糊,是因为成菜基本没有汤汁,鳝丝上裹着浓稠的调味料,整盘菜吃完,盘底也不留汤汁,

第十四章　兼收并蓄的饮食文化

1	3
2	4
5	

1. 本帮八宝辣酱
2. 本帮红烧鮰鱼
3. 德兴馆红烧鮰鱼
4. 本帮蟹粉豆腐
5. 仿荤净素菜肴

最初上海 老城厢的诗和远方

1、老饭店糟钵斗
2、桂花拉糕
3、三丝眉毛酥
4、枣泥酥饼
5、金腿小粽

因此被称为鳝糊。除了本帮菜，苏州的苏帮菜，杭州的杭帮菜，都有这道菜的身影，做法和口味也基本相同，但仍旧是以本帮菜的响油鳝糊最为知名。

油爆河虾

亦称上海油爆虾，选用鲜活青壳的大河虾。这道菜对火候非常考究，不是一般的严格，油温烧至200℃时，食材方能下锅。高温油爆后放入葱、姜、酒、酱油、糖制成的浓汁中烧煮，成品虾肉熟而不老，虾壳脆而不焦，红亮圆润，壳脆肉酥，汁浓入味、咸甜适中才算正点。

红烧划水

上海人大多爱吃红烧划水，"划水"，即为青鱼尾巴。烹饪这样一道红烧划水，并不耗费多少精力，也无私房秘方可言，所有调料只三味，酱油、糖、酒而已，辅以小葱、生姜去腥，只此几样，足矣。偏偏简单的调味却调出了流传长久的上海红烧味道，隽永绵长。成菜关键在于起锅前的最后一次颠翻，此时鱼尾已熟，若无呵护婴儿般的细心，则鱼尾必断。此菜以正统红烧手法烹饪，只用酱油、料酒调味，文火焖、大火收，以冰糖收汁，色泽红亮。烧至到位时，卤汁稠浓、肥糯油润、肉滑鲜嫩。

本帮菜肴具有选材四季分明，制作时重视火候和保持原汁原味的特点。在选料、刀工、调味和口感方面，具有独特、鲜明的地域特征，故有人将本帮菜的风味特色形象比喻为味道上的"上海方言"。本帮菜肴传统烹饪技艺，亦被评为第三批"上海市非物质文化遗产"项目。

四、上海的各帮名店名菜

徽帮及徽帮名店

19世纪40年代中期，随茶商、纸商、墨商进沪，在小东门开设小饭店。清光绪七年（1881），安徽邵运家等合伙开设丹凤楼。同时，其萃楼、同庆园、大中华等菜馆相继开业。清宣统三年（1911）有鼎丰园开业，1918年有天乐园、民乐园、亦乐园、叙宾园、鼎新园、聚元园、聚乐园、聚宝园、同乐园等10多家开业。20世纪30年代中期多达百余家。后来知名的还有大富贵、逍遥楼、大中华等。徽帮菜肴擅长烧炖，讲究刀工、火工，芡稠油重，醇浓入味，原汁原味，实惠见长。名菜有炒鳝背、炒鳝丝、炒鳝糊、凤还巢、毛峰熏鸭、沙地鲫鱼、三虾豆腐、杨梅圆子、炸凤凰腿、五色绣球等。

大富贵

即清光绪七年（1881）开设的丹凤楼，原址位于老西门中华路肇嘉路（今复兴东路）转角。抗日战争爆发后，酒楼一度停业。1940年迁址左邻的中华路1465号并改名为大富贵酒楼。名菜凤还巢，用土豆丝、虾茸、鸡蛋等制做巢型，用熟鸡蛋黄镶入鸡茸、虾茸炸成虎皮蛋状，放入巢内，形态逼真，风味独特。金银蹄鸡，用金华火腿、猪蹄、母鸡在砂锅中炖煮，汤汁浓醇呈奶白色，鸡酥蹄糯火腿香。

逍遥酒楼

前身为老聚兴菜馆，位于芝罘路163号。名菜有逍遥鸡、霸王别姬、李鸿章杂烩、葡萄鱼、黄山蒸鸡、凤阳豆腐、还原蛋等。

苏锡帮及苏锡帮名店

又称膳本帮。清代，苏州人与无锡人到上

海开设菜馆，形成苏帮、锡帮。两地菜肴口味相近，后统称苏锡帮。菜肴多河鲜，与本帮相近，清同治元年（1862），饭摊主祝正本、蔡仁兴开设正兴馆，经营苏锡菜。同行竞相冒名，正兴馆曾多达120家。原正兴馆先后改名老正兴、同治老正兴。此后，清光绪三年（1877）的聚丰园，宣统三年（1911）的大庆楼、得和馆、鸿福楼，1918年的聚昌馆，1926年的美味斋，1927年的大鸿运，1937年的五味斋（今人民饭店）相继开业。至20世纪30年代，苏锡菜馆几占上海酒菜馆之半。

苏锡帮菜肴选料精细，擅长炖、焖、煨、烧、煮、煎、炒，调味重，卤味浓，色泽和谐，甜咸适口。名菜有梁溪脆鳝、无锡香酥鸡、枇杷肉、太湖银鱼、松鼠桂鱼、金镶豆腐、炒蟹黄油、荔枝肉、龙串凤四宝、芙蓉鸡松、凤翼扒海参、牡丹肫球、龙图官燕、乳腐汁肉、镜箱豆腐、雪塔银耳、龟鹤千年等。

老正兴

位于山东中路330号。以河鲜出名。名菜下巴甩水，用太湖乌青鱼下巴嫩肉和鱼尾做成，浓油赤酱，醇厚入味。油爆虾，用青壳大河虾油氽至金黄，放调料煎熬，壳脆肉嫩汁浓味鲜。青鱼秃肺，民国初年老正兴独创，用鱼肝作菜料，烹制的鱼肝，嫩如猪脑，整块不碎，肥鲜异常。

大鸿运

原址湖北路。1937年，董事朱阿福在福州路租地翻建为12开间两层大菜馆，名师董梓良、任兴元、孙金贵、韩炳臣、许荣明等掌勺。名菜掌上明珠，鸽蛋嵌出骨鸭掌。明月红松鸡，在鸡腿上铺肉茸蒸酥，再在鸡蛋上用火腿、发菜、葱叶拼成图案蒸熟，置鸡腿盆中，菜肴松软鲜嫩。

人民饭店

原名五味斋，今南京西路华侨饭店东侧，1958年迁南京西路226号，1965年改今名。厨师大多为苏锡籍人。名菜天下第一菜，又名虾仁锅巴，用虾仁、鸡丝、鸡汤熬成浓汤，浇锅巴，卤汁鲜红，锅巴金黄，酸甜咸味俱全。母油船鸭，原为船菜，整鸭置陶罐烹制，后改用出骨鸭，肚内加川冬菜、香葱、肉丝等，用苏州母油酱油，香味浓郁。黄泥煨鸡也称叫化鸡，净鸡内加虾仁、调料，依次裹猪油网、荷叶、黄泥，烘烤成熟，皮色金黄，香气扑鼻。

宁帮及宁帮名店

宁波菜，清初有宁帮小菜馆。清道光二十年（1840），鸿运楼开业。19世纪70年代，益庆楼开业。此后，1918年的集贤楼、状元楼，1921年的沪东状元楼，1922年的沪西状元楼，1938年的甬江状元楼、四明状元楼相继开业。

宁帮菜肴以海鲜为主，选料新鲜，口味多

变，鲜咸合一，讲究鲜嫩软滑，保持原味，以蒸、烤、炖制海鲜著称。名菜有雪菜黄鱼汤、苔条拖黄鱼、乳腐大烤、黄鱼羹、面拖黄鱼、新风鳗鲞、芋艿鸡、冰糖甲鱼等。

甬江状元楼

原址九江路福建路口，后迁西藏中路汕头路口今址。名菜新风鳗鲞，清蒸，肉质丰满。黄鱼羹，分雪菜黄鱼羹、莼菜黄鱼羹、蛤蜊黄鱼羹等，配料虾仁、海参、火腿、香菇、笋丁等，汤汁稠浓，鲜咸入口。苔菜拖黄鱼，黄鱼去骨成条，蘸苔条糊油炸，色泽翠绿，外脆肉嫩。

广帮及广帮名店

清同治二年（1863），杏花楼开业，始营番菜，1918年李锦辉接任经理后兼营粤菜。20世纪初，粤商大酒楼、会元楼、安乐园等粤菜馆相继开业。1918年，广东南洋烟草公司迁沪，旅沪广东人骤增，元兴园、同华春、广同益、广茂香、美心酒家相继开业。1926年，广东蔡建卿开设新雅粤菜馆。1934、1936、1937年新亚大酒店、大同酒家、大三元先后开业。1945年，全市有广帮菜馆89家，1949年5月有78家。

广帮菜肴配料多善变化，讲究鲜嫩爽滑，烹调多炒、煨、煲。夏秋求清淡，春冬重浓醇。名菜有鲜滑大虾仁、脆皮乳猪、烟鲳鱼、蚝油牛肉、葱油香卤鸡、蛇羹、翠绿鸡牛柳、咕咾肉、龙虎斗、海狗鱼炖鸡脚、焗酿禾花雀、冬菇炖乳鸽等。

杏花楼

位于福州路343号。清同治二年（1863），生昌番菜馆在虹口老大桥直街3号开办，光绪九年（1883）迁福州路，改今名。20世纪30、40年代除菜肴外，粽子、腊味、龙凤礼饼亦开始出名，月饼尤为闻名。名菜龙虎斗，以蛇、猫、鸡共煮。焗酿禾花雀，以禾花雀、瘦猪肉、鸡肝、虾茸、火腿、香菇等原料制成，色泽金红，甘香味浓。

新雅粤菜馆

位于南京东路719号。原址四川北路虬江路口，1932年迁今址。菜肴品种多、新、奇、异，常年应市的有两三百种。名菜七星葫芦鸭、八珍烩蛇羹、脆皮烧鸡、焗酿禾花雀、冬菇炖乳鸽、五彩虾仁、烟鲳鱼、炒鲜奶、烤乳猪、冬瓜盅等。冬瓜盅，冬瓜切去顶部，挖空瓜瓤，盛熟火腿、精肉丁、肫干丁、干贝、冬菇丁、鸡肉丁，以鸡汤蒸熟，放入虾仁再蒸几分钟即成，被称为艺术珍肴。

美心酒家

原址武昌路，20世纪40年代初迁陕西南路376号今址。首创咕咾肉，厨师何加惠根据外侨食用排骨不带骨的习惯，改炒为炸，外脆内松，酸甜可口。

扬帮及扬帮名店

清光绪三十一年（1905），扬州同乡会

开办同仁俱乐部半斋总会餐厅，经营扬式菜点。1911年，扬州张景轩接管并改为半斋菜馆，对外营业。不久，因账房在对门开设新半斋菜馆，遂改为老半斋酒楼。1911年的新新居，1918年的仙仙馆、西江楼先后开业。1945年，上海有扬帮菜馆12家，

扬帮菜肴选料严格，制作精致，讲究刀功、造型、色彩，烹调擅长炖、焖、烧、炒，重调汤，保持原汁，浓而不腻，淡而不薄，酥烂脱骨而不失其型，滑嫩爽脆而不失其味。名菜有镇江肴肉、虾仁煮干丝、蟹粉狮子头、清蒸刀鱼、白汁元鱼、煨淮鱼、清蒸鲥鱼、拆烩鲢鱼头、松仁鱼米、蜜汁火方、三色鱼丝、蝴蝶海参等。

扬州饭店

20世纪40年代，扬州厨师莫有庆、莫有财、莫有源兄弟到沪，在中国银行当厨师。1950年，在江西中路374号3楼开设莫有财厨房，烹菜讲究选料、刀工，注重火候，原汁原味，口味淡雅清新，甜咸适中。1970年，改称扬州饭店，1975年迁南京东路308号。名菜点有水晶肴肉、莫家干丝、龙眼火腿、清炖蟹粉狮子头、炝虎尾、白汁元鱼、清蒸刀鱼、网油鲥鱼、蟹粉小笼汤包、火腿萝卜丝酥饼、千层油糕、翡翠八珍烧卖、扬州煨面等。

老半斋酒楼

在汉口路596号，1992年拆旧建新。经营菜肴、点心。名菜有水晶肴肉、风鸡、白汁元鱼、拆骨大鱼头、松仁鱼米、清蒸鲥鱼、清蒸刀鱼、蟹粉狮子头、鸡火干丝等；名点有蟹粉汤包、千层油糕、翡翠烧卖、雪菜煨面、刀鱼汁面、干菜包、素菜包、火腿萝卜丝酥饼、虾肉蒸饺等。

川帮及川帮名店

1918年起，川帮大雅楼、美丽慎记、都益处、陶乐春饭店相继开业。1927年和1929年洁而精、锦江饭店先后开业。20世纪20年代，上海有川菜馆近10家。1931年，川帮成立同业公会。1936年绿杨村，1937年蜀腴川菜馆、四川味菜馆，1938年梅龙镇，1946年四川饭店相继开业。

川帮菜肴选料考究，精工细作，注重调味，一菜一格，百菜百味，注重火候，原汁原味。烹调以小锅、文火烩、焖为主，菜肴肥嫩鲜美。名菜有宫保鸡丁、鱼香肉丝、麻婆豆腐、贵妃鸡、樟茶鸭、灯影牛肉、荷花鸡腿、干烧明虾、五柳鱼丝、一品豆腐、干煸牛肉丝、鱼香菜苔、生爆鳝片、鸡茸鱼翅等。

梅龙镇酒家

位于南京西路1081弄22号。1938年，吴湄牵头，李伯龙购置创办，时为文艺界聚会场所。1942年，迁今址，由沈子芳掌勺。菜肴保持川菜酸甜麻辣五味特色，结合沪地口味，突出新鲜醇厚。创新菜有龙园豆腐、芹黄鹌鹑丝、茉莉鸡丝等。操作切配精细，注重配色，

定人定炉，火工到家。当家菜有梅龙镇鸡、龙凤肉、干烧桂鱼酿面、干烧明虾等。

绿杨邨酒家

位于南京西路763号。原为镇扬帮，1940年增营川菜，集川扬风味，由林万云、刘国宝掌勺。川菜当家菜有荷花鸡腿、干烧明虾、五柳鱼丝、麻婆豆腐、粉蒸牛肉、一品豆腐等。

洁而精川菜馆

初在麦赛尔蒂罗路（今兴安路），1958年迁雁荡路82号今址。初经营云南菜，1937年改营川菜。厨师吕正坤开创洁而精特色，菜肴色艳形美，原汁原味。当家菜有干煸牛肉丝、干烧鲫鱼、鱼香菜苔、家常豆腐、生爆鳝片、毛峰鱼片、陈皮牛肉、手抓川味鸡、洁而精串烤等。

京帮及京帮名店

20世纪初京帮进入上海。民国建立前后，今黄浦区境内有泰丰楼、同心楼、悦宾楼、会宾楼、太白楼、致美楼、万寿山等京菜馆。1937年上海沦陷后，京菜馆增多。1939年和1945年燕云楼、凯福饭店先后开业。1945年，全市有京帮菜馆44家，1949年5月有33家。

京帮菜肴取料广泛，调味精美，汁浓味厚，油而不腻，淡而不薄，口味讲究脆、酥、香、鲜，烹技多炸、溜、爆、烤、扒、拔丝等。名菜有北京烤鸭、糟油鱼片、酱爆鸡丁、油爆双脆、醋椒鱼、拔丝苹果、扒熊掌、猴头三白、三不沾、红娘自配、生焖明虾、葱烧刺参等。

燕云楼

位于南京东路699号8楼。1939年创办南华酒家，经营粤菜。1948年，转营京菜。有名师谭延栋、牟占山、赵心源，擅长烹调山珍海味，菜肴四季特色分明。名菜有宫廷菜、仿膳菜、孔府菜，以烤北京填鸭闻名。20世纪90年代起，增设南北海鲜自选货架，当众加工烤鸭、上台批鸭等。

凯福饭店

位于四川北路1279号。1945年建，重金聘同兴楼名师宁松涛、王尊禹掌勺，遂声誉鹊起。后改进传统京菜，以适应上海人口味，创赛螃蟹、溜黄菜、酱爆鸡丁、拔丝苹果、醋椒桂鱼、九转肥肠等新品种。

北京饭店

位于提篮桥霍山路68号。菜肴揉合南方风味，自成一格。传统名菜有北京烤鸭、糟溜鱼片、醋椒鲑鱼等，创新菜有厚壳鲜贝、冰糖哈士蟆、水晶虾仁等。

清真菜及清真菜名店

清光绪十七年（1891），马锡立京剧班在吕宋路（今连云路）6号开设伙房，引进涮锅，对外供应回族菜。1918年，伙房转给洪海泉，改为洪长兴菜馆。1906年杨同兴牛肉

馆、1909年顺源楼、1918年春华楼、1937年南顺来相继开业。1945年，全市有清真馆59家，1949年有42家。

清真菜中的上海特色菜肴分南北风味，南方风味多用鸡、鸭、牛肉、鱼，烹技多炒、烩、蒸、煮，口味清鲜爽口；北方风味擅长牛羊肉菜，以溜、爆见长，口味清鲜脆嫩。名菜有酱爆肉丁、水爆虾仁、炸羊尾、它似蜜、黄焖羊肉、盐水鸭、串烤羊肉、醋椒鱼、透味油鸡、京葱扒鸭等。

洪长兴

位于延安东路803号。主营涮羊肉，选料精细，选用成长两三年、三四十斤重肥壮嫩羊，只用羊的上脑、大三岔、磨档、黄茶瓜等部位。佐料独特，称宫廷秘方。1994年起，常年应市涮羊肉。

清真饭店

位于福州路710号。为上海规模最大、设备最好的清真菜馆，名菜有串烤羊肉、黄焖羊肉、手抓羊肉、醋椒鱼、酱爆里脊丁、新疆鱼、它似蜜、透味油鸡、京葱扒鸭等。

素菜及素菜名店

清宣统三年（1911），春风松月楼开业，专营素食。1918年禅悦斋、1922年功德林开业。1945年，全市有素菜馆8家，1949年5月有8家。现知名的素菜馆有功德林、春风松月楼、玉佛寺、觉林等。

素菜名菜有素料炒虾仁、炒蟹粉、炒鳝糊、八宝鸭、炸溜明虾、醋溜黄鱼、走油肉、鱼圆汤等。

功德林

1922年，赵云韶奉杭州常寂寺高维均法师师命在北京路贵州路口创立，1932年迁黄河路43号（今址南京西路441号），由姚志行掌勺。扬州风味，选料精细，豆制品自制。仿荤食品形态逼真，口味清淡、鲜嫩、爽滑。名菜有五香烤麸，素料清炒虾仁、炒鳝糊、炒蟹粉、炒鸡丝、糖醋黄鱼、炒腰花、茄汁鱼片、咕咾肉、三鲜鱼肚等。

春风松月楼素菜馆

位于凝晖路17号。经营本帮素菜，兼融京、苏、扬多方风味、大众与高档菜肴。名菜有罗汉斋，素料五香全鸭、走油蹄膀等。另有素菜包闻名。

中华饮食文化是中华文明的一部分，展现中华文明的中华饮食文化，其整体概念和基本内涵可以用"精、美、情、礼"四字来概括。精与美，侧重于饮食的形象和品质；情与礼，侧重于饮食的心态、习俗和社会功能。"精、美、情、礼"，在中华饮食文化中相互依存、互为因果。四者环环相生、完美统一，便是中华饮食文化的最高境界。弘扬中华饮食文化，传承老上海名帮名店名菜，更好地准确把握"精、美、情、礼"间的关系，这其实是当今上海饮食文化发展创新必须认真面对的一个重要课题。

比篇
世态人情

　　赋、比、兴的运用，既是《诗经》艺术特征的重要标志，也开启了中国古代诗歌创作的基本手法。赋、比、兴三种手法，在诗歌创作中，往往交相使用，共同创造了诗歌的艺术形象，抒发了诗人的情感。

　　朱熹《诗集传》说："比者，以彼物比此物也。"这是今人仍在常用的修辞手法之一，包括比喻与象征。比喻可以使描述形象化。如《卫风·硕人》："手如柔荑，肤如凝脂，领如蝤蛴，齿如瓠犀；螓首蛾眉。巧笑倩兮，美目盼兮。"连续用五个比喻句来描写庄姜的外貌，末尾"巧笑倩兮，美目盼兮"的点睛之句，将一位美貌少女的形象和动人的风姿跃然纸上，流传千古。比喻还可以突出事物的特征。如《魏风·硕鼠》一诗，纯用比拟，以物喻人。诗中将老鼠的形象，性喜窃食的特性来比拟贪婪的剥削者。就本体与喻体的差别而言，其外形、生物的类别及其发展程度的高低都不可同日而语；但是，在不劳而获这一点来说，却完全一致，所以这个比喻就是一种夸张的表现，也突出了诗歌所表现的事物特征。

　　《诗经》所表现"比"的方式，可以是形体喻形体，色彩喻色彩，光泽喻光泽；也可以是声音喻声音，气味喻气味，动作喻动作；还可以是感觉喻感觉，景况喻景况，可谓是丰富多彩。同时《诗经》中的"比"有象征意义，手法上比较含蓄，但往往从多方面进行比喻，即用"丛喻"之法，有同于今日的"指桑骂槐"。还有就是运用了通感的修辞手法，比喻中打破了事物在人的听、说、触方面的界限。《诗经》中的比是多种多样的，大多的诗歌是有比句，少量的诗歌则是通篇皆含比意。用"比"的艺术手法来铺陈上海老城厢史诗般的文化现象，也是一种尝试，运用得当，或可获得远方历史城廓传来的真切回声。

第十五章　神教相安的宗教文化

若说上海"海纳百川，兼容并蓄"，像大海一样收纳百川之水，成就了"浩浩汤汤，横无际涯"的辽阔壮美景象；亦像河流一样不拒小溪，汇水而奔腾向东动力永恒。那么，中西并存、中外合璧、文化交融、风格鲜明则无疑是上海城市最独特的风光，其中老城厢历史悠久的宗教活动便是一个鲜活的例证。上海老城厢不仅现在拥有佛教、道教、天主教、基督教、伊斯兰等五大宗教，而且存有不少年代久远的寺庙、宫观、教堂，各种宗教文化能在一个不大的区域中长期并存发展，无不印证了"海纳百川，兼容并蓄"的上海城市精神。

老城厢五教齐全，曾经有过广福寺、一粟庵、沉香阁、青龙禅寺等80余座寺庙；城隍庙、大境关帝庙、紫霞殿、药王庙等30多座道观；敬一堂、董家渡天主堂、清心堂等10余处天主教或基督教教堂和布道所；小桃园、福佑路等伊斯兰清真寺。此外，还有儒教的县学文庙。

一、佛教

佛教传入上海境内已有1000多年，上海老城厢地区最早的佛教寺庙是后晋天福年间（936—947）的广福寺，在方浜岸边（今方浜中路河南南路）建有广福东、南两座寺庙。至宋代，城厢地区建有积善寺、华严庵等7座寺庙。明、清两朝佛教最为兴盛时期，共建造沉香阁、海潮寺、三昧寺等52座寺庙。民国时期，建庙势头渐落，仅存23座寺庙，多为小庙和家庵佛阁。从后晋至1949年，城厢地区先后共建造过广福寺、留云寺、一粟庵、华严庵、观音阁、小九华寺、青龙禅寺、宁海禅院等80余座寺庙，现均已废。

广福寺

位于方浜北畔（今方浜中路、河南南路）。后晋天福年间建，历代多次修葺、增建。寺占地13亩，分正院和东院、西院。正院三进，天王殿供四大天王，大雄宝殿供如来佛、燃灯佛及十八罗汉。明嘉靖年间，官绅曾议卖寺屋以助军需。潘恩捐俸金，寺得以保全。明万历十三午（1585）在寺内修有恭祠。

铎庵

位于原邑城西门内明海防同知署东（今文庙路小学址），原为邑人张在简私家花园。因正厅悬董其昌书"蔽竹山房"匾，又称"蔽竹山房"。清康熙年间，曹垂璨购之为家庵。初有犀照禅师住持，以"昔普化和尚得法后，不欲匡坐，手持一铎，逢人向耳边振之"（清同治《上海县志》）而名"铎庵"。清康熙十九年（1680）知县任辰旦又于庵内建大悲阁，并在庵边聚石凿池、构亭植树。嘉庆、同治年间多次修葺。光绪年间，因住持乏人，庵趋衰落。民国时期，改建为江苏省上海实验小学分校。

第十五章 神教相安的宗教文化

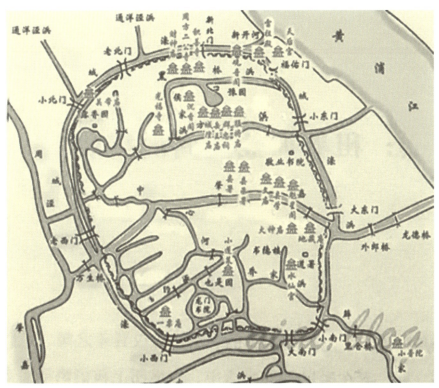

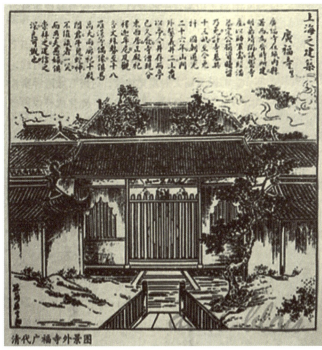

1. 旧时城内寺庙分布图
2. 清代广福寺外景

一粟庵

位于县西南（今一粟街南）。原为明末东阁大学士徐光启艺桑之园地，清初荒废。清康熙七年（1668），宁波僧人超竣购买为庵。曹垂璨以"金鸡解衔一粒粟"之义取名"一粟庵"，并题匾额。道光年间扩建。葛元煦《沪游杂记》载："此庵居然林泉幽胜，官绅士庶庆吊，借此修醮讽经，请斋宴客，殆无虚日。"清光绪三十二年(1906)，庵被上海名士叶佳棠、顾言定等收买，改建为上海县劝业所。

青莲庵

又称"青莲禅院"。明隆庆六年（1572），僧启峰建于露香园青莲座废址。清嘉庆六年（1801），邑人陈元锦增建大士殿及海印堂。清道光十五年（1835），僧鉴舒重修庵屋，增塑佛像。清同治五年（1866），因殿宇屡遭毁损，僧法华募资修葺并重塑佛像。1952年废。

沉香阁

又名慈云禅院，位于今沉香阁路 29 号，临济宗派。明万历二十八年(1600)官至四川布政使的潘允端奉命治淮河时，从一沉船中捞出一尊芳馥四溢的沉香木观音像，高 3 尺许，头戴玉佛冠，垂手加膝，称如意观音。潘将其运回上海，在家祠中建阁供奉，寺院前有弥勒殿、山门石坊，中有大雄宝殿，后有鹤轩、沉

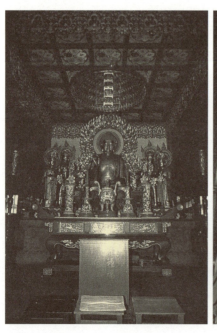

1. 沉香阁内景
2. 沉香观音佛像

香佛阁、禅堂、厢楼，已具丛林规模。1983年4月被列入全国第一批汉族地区佛教142个重点开放寺庙之一。寺中的慈云堂楼上便是沉香观音阁，内供奉头戴璎珞冠，慈目视众生的沉香木雕观音像，大雄宝殿东侧有佛学院尼众班。沉香阁现为全国重点文物保护单位。

慈修庵

位于榛岭街15号，临济宗派。慈修庵原为黄氏家庵，俗称新庵。清同治年间（1862—1874），迎尼胜愿入庵住持，改名慈修庵，建筑大殿三间及两厢房。清光绪年间（1875—1908），胜愿之徒福根任住持。1917年庵毁于火，福根之徒谛参任住持，由于老师太德行具足，信众甚多，经济来源充裕，重建大殿三开间和两厢房，兴建韦驮殿上下6间，并设念佛堂净土道场，对外挂单结众，广结善缘。上海佛学院于1985年秋，在慈修庵开办尼众班预科班，学员来自7省1市。1987年秋作为正科班，录取正科生20人。学制4年，课程有佛学、语文、历史、书画和英语等，聘请市佛学院学者和资深教师任教。

二、道教

中国道教创立于东汉末年，相传三国时期，道教开始传入今上海地区。南宋咸淳七年（1271），在上海镇东北建立道观天后宫。明、清时期道教有很大发展，民国时期只建一观。从宋朝至民国城厢地区共建道观33所，几经沧桑，毁废甚多。至1966年尚有城隍庙、白云观、大境关帝殿3座道观。

水仙宫

位于大东门内（今巡道街）。北宋景祐四年（1037）在此建三清殿，名"正阳道院"，供水仙五圣，又称"水仙宫"，占地2.4亩。元至正十一年（1351）增建前、后殿，设阴阳学。明嘉靖二十六年（1547）毁。嘉靖四十五年（1566）重建殿屋3楹。清乾隆二十六年（1761）道士息妄募资重建，改名"真一禅院"，有殿屋2进，供吕祖。清嘉庆十五年（1810）定为秩祀，并改建大门及内外殿宇。咸丰年间至民国时期多次修葺。1954年废。

城隍庙

原名金山神庙，又称霍光祠。始建于元至元廿九年（1292），明永乐年间，知县张守约

菩提场

城隍庙内景

改建,增祀上海城隍神秦裕伯。明嘉靖十四年(1535)改建山门,并募资建造牌坊,知县冯彬题"海隅保障"。清康熙二十二年(1683)建鼓亭,康熙四十八年(1709)在庙东建东园。清乾隆二十五年(1760),邑城工商界购潘氏废园,辟为西园,庙基扩大为36.892亩。乾隆五十九年(1794),道会司葛文英募建后楼。清嘉庆三年(1798),刷新大殿两庑,添列二十四司。清同治四年(1865),知县王宗濂重修庙宇。清光绪十九年(1893),知县王承暄募建仪门大殿、戏台、鼓亭等。

乾隆年间以来,商贾在城隍庙竞设店铺,逐渐形成著名小商品、土特产、风味小吃市场。逢农历二月二十一城隍神诞辰、三月二十八城隍夫人诞辰以及正月初三、正月十五、七月十五、十月初一等,城隍庙均举办各种庙会,

吸引着成千上万香客和游客。1922—1924年,城隍庙3次毁于火灾。1924年城隍后裔秦砚畦和叶惠钧、黄金荣等人组织"邑庙董事会",掌握了管理权。1926年,董事会出面捐资重建钢筋水泥的殿宇。

1951年11月,董事会会长黄金荣辞职后,城隍庙各殿进行了整顿,道教重新掌管庙宇。"文化大革命"中,宗教活动停止,大殿改为工场、仓库和商店。1990年产权归还市道教协会。1994年归还大殿和中殿的使用权后,成立了城隍庙修复委员会,开始修复。1995年春节恢复宗教活动,对外开放。

白云观

前身为雷祖殿,清同治元年(1862)由全真道士徐至成创建于北门外(今浙江路、北海路)。清光绪八年(1882)因道路拓宽,迁往老西门外(原西林后路100弄8号)重建,并不断扩大规模。光绪十二年(1888)增建斗姆殿、客堂、斋堂等。光绪十四年,徐至成晋京,以"北京白云观下院"的名义请得《道藏》8000余卷。为不忘继宗之意,将雷祖殿改名为"海上白云观",成为全真派十方丛林。白云观坐北朝南,分为中、东、西三路以及后院计四个部分,占地面积1公顷多。主要殿宇位于中轴线上,包括山门、灵官殿、玉皇殿、老律堂、丘祖殿、三清阁等建筑,配殿、廊庑分列中轴两旁。山门前神路的前端有棂星门,

第十五章　神教相安的宗教文化

为一四柱七楼木结构牌坊，正楼前后有额，前书"洞天胜境"，后书"琼林阆苑"。山门建于明代，面阔三间，单檐琉璃瓦歇山顶，汉白玉雕花拱券石门，檐下额书"敕建白云观"，门前有石狮、华表等物。棂星门外有砖砌照壁，壁心嵌"万古长春"字样的琉璃雕砖。光绪十六年（1890）徐至成羽化。光绪十九年（1893），在上海商界人士陈润夫等资助下，扩建三清殿、吕祖殿、邱祖殿等，占地14.8亩。光绪二十一年（1895）北京白云观赵秋水来观住持，1915年赵秋水羽化后，白云观日趋萧条。新中国成立后，白云观恢复道教丛林面貌。1964年邱祖殿改作建筑材料仓库，斋堂成为民宅。"文化大革命"中，观藏书画、经书、神像等文物大部分被毁，唯明代镏金铜像和《道藏》由上海博物馆和上海图书馆收藏。玉皇阁、三清殿、救苦殿、吕祖殿、甲子殿等被翻建为居民楼。1983年落实宗教政策，恢复白云观，8尊镏金铜神像请回观内。1984年11月恢复开放。白云观曾是上海市道教协会、上海道学院所在地。2002年，因旧区改造，白云观易地修建。2004年12月27日正式对外开放，新址位于大境路239号。

大境关帝殿

明嘉靖三十二年（1553），上海筑起一座周长9里，高2.4丈的城墙，城墙上筑有雉堞3600余个，敌楼2座，后又增筑敌楼3座、

1. 白云观迁建前的大门
2. 移建大境路的海上白云观外貌

箭台 20 座。倭患平息，县城安宁，又相继在四座箭台上建造了丹凤楼、观音阁、真武庙和大境阁。后大境阁建于大境箭台上，为一座结构精巧、造型别致的抱厦式三层楼阁，内供关帝像（原称关帝殿），清嘉庆二十年（1815），改建成三层高阁（即今日之阁）。清道光元年（1821），总督陶澍登阁观光后亲题"旷观"匾额悬于"熙春台"上；道光十六年（1836），两江总督陈銮游此，题"大千胜境"四字刻于东首石坊上。于是此阁名声大振，亦被列为沪城八景之一的"江皋霁雪"。清咸丰三年（1853）毁于兵燹，后住持诸锦涛募建。咸丰十年（1860）驻西兵，复毁。清同治四年（1865），经药捐局局董郭学院重修。"文化大革命"期间，被工厂占用。1984 年被列为上海市第三批文物保护单位。1991 年动工修复大境阁和古城墙。大境阁二楼现设有"上海老城厢史迹展览"，分城墙史话、设置沿革、东南重镇、城厢变迁等 7 个部分，以图片、图表、实物、模型等多种形式，集中展现了上海老城厢七百多年的发展变迁。

三、天主教

天主教在唐贞观年间传入中国，称"景教"，唐武宗会昌五年（845）颁布敕令，推行一系列"灭佛"政策，同时也禁了传入国内的天主教。

明万历年间，一批西方传教士来华，重在民间开展传教活动。明万历三十六年（1608），利玛窦应徐光启邀请，派遣意大利传教士郭居静到上海传布天主教。翌年，于徐光启住宅西侧，建造起上海第一座天主教小教堂。

明崇祯十三年（1640），建成上海首座正式天主堂。清道光二十八年（1848），天主教在上海开办修道院。同年，上海道台用董家渡、洋泾浜、硝皮弄等三块土地抵偿没收的老天主堂。罗佰济、赵方济在董家渡建造当时上海最大的一座天主堂。董家渡天主堂建成后，陆续接办大、小修道院，后又相继迁往徐家汇。天主教有圣诞节、复活节、圣神降临节、圣母升天节四大节日。

敬一堂

明万历三十六年（1608），郭居静在徐光启住宅"九间楼"设临时教堂传教，徐氏家属亲友二百余人受洗入教。明崇祯十年（1637）嫁给豫园潘家的徐光启孙女（圣名玛尔蒂纳），时居豫园东住宅"世春堂"。后意大利传教士潘国光买下世春堂，改建成天主教教堂，名"敬一堂"。这是上海最早且独具中国殿宇式建筑风格的天主堂，因建筑年久，习称"老天主堂"。敬一堂占地约 13 亩，除了教堂外面尚有一大草坪，还盖有两丈多高的观星台，刻有黄赤道及经纬度。西洋传教士除了布道传教外，还借以观察天象，研究天文。人们似乎可以感

第十五章 神教相安的宗教文化

敬一堂

觉到，精神寄托的唯心观念与悉心探索的唯物观念在敬一堂得以自然相融，以及老城厢文化相互包容的一个精彩瞬间。法国人在教堂外的那条马路上栽种了云南悬铃木，被人误称为"法国梧桐"，梧桐路因此得名。因雍正禁教，敬一堂于清雍正八年（1730）被上海知县没收，改为关帝庙。清咸丰十一年（1861）发还后，被法国天主教士再次改为天主堂。而关帝庙的关帝塑像则被迁出，被迁出的还有敬业书院。1938年，教会在敬一堂创办"上智小学"，1949年后成为梧桐路第二小学。

董家渡天主堂

位于董家渡路175号，清道光二十八年（1848）建，为上海目前尚存较老的天主教堂之一。它的外观造型属西班牙风格，建筑风格则归于文艺复兴时期的巴洛克式，内部式样仿欧洲耶稣会总会之耶稣大堂。大堂顶部呈拱形吊顶，能起共鸣作用，墙面高处浮雕均呈现中国民族图案，如莲花、仙鹤、宝剑、葫芦、双钱等，为中西合璧的具体体现。清咸丰三年（1853）落成开堂，定名为圣方济各沙勿略堂，成为上海最大的天主堂，是上海教区第一座主教座堂。董家渡天主堂教堂正立面为三段式。下段以四对爱奥尼克式柱划成三开间，使大门有三个入口，进门旁的双柱间有砖砌的中国式楹联："无始无终先作形声真主宰，宣仁宣义聿昭拯济大权衡。"外端的两对立柱间则塑有神龛；中段墙面正中嵌入一只圆形铜质大时钟，其上两端各耸立一座钟楼；上段山墙做成具有典型巴洛克气质的卷涡式样，中央辟出一额，直书"天主堂"三个大字，顶上竖起铁十字架，长近四米，据说有一吨来重。董家渡天主堂教堂正立面，将中西文化符号锻造融合一统，也属独出机杼，别出心裁。大堂内部采拱顶而非穹顶，辅之以青绿藻井图案构成天花；堂内粗壮的立柱测算来约有四米周长，其中一柱内还有楼梯可上唱经楼。

1. 董家渡天主堂
2. 董家渡天主堂内景

四川南路天主堂

始建于清咸丰十年（1860），次年落成，又名"若瑟堂"。因地处洋泾浜（今延安东路）入黄浦江的出口处南岸，故又称"洋泾浜天主堂"。清道光二十七年（1847），法国人以雍正年间被没收的老天主堂堂产为由，向上海道台索还教产，获得此地。道光三十年（1850），赵方济在法国领事馆旁建造一所简易的小教堂，供外侨参加宗教活动，这是上海租界中最早的教堂之一。咸丰三年（1853）小刀会起义后，城内不少中国人涌入租界定居，小堂周围开始有了中国教徒，进小教堂做礼拜的信徒也大量增加。法国教会获得赔偿地块后，将小教堂拆了重建，咸丰十年"若瑟堂"新堂建成，清光绪三年（1877）又完成了教堂正面及钟楼重修工程，建筑风格为拱门的罗马式与尖塔屋顶的哥特式组合。当时，该堂主要以外侨为服务对象，停泊在黄浦江的法国军舰上官兵也常来参加宗教活动。现"若瑟堂"有大理石的大小祭台、油画圣像和十四处苦路像等。1994年3月，四川南路天主堂被列为上海市文物保护单位。

四、基督教

18世纪后期，欧美基督教各宗派先后成立传教组织——差会，向海外传教。清道光二十三年（1843），英国伦敦会麦都思、雒魏林、慕维廉等人最早来到上海，他们借助不平等条约在上海建立教堂，开办医馆、印刷所等，并建造住宅。同年，英国传教士麦都思在城内三牌楼设立城中堂。翌年十月，美国传教士文惠廉在城内虹桥（今西仓桥街附近）设立美国圣公会基督堂。清光绪二十五年（1899），美籍传教士汤蔼礼把教堂迁往城内石驳岸（今松雪街）成立英圣公会耶稣堂，后改名天恩堂。清咸丰十年（1860），北美长老会派遣传教士范约翰，在大南门外陆家浜设立清心书院及清心堂。

清心堂内景

清心堂

原称"上海长老会第一会堂"。清咸丰十年（1860）首创建于陆家浜清心书院内，由美国传教士范约翰主持。1919年，由李恒春牧师发起，在今大昌街30号购地另建新堂。1923年新堂落成，清心堂即从清心书院迁出。新堂为红砖结构，高两层，礼堂建筑为曲尺形平面布局，呈独特的"人"字形，两肢等分，设男生坐席、女生坐席，祭坛为扇形，大堂中间是正门，两旁有露天扶梯，可自东、北两侧拾级而上，至正门上的平台而进入两侧楼厢。楼上楼下无一柱子，平顶高悬，地面自边门至圣台略呈坡形，颇具建筑特色。清心堂曾办有清心中学（今上海市市南中学）、清心女子中学（今上海市第八中学）、圣经学院和普益社。1994年3月，清心堂被列为上海市建筑保护单位。

区域内基督教各教派共有13所教堂、布道所，遍布老城厢。在传教的同时，教会还在城内办学行医。

五、伊斯兰教

上海地区的伊斯兰教由元朝上海第一任监县色目人（回族前身）雅哈雅传入。上海开埠后，来沪谋生的穆斯林人数增多。清道光二十九年（1849），许多穆斯林从南京逃荒至上海城外草鞋湾地区定居,并建造上海第一座清真寺——草鞋湾清真寺(俗称南寺)。清咸丰三年(1853)逃难的穆斯林越来越多,并由草鞋湾向城内九庙地(大境路)、穿心街(福佑路)一带迁移。以后,陆续建造了穿心街清真寺(俗称北寺)、浙江路回教堂(俗称外国寺)、清真女寺、小桃园清真寺等。

1917年,在一些较为殷实富有的穆斯林赞助下,将当时上海清真董事会金子云捐献的花园住宅,翻建成具有西亚伊斯兰建筑风格的清真寺,即小桃园清真寺。1920年和1932年,为满足穆斯林妇女宗教活动的需要,先后在高墩路和西仓桥街建造两所清真女学,供穆斯林妇女在女学传播教义,学习经文,进行宗教活动。

小桃园清真寺

旧称清真西寺、上海西城回教堂,位于小桃园街52号,因寺门正对着小桃园街,故得名"小桃园清真寺"。建于1917年,1925年翻建成具有西亚伊斯兰建筑风格的寺院,殿顶平台中央有四角望月亭,竖有伊斯兰教标志的望月杆。大门向北,庭院呈长方形,门额有"清真寺"三字,下有阿拉伯文《古兰经》选节,并有教历"1343"字样。西侧为礼拜大殿,面积约500平方米,为上下两层,可容千人同时礼拜。该寺是上海市区规模较大、各国穆斯林瞻仰朝访较多的清真寺院。

福佑路清真寺

为近代上海由穆斯林创建的第二座清真寺,位于福佑路378号。始建于清同治九年(1870),原名穿心街礼拜堂,后改称穿心街口教堂,又称穿心街回教堂,俗称北寺。后于1936年前将临街平房改建为三层钢骨水泥结构楼房,楼顶平台建有望月楼亭,大门额书楷书"清真寺"三字,内照壁书有阿拉伯文"色兰"字样。由大门入内为三进礼拜大殿,属中

小桃园清真寺

第十五章 神教相安的宗教文化

1. 小桃园清真寺屋顶
2. 小桃园清真寺夜景

訇曾在此主持教务达10年之久。

清真女学

按传统，穆斯林妇女无主麻日聚礼。上海穆斯林妇女有感于在家沐浴礼拜诸多不便，1920年穆斯林杨三太太捐高墩路石库门建筑一幢，建立上海第一所清真女学——"高墩路女学"。新建的女学规模不大，可容60人礼拜。1932年，又由穆斯林马玉贞夫人发起，上海伊斯兰教妇女宗教团体——"坤宁同德会"集资开办上海清真坤宁同德女学。该清真女学原址位于西仓桥街，所以后改名为"西仓桥清真女学"，创建于1933年。后西仓桥清真女学迁至小桃园街24号。1994年9月，上海市伊斯兰教协会修复"小桃园清真女学"，建筑面积465平方米，称清真女寺，设女教长。

国宫殿式木结构厅堂建筑，面积约450平方米。殿顶明三暗五，梁椽交错，绘有各种花纹图案和镂空花雕，殿周围为花格栏栅玻璃格子窗，雕花落地格子门。上海近代第一所穆斯林子弟学校务本小学、穿心街清真务本堂、上海清真董事会和穆斯林反清组织"上海清真商团"营部曾设寺内。中国伊斯兰教著名学者、现代史上中国伊斯兰教四大圣师之一——达浦生大阿

六、妈祖信仰

妈祖文化是劳动人民在千百年来尊崇、信仰妈祖过程中，遗留和传承下来的物质及精神财富，为中华民族文化瑰宝之一。妈祖文化体现了中国海洋文化的一种特色，中国民间在准备海上航行时，要在船舶启航前先祭妈祖，祈求保佑顺风和安全，并在船舶上立妈祖神位供奉。上海开埠后，河运、海运的高速发展，与妈祖文化结下了不解之缘，妈祖亦成为老城厢民间不可或缺的崇拜神灵之一。

老城厢的丹凤楼为顺济庙中一座楼阁，悬青龙市舶司提举陈珩所书"丹凤楼"匾额，也是老城厢内妈祖信俗祭祀供奉的最早场所天后宫。

位于上海市虹口区昆明路73号的下海庙，曾称夏海庙、义王庙，始创于清代清乾隆年间（1736—1795），占地726平方米。清嘉庆年间（1796—1820），改为尼庵。因庙宇近海，沿海百姓崇拜护海神妈祖，因此也将天妃娘娘及其他地方神一起奉神祀在庙中，是当地渔民、居民为祈佑平安、奉祀海神的民间神庙。

建于清末宣统元年（1909）的三山会馆，会馆大殿供奉天后女神，亦称妈祖。大殿门楼外面墙体上嵌有"天后宫"三字的石雕和图案。会馆有联："天与厥福遍梯航同沾雨露，后来其苏抱忠信稳涉波涛。"该联为"藏头联"，上联启首之"天"与下联启首"后"相含为"天后"，三山会馆的楹联大都与妈祖保佑航运平安有关。

下海庙

第十六章　众生百态的茶馆文化

在中华本土文化与外来西方文化的首度交集中，老城厢孵化出了容纳、开放、新式的海派茶馆文化。当江南的茶与上海社会民俗、经济生活结合在一起时，便衍生出了上海茶馆。某种意义上，茶馆反映了社会复杂的层次结构，聚集了社会的各种矛盾，所以茶馆也是观察社会文化的重要窗口，是一种张扬地域个性特色形象的客观表述。

上海茶馆业的发端，与社会经济发展、市民阶层崛起分不开。江南原本就是富庶之地，江浙一带的茶叶种植业兴旺，茶业贸易发达，加之上海航运业的发展，催生了茶馆业在上海的萌芽与快速发展。清同治初年（1862），在三茅阁桥（北门外洋泾浜）临河而建的"丽水台"茶馆，楼宇轩敞，为上海最早的规模较大的茶馆。同治年间（1862—1874），沪上茶馆逐渐兴盛。上海的茶馆，除了城隍庙的湖心亭外，素负盛名的茶馆还有也有轩、群玉楼、乐圃阆、船舫厅、鹤亭、四美轩、春风得意楼等。

清末民初，上海老城厢内外，南市北市、沿河傍桥、十字街头茶馆遍布，茶客如云，茗香醉人。《申报》1898年7月26日《茶肆须知》一文，就载有老城厢十六铺一带40家茶馆的名录，如汇水楼、万福楼、万和楼、永和楼、清和楼、养和楼、同春楼、福兴楼、福顺园、福兴园、德兴园、聚兴园、叙兴园、东兴园、北瑞春等。史料记载，清宣统元年（1909）上海有茶馆64家，至1919年达164家。抗战前，大大小小的茶馆达数百家之多，仅城隍庙一处，就有大小茶馆几十家，"十里洋场奇事多，上海茶馆甲天下"。无疑，与上海社会生活密切相关的老城厢茶馆，在上海城市发展过程中所留下的浓重印记，将被历史永远铭记。

旧时上海老茶馆因档次及茶客不同，大致可分为以下几大类。

一、街角巷尾的老虎灶茶店

老虎灶式的小茶馆，又称"热水店"，属于中低档次的茶馆，它镶嵌在老城厢路网中的街头巷尾，茶馆门口有个明显的标志性实物——煮水的老虎灶。这类茶馆，除了供人喝茶外，也为市民提供拾遗补缺的近身服务，比如带卖杂货食品，向左邻右舍提供开水。老虎灶是最让上海人有怀旧记忆的场所之一，它是专门供应热水和开水的地方，其特点是：木桶挑水，舀子打水，柴爿烧水。上海人的精打细算也可从街头巷尾的老虎灶中得到体现。上海人家如果要用开水，家里没"生炉子"，就会去老虎灶"泡水"，这样就可以减少柴爿与煤球的消耗，节约家里的开销。通常老虎灶的灶台上趴有两口大汤罐，积储热量。屋内两排长条桌凳，一排靠窗，一排居中，辟出狭小的通道。

最初｜沪 老城厢的诗和远方

1. 旧时茶馆
2. 茶馆众生相

拉起布帘，剩余空间即可用作澡堂。老虎灶式的小茶馆每天早上六点开始营业，晚上十二点打烊，基本上是全天候的。

老虎灶式的小茶馆均分布在城厢民居腹地，老虎灶的茶水最实惠，一杯茶花不上几分钱，且随便坐。那些老茶瘾、老茶客，天蒙蒙亮便睡不着了，起来洗个脸，迷迷糊糊地进得小茶馆，一杯浓茶下肚，方在弥漫的水气中真正清醒过来。每天早上上工之前，附近早起的一些平民百姓，也会聚集于这热气氤氲的场所，于烟气水汽弥散，雾气或火光晃荡跳跃的茶馆中，寻找他们的那份潇洒。他们不在乎店堂的简陋，桌椅的破旧，泡上一壶浓茶，或买只大饼充当早点，或自带干粮，自得其乐一番。人们一天的劳作和生计，便从饮茶中悄然开始了。

茶客们基本上是低头不见抬头见的"隔壁邻舍"，在一起喝茶难免会聊聊各家的八卦，讲讲听来的趣闻，相互开开玩笑，撩拨两句，发布一下东家嫁女、西家娶媳的各种信息。小茶馆俨然就是百姓间重要的信息中心、交际场所，也是邻里间家长里短的新闻传播中心。

到了夜晚，就在卖开水、泡热茶的店堂后门，挂个青布帐幔，再置上澡盆，简易的澡堂就形成了。老虎灶冷天卖不烧开的沐浴水，热天卖凉的沐浴水，辛苦一天的苦力们用一分洋钿买一铅桶水，就可在这里舒舒服服地洗上个澡。浴后或泡杯茶开始"嘎山湖"，或手持蒲扇开始"乘风凉"了，这叫"卖盆汤"。所以一些临时工匠、手艺人、穿街走巷的小商贩、码头工人和人力车夫，都是这类茶馆"卖盆汤"的老主顾。

老虎灶式的小茶馆，是老城厢民俗文化的一道风景线，如今虽已远去但永远令人深情回望。

二、弦索悦耳的书场茶园

书场式茶馆一般比较宽敞，常常有二楼、三楼。茶客们在茶楼里可以边品茶，边听书，还有小贩端着货盘，巡走于茶客之间，出售香烟、糖果和小食品、小点心，价格便宜，别具风味，生意兴旺。不少茶馆下午、晚上专设书场，如得月楼、得意楼、群玉楼、上海第一楼、汇泉楼、玉茗楼、四美轩、趴芳等茶馆均请艺人说书。

评弹又称说书或南词，是苏州评话和弹词的总称。评弹一般有说有唱，有一人的单档，两人的双档，和三人的三个档。演员均自弹自唱，伴奏乐器为三弦和琵琶。唱腔音乐为板式变化体，丰富多彩。说书先生冬夏春秋身穿长衫，手执折扇端坐在台上开讲，惊堂木"啪"地一声拍案，原本台下乱哄哄，一下变得鸦雀无声。

评弹艺人大都来自苏州，一男一女搭档，

旧时书场茶园

男的身着长衫手持三弦,女的略施薄粉身穿旗袍怀抱琵琶。开场先叮叮咚咚弹上一番,尔后男女或说或唱或拨弄琵琶三弦边弹边唱。只觉得,吴语轻侬莺莺呖呖,流水潺潺珠撒玉盘,煞是好听。

茶馆说书的书目众多,其中《珍珠塔》备受民众喜爱。《珍珠塔》其故事源于苏州吴江同里,故事主人公方卿见姑、翠娥赠塔、陈王道嫁女的史实在同里源远相传,是苏州评弹中盛演不绝的书目。在上海的茶馆中,擅长演出《珍珠塔》而出名的艺人便有一二十人之多。每逢农历新年的前四五天,有说书艺人行联合说会书之举,一场四档,场面热闹,艺人尽心,戏迷踊跃。有说长枪袍带、公案侠义、神仙鬼怪书,也有唱《三笑》《杨乃武与小白菜》等缠绵儿女的小书,弦索悦耳惊堂醒目,各尽其能各显神通。说《水浒》的先生,声音洪亮,抑扬顿挫,错落有致,口惹悬河,滔滔不绝,神采飞扬,手舞足蹈,弄得听众仿佛真有身临其境之感。

上海竹枝词言:"茶馆先推丽水台,三层楼阁面河开。日逢两点钟声后,男女纷纷杂坐来。"说的是丽水台茶馆的热闹场景,但见过了中午时分,茶馆里即座无虚席,说书节目正式演出前,这边有茶客会友,寒暄客套、谈天说地;那边有票友自拉自唱,有板有眼,听着入迷,喝彩一片。一会儿,木台上走来脸膛棱角分明,两眼炯炯有神,身穿蓝布长衫,手摇一把纸扇的说书先生。待说书先生坐入椅子,只听得惊堂木响起,人声嘈杂的茶园霎时寂然无声,一台好戏便正式开场。

三、情调别致的休闲茶馆

休闲茶馆,指旧时市民娱乐休息常常光顾的茶馆。早年,下午不设书场的茶馆,便成了养鸟的"流哥儿"们的天下。是时,茶馆屋檐下挂满圆形、方形的鸟笼子,画眉、八哥、百灵应有尽有,啁啾鸣啭,婉转悠扬。"流哥儿"们边喝茶品茗,边欣赏百鸟争鸣。茶馆中也有"楚河汉界"博弈对局的,一些爱下象棋的茶客会自觉聚合一处,来个烽火连天。"摸子动子""落子无悔""观棋不语"等俗语也因此

第十六章 众生百态的茶馆文化

1. 青莲阁门前
2. 吴友如风俗画《别饶风味》
3. 青莲阁茶馆烟堂

流传开来。

休闲茶馆吃喝玩乐一应俱全，在早期茶楼中，四马路（今福州路）上的青莲阁为沪上闻名遐迩的老字号茶楼。其前身是被列为洋场景色之一的华众会，后依据唐代诗仙李白的雅号"青莲居士"而易名"青莲阁"。茶楼是一栋苏州式楼房，上下三层。茶楼室内的摆设气派、讲究，楼上12张大理石桌面的八仙桌，配着结构精致的明式红木椅，显得雍容华贵。二楼供人品茗、吸烟，茶饮丰富，还兼供茶点、饮食。据老辈人回忆，青莲阁不但能品茗，若是疲乏的话，还可以倚靠在茶桌上打个盹，且有各种点心，如生煎馒头、蟹壳黄、豆腐干、茶叶蛋可供茶客垫饥。后来青莲阁又进一步开拓经营范围，在楼下搞起了弹子房，供游人消遣。还有哈哈镜、西洋镜、棋牌、珍禽异兽、高矮畸形人等等游艺项目，遂使得客人大开眼界，目迷五色不忍离去。

休闲茶馆，或地处繁华街市、或置身风景幽静之处，环境优雅，情调别致，为沪上显要、社会名流、文人墨客喜欢光顾之处。如清末开设在二马路（今九江路）口小花园附近的"文明雅集"茶楼。茶楼老板俞达夫，是任伯年的入室弟子，人物花鸟画，尽得师传。画家开茶馆，布置就与众不同了，店堂窗明几净、茶桌茶具清洁雅致不说，就是四周墙壁悬挂的人物花鸟画也着实让人惊艳，完全摆脱了浅陋粗俗的尘嚣之气。故"文明雅集"茶楼常常是高朋满座，骚人墨客、古董商人云集于此，吟诗填词，挥毫泼墨，管弦丝竹，谈古论今，好不快哉。

四、商贾汇聚的应酬茶楼

这类茶馆的主顾大多为商人、居间人（当时称"掮客"）。来这类茶馆的茶客，以谈生意、做生意、传递市场信息、了解商品行情为主，

20世纪20年代湖心亭九曲桥

第十六章　众生百态的茶馆文化

喝茶则是一种礼仪，一种晤谈应酬的手段。各行业商人约定俗成，形成各自每天到茶楼活动的固定时间，并错开时间，互不干扰。人们把布业、豆业、钱业、糖业等行业的商贾们的活动称之为茶会。老城厢的这类茶楼，因此也成了上海滩生意人的汇集场所。

湖心亭是南市茶馆的代表，嘉道年间也是青蓝布商贾聚会议事之地，咸丰五年改为也是轩茶楼。楼内临窗排列一色花梨木茶几与靠椅，居中放有云石面红木圆桌，配蛋圆形红木凳。墙上悬挂名家字画，布置甚雅，暑中坐饮，荷风徐来，清香拂面，饮者尘心顿滤两腋生风，龙井碧螺春芬芳欲醉，申江品茗胜处和东方文化典型的美誉传承至今。

清末竹枝词唱道："春风得意说书楼，弦索铮铮意悠悠。茶叙清晨更热闹，喧哗不绝笑声留。"词中的春风得意说书楼，就是当时沪上规模最大、生意最兴隆的春风得意楼茶馆。春风得意楼创建于清光绪年间，地处萃秀堂南侧，面临九曲桥，与湖心亭相望。楼前红漆木柱上有一副赭底金字的楹联："上可坐下可坐坐足，你也闲我也闲闲来。"登楼凭栏环顾，豫园风光、邑庙市景历历在目。

得意楼原本是一家综合性茶馆，厅屋宽敞，有座位千只，从早到晚茶客不断。茶馆辟有象棋专座，各路棋手前往对弈、切磋，棋王谢侠逊常去献艺。三楼设鸟市茶座，百鸟和鸣，争奇斗艳，形成一道亮丽的风景线，茶楼还提供水斗和笤帚，免费冲洗鸟笼。得意楼开设三个书场，说书艺人日夜两场，有时还加早场。评弹名家夏荷生、徐云志、沈俭安、薛筱卿等常来开场说书。据报载，有一次夏荷生演出《描金凤》，因说噱弹唱俱佳，听众蜂拥，"场内人满为患，楼面欲坍"。

1. 春风得意楼重开老街
2. 老城隍庙最大的茶馆得意楼

最初上海 老城厢的诗和远方

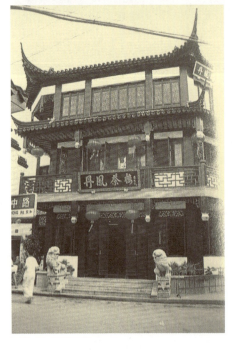

1	
2	3

1. 老街上的老上海茶馆
2. 老街东段的丹凤茶楼
3. 老上海茶馆内景

第十六章 众生百态的茶馆文化

春风得意楼处于城隍庙热闹之地，过往客商歇脚，各大行业聚会，文人墨客雅集，报社记者蜂至，公堂访员茶会，衙门书吏、包打听、青楼女子也混迹于此，鱼龙混杂。清光绪二十四年（1898）元宵节前一天，官府以茶馆男女混杂有碍风化为名，将其查封。经老板上下打点，才保住茶馆可以继续营业，不过就此彻底改变经营方向，只招徕商家贾客，为他们晤谈应酬、交易论市提供方便，由此春风得意楼成了典型的市场式茶馆。

开埠之后，上海社会出现了百业交集、中西交汇、华洋共居、五方杂处，新风旧习共存共荣的独特现象，使得上海的古朴民风随俗推衍。新型的海派茶馆不但具备解渴、小憩的功能，而且满足了当时社会对经济、文化进一步交往的要求。人们在茶馆里休息、叙谊，谈家长里短；也在这里做生意、谈时事，商议各种事务；还有吃讲茶、谈交易，卖笑、找刺激，五花八门、良莠不齐，不可避免地被中外汇聚的特殊色彩所熏染。旧上海不少茶馆也是三教九流帮会人物经常出没的地方，茶馆有时也是赌场，是帮会间争势力"吃讲茶"的地方，鱼龙混杂、五光十色，这种现象的存在并形成规模，与通商大埠、中西合璧的社会背景，以及深刻的历史原因不可分割。

"茶馆店"是上海人对茶馆的俗称，是口头语。真正茶馆店的店名是十分雅致的，如亭、台、楼、阁；厅、堂、筑、院；馆、坊、居、轩，使用的都是建筑物上的好字眼，勾勒的都是生活中的吉祥名，可谓真正的雅俗共赏。旧时上海城厢的老茶馆，既是一部浓缩了的老上海人的生活史，也是上海传统文化园中一株奇特而美丽的花朵。

第十七章 义浆仁粟的慈善文化

我国历史上称之"善堂"的民间慈善机构，一直承担着城市道路、桥梁建造和济贫救助的责任。善堂大多由地方贤达、著名人士发起成立，人员大多为"志愿者"，经费少量来自地方政府的资助，大部分来自社会团体，如同乡会馆、同业公所，以及民间的慈善捐款。涉及的善举有赡老、育孤、施药、助衣、代葬、收殓路尸、栖流、救生，以及收买字纸、水龙救难（水龙即消防）、创办义校等，承担了地方政府市政建设和民政救济的许多实际事务。清代，尤其是进入近代以后，上海逐渐发展为都市，从各地进入上海的人口日益增长，由此而产生的社会问题亦日益凸显。到了清末，上海旧城见于记录的善堂有数十家之多，分别承担不同的慈善项目。

一、上海的慈善团体和机构

明代继承了元代的养济院制度，明洪武元年（1368），朱元璋下诏，"鳏寡孤独废疾不能自养者，官为存恤"，洪武五年又下诏，"诏天下郡县立孤老院"。不久，孤老院改名为养济院。其收养对象为"民之孤独残病不能生者，许入院"，明代的养济院制度遂得以确立。上海最早的慈善机构称"养济院"，是由政府出资建立的救济孤寡老人的机构，专门收养鳏寡孤独以及有残疾不能自养者。明洪武七年（1374）建养济院于在县西南（今县左街），明嘉靖元年（1522）重修。明万历间（1573—1620）移建海防署西，再移建大南门外陆家浜南，俗呼"孤老院"。清嘉庆十七年（1812）毁，仅剩厅楹，东厢三楹后废。

据清嘉庆、同治《上海县志》记载，清康熙四十九年（1710），张永铨绅士创议建立育婴堂以收养孤婴和弃婴。一位叫曹炯曾的绅士捐出自己在城里的住宅作为堂所，更多的人捐赠了土地和金钱，其中一位叫朱之淇的人一次捐资三千两，这样，育婴堂开张时就募集到八千缗，田一百七十二亩。育婴堂的主要职能是反对溺婴、弃婴，更重要的工作就是收养弃婴。育婴堂得到上海道署的资助和帮助，每年从海关税收中拨款，使工作得以正常开展。育婴堂的旧址就在今西唐家弄北面。清嘉庆五年（1800），上海知县杨泰以及绅士朱文煜、徐思德等人捐款建立义冢，同时还专门开展从事救济生活无着百姓、掩埋路尸等的慈善活动，开上海之风气。此后，地方士绅创办慈善事业之风渐盛，慈善团体增多。善团、善堂不断出现。

1912年10月，同仁辅元堂、果育堂、普育堂等善堂，在政府议合下成立上海市政厅慈善团（1914年改称上海慈善团），以同仁辅元堂为总事务所，统一办理各项善举事务。此后，上海出现大型收容教养机构。一是1913年建立的新普育堂，1918年留养茕民

第十七章 义浆仁粟的慈善文化

1400余人。二是上海孤儿院，自清宣统二年（1910年）迁龙华镇新址后，20年代常年收容孤儿约400人（1937年增至700余人）。1927年，成立上海慈善团体联合会，有39家公益慈善团体参加。1934年在市政府社会局登记的慈善团体有65个。1949年12月，全市有慈善团体117个。

同仁辅元堂

清嘉庆九年（1804），慈善机构的常年开支得到保证后，"同仁堂"正式成立，为当时老城厢最大的善堂。这是一家联合多家零散善堂建立的半官方慈善机构，堂址位于与药王庙毗邻的乔家民宅。该堂的部分经费来自政府的拨款，部分来自团体和私人的捐款。由于是政府出面倡议的善堂，上海各会馆公所的捐款额较大，分为一次性的"总捐"和每年一次的"岁捐"，上海实力最强的豆业公所则每月捐款。当然，同仁堂也分配给捐款机构一定的墓穴比例，以帮助他们处置同仁的丧葬事宜。清道光二十二年（1842），上海人梅益金、海门商人施湘帆、慈溪商人韩再桥联合建立一赈棺局，称辅元堂，堂址与同仁堂为邻，主要是向无力埋葬的贫民提供棺木并建立义冢。清咸丰五年（1855）同仁堂与赈棺局合并，更名为"同仁辅元堂"，堂址在乔家浜。其慈善项目有恤寡赡老、施棺、掩埋以及建义学、施衣、济急、水龙（即消防）、救生等。王韬在《瀛壖杂志》中称："沪上善堂林立，而推同仁辅元为巨擘。经费之裕也，章程之善也，而董理者尤能实心行实事。"同仁辅元堂除举行各项善举外，还广泛参与造桥、修路等社会活动。民国元年（1912），根据上海县议会决议，同仁辅元堂与其他慈善团体联合组成上海慈善团。

果育堂

创办于清道光年间（1821—1850），是上海著名的民间慈善机构。最初，上海的邑绅江驾鹏等人在西门内庄家桥南（今复兴东路庄家街）租赁民房，集资创办义务小学（义塾），吸收流浪儿童和无力支付学费的贫民儿童入学。邑人刘枢取《易经》"山下出泉，蒙。君子以果行育德"之句，以"果育"名其堂。"果行育德"就是以果敢、果断的行动去培育、培

同仁辅元堂旧照

养自己和他人的德性和德行的意思。清咸丰八年（1858）于淘沙场袁公祠后，新建屋三楹，果育堂遂迁至袁公祠内。除义塾之外，还兼行施衣、施棺、施米等各项善举。清同治二年（1863），清军相继收复昆山、太仓，巡道吴煦喻果育堂董事葛绳孝前往掩埋战后的尸骸。苏城克复后亦如之，"泽及枯骨，厥功最伟"，为邑城父老称道。在城厢街衢中，有一条不起眼的小街叫"果育堂街"，就因"果育堂"而得名。除了救助流浪儿童、帮助贫民，"果育堂"还开展多种社会公益活动。如创办上海最早的水上巡逻和水上救难机构轮船救生局；置办火龙、水担等灭火器材，建立邑城最大的公益救火机构；成立上海最早的妇产科诊所"达生局"。"果育堂"还为山东、山西、河北、河南、陕西等地开展赈灾募捐活动。多年前，在老城厢一条小弄堂的老房屋檐下，发现了一块刻有"果育堂界"的界碑。

普育堂（新普育堂）

清同治五年（1866），大批难民

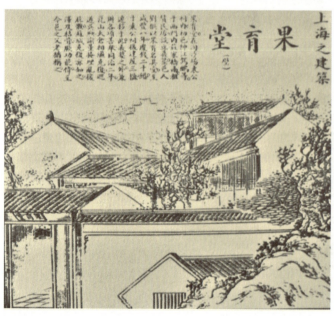

1. 果育堂
2. 清代果育堂外貌

第十七章 义浆仁粟的慈善文化

流入上海，其中还有不少孤儿和孤老。上海道台应宝时（主管海关），从道库中拨出部分款目，并动员士绅和商人捐款设立慈善团体。在"陈公祠"（陈化成在县西淘沙场的"别祠"）建立善堂，取魏文帝曹丕《车渠赋》中"推二仪之普育，何万物之殊形"之义取名"普育堂"。普育堂"分立七所，收养老男、老妇、男残废、女残废，及养病、抚教、贴。并设义塾及医药两局"。1911年上海光复，因房屋不敷使用，管理不善，经费来源中断。1912年与果育堂合并，在陆家浜普安桥南同仁辅元堂义冢地（今普育西路）另建房屋，翌年2月竣工，4月正式开办，取名为新普育堂。新普育堂占地约3.3万平方米，按收容贫民1500人设计，耗资白银约12万两，建有楼房13幢，其东、西两侧即今普育东路和西路。新普育堂请天主教仁爱会修女管理内部事务，设养老院、贫儿院、残废院、贫病院、病犯院。1918年，留养人员达1400余名。以后，堂中附设小学，凡留养的贫儿均入学校读书。又设工艺专门学校，另购地建南市时疫医院，在杨树浦、江湾、闸北、松江、昆山等地设分院。新普育堂址长期归民政机构使用，新中国成立后曾为上海市儿童福利院，旧址今建有上海民政博物馆。

四明公所

四明公所由浙江宁波旅沪同乡于清嘉庆二年（1797）始建，嘉庆八年（1803）正式建成并成立宁波同乡会。公所位于北门外（今人民路西侧），占地30多亩，建筑面积约800平方米，其中建砖木结构的硬山顶房屋20间作寄柩用、余后作义冢之地。四明公所开展的慈善事业有：为同乡死者设置义冢，建筑丙舍停放棺柩、施棺和运棺。清道光二十九年（1849），法租界在上海建立后，四明公所的地产被非法划进法租界。清同治十三年（1874），法租界以筑通徐家汇路为由，要求四明公所让出部分土地，并强行挖掘公所坟地，拆毁公所建筑，遭到旅沪宁波人的反抗。法租界竟调动警察镇压，造成中国人死伤多人。后上海道与法国领事达成协议：由中国政府赔偿法租界37000两白银，四明公所的房屋冢地"永归宁波董事经营，免其迁移"。清光绪二十四年（1898）上海鼠疫猖獗，法租界硬说是四明公所坟地卫

旧时普育堂

生管理不善所致，于是又出动警察并调动停靠在黄浦江军舰上的海军陆战队士兵，到四明公所强行拆除公所围墙。法国殖民者任意曲解事实，无视协议，遭到全市市民的抗议，两个租界的商人开展罢市，发动在洋行和外国机构家庭中帮佣的宁波人全部罢工，并烧毁和拆除一些法国人的住宅、商店。法租界当局被迫做出让步，重新确定了四明公所的界址，修复了公所的围墙。清咸丰年间（1851—1861）至1920年，四明公所增设敬梓堂、甬公所、西厂、东厂、南厂、北厂、浦东公所等分支机构。据统计，1924年四明公所一年施棺758具，运棺2971具，存放所内的棺柩达5209具。公所现仅存红砖白缝的高大门头一座，上面刻有定海贺师章所书"四明公所"四个金色大字。

二、上海的慈善活动

近代以前，中国传统慈善事业的重心，在以苏州为中心的"江南地区"。19世纪七八十年代之交，全国义赈中心逐渐转移至开埠后的上海。清末民初，一批具有全国重要影

旧时四明公所正门

第十七章 义浆仁粟的慈善文化

响的慈善团体先后在上海创立，上海渐成全国慈善中心。其主要原因，一为上海是全国各地受灾信息汇聚中心；二为上海参与全国赈灾规模大范围广；三为上海筹赈能力强，其力度其他省市难以比肩。

上海老城厢地区义浆仁粟的慈善活动，主要体现在以下几个方面：

募捐

清光绪二十九年（1903），山东境内黄河决口，灾情严重。决口处房屋、土地被冲决无存，有的村庄被大水围困，遍地哀鸿。上海绅商募捐济灾，盛宣怀首先捐银3万两及棉衣、裤5000套，上海道袁树勋捐银4000两，其他绅商亦共募得现银6万两，当即派代表前往灾区散发。1921年，北方各省大旱，陕西又遭地震，灾民数千万。3月11日，上海市各界召开联合急募赈救会，女界义赈会认捐大洋30万元，华洋义赈会认捐大洋10万元，共计募得大洋72万元，救济灾区。1923年9月2日晚，日本东京、横滨发生大地震。仅东京帝国大学、早稻田大学等，就有受灾的中国留学生1000多人，其他华侨估计1万人以上，露宿室外，衣食无着。6月，上海各界在仁济善堂召开救灾大会，成立中国协济日灾义赈会，收集救灾物资和款项，帮助受灾的华侨和日本灾民。1931年夏，霪雨不已，长江、淮河、黄河、珠江、松花江各流域洪水暴涨，沿江诸省尽成泽国。其中长江中下游7省205个县受淹农田500多万亩，受灾人口2800多万人，直接死于水灾的14.5万人，经济损失15.8亿银元。上海各界立即组织上海筹各省水灾急赈会，号召社会各界伸出援助之手，多出一钱多救一命，4070人认捐大洋10097.7元、小洋897.8元、铜元12246枚。1946年，全国各省灾情惨重，急待救济。5月29日，宋庆龄特宣告筹集中国赈灾基金。6月1日起，平剧（京剧）名角梅兰芳、程砚秋、马连良、孟小冬，假座中国大戏院公开义演6天，公演所得全部作为赈灾之用。

济困

清、民国时期，善团、善堂、同乡组织，对贫民施行救济和帮助，平时赈济孤寡，夏季施药，冬季施衣。1920年，仁济善堂施米120石、棉衣裤250套。

扶幼

清、民国时期，有的善团、善堂内部设育婴和育儿机构，收养弃婴和孤儿。清道光年间，果育堂创立，设育婴机构收养弃婴。清同治三年（1864）建天主教土山湾孤儿院，专收男孤儿。院内建1所小学，孤儿12岁前在小学读经读书，满12岁后进工场当学徒。工场分木工、五金、印刷、绘画、雕刻等，主要生产宗教产品。孤儿学徒期限6年，满师后多数留工场当工人。同治八年（1869）建圣母院

1	3
2	

1. 1928年举办的中华国货展览会
2. 旧时街头商业营销活动
3. 邑庙施诊所种植的银杏树

育婴堂（到1935年收容婴儿1.7万余人）。清光绪十四年（1888），仁济善堂办留婴局收养弃婴。1911年，上海孤儿院迁入龙华镇新址后，成为上海最大的孤儿院。1913年成立新普育堂，内设贫儿院，收养弃婴孤儿，1946年收养孤儿243人、婴儿190人。另有单一的育婴、育儿机构。

善堂、善团恤寡赡老

1913年，新普育堂设养老院，收养孤寡老人，开办后一个多月收养200人。另外，还有独立的收养老人的机构。清光绪三十年（1904），天主教安老会修女主管的安老院常年收养300名男女老弱穷人，经济来源靠修女向上海中外人士乞求施舍。1919年建上海残废院，收养贫苦无依、不能自救的老弱病残人员，至撤院共收养6386人。

义校、助学

清道光年间，果育堂租肇嘉浜庄家桥民房创办义学，吸收贫民儿童入学。1947年前，沪南慈善会、仁义善会、联义会、中和慈善会、中华道德会、崇德善会、七保善会、广源明德会等团体和一些同乡组织，开办过义校和识字夜校，吸收贫困儿童入学。1939年，香港著名爱国人士顾乾麟，创办"叔苹奖学金"，旨在资助家境清贫、品学兼优的学生继续学业，使之成为国家有用之材。至1949年共办20期，获奖学生1100余人。1949年5月顾乾麟移居香港而停办，1986年，在上海续办。

义诊

善团和善堂大多有施诊、给药义举，有的还开设医院，收治部分贫民病人。1923年，新普育堂建南市时疫医院，并在杨树浦、江湾、闸北、松江、昆山等地设分院，至1946年施诊给药250余万人次。

义葬

清、民国时期，善团、善堂、同乡组织，有的办理施棺、赊棺、收敛埋葬等事务，有的置地办义冢，落葬无主、无地安葬棺木。清咸丰八年（1858），果育堂增设施赊棺木、掩埋、义冢项目。清道光二十二年（1842）辅元堂（赊棺局）专办对无力埋葬亲人者无偿或代价提供棺材，后与同仁堂合并为同仁辅元堂，收埋路毙尸体和暴露尸体。1914年建普善山庄，凡路毙、幼尸、孤独老人无人收殓者，不论本、客籍，均尽义务施棺、施材、收殓埋葬。1937年八一三事变，普善山庄和同仁辅元堂常从前线拖回或到难民收容所、伤兵医院，收殓埋葬死亡的中国士兵。

三、南市慈善的实例

1937年淞沪战争爆发后的上海，不断受到日军炮火的肆意攻击，战火四起，难民无数，上海周边及邻近地区近70万名难民扶老携幼，饥寒交迫地向法租界涌去。为阻止难民的大量涌入，法租界当局在与华界交界口的路口安装了铁栅门，导致大量难民滞留在民国路（今人民路）上，露宿街头，缺衣少食，处境十分悲惨。据当时的统计，每天冻死饿死的难民约300人，真是饿殍遍地。

有一名法国来华传教士饶家驹在上海倡导

1	3
2	4

1. 1937年11月9日南市难民区宣告设立
2. 法国天主教神甫、"华洋义赈会"会长饶家驹在南市难民区
3. 《良友画报》关于南市难民区的报道
4. 旧时组织难童开展文艺活动

建立了"南市难民区"。当时，南市公共场所较多，加之许多居民早已躲入法租界避难，留出大片空房。饶家驹建议在南市划出一片区域，接纳难民。在饶家驹多方斡旋下，得到中、日两国，以及租界当局的同意，于是在南市的城隍庙、豫园、小世界、珠玉业公所、露香园和各学校、教堂等，以及周边地区形成几个比较大型的收容点。后扩展到南以方浜路（今方浜中路）为界，东西北都以民国路（今人民路）为界，东端到小东门，西端到方浜桥的范围内，约占老城厢三分之一的区域。是年11月9日"南市难民区"建立，至11月28日，难民区内已有收容点所118个。各收容点上午9时、下午2时每日两次定时"施粥"，后根据难民登记人数每人每日发放一日罐（约6市两）；入冬又大批募集棉衣、棉被分发给难民。

"南市难民区"共设九个分区，每个分区设区长一人，下设总务、文书、训导、给养、庶务、卫生、清洁、登记、调查、医务各组。"南市难民区"一经成立，救助活动就受到社会各界和国外组织的有力支持。"南市难民区"自成立起就开展大规模的难民救助活动，一直到1940年6月30日宣告停止活动，历时近三年，最多时共设立130多个难民收容点，前后救助难民20多万人。由于救助难民所作出的出色贡献，饶家驹被人们尊称为"中国难民之友"，被法国政府授予"荣誉骑士"封号。

在"南市难民区"大张旗鼓开展难民救援工作时，上海国际第一、第二难民收容所也在法租界展开救助工作。位于马斯南路（今思南路）原震旦大学操场上，上海国际救济会搭建起数个大竹棚，每个大棚能容近400人，这就是上海国际救济会的第一难民收容所。竹棚虽然简陋，但基本的生活设施却很齐备，炉灶、厕所、医务室、病房、收容所办公室都被安排得井井有条。随着难民源源不断地到来，这一方操场，成了上万人的避风港。

抗战时期，战区难民纷纷拥入租界，露宿街头，处境凄惨。慈善团体、同乡会等组织成立难民收容所，收容难民。1937年8月至1940年，上海先后建立难民收容所247个，收容难民70多万人。单上海慈善团体联合会救济战区难民委员会先后设立50多个收容所，收容难民50多万人次。

1949年，国际社会在修订《日内瓦公约》时，将上海"南市难民区"作为样板，设立了《关于战时保护平民公约》。上海"南市难民区"模式亦被世界各地的难民区和难民营广泛借鉴。

四、沪上民间慈善家

无论富裕与否，能在慈善事业中作出不同程度奉献的人，从根本上来说，是因为他们具有关怀他人的同情心,并且形成为一种自觉的社会公德。这种社会的同情心、市民的公众意识、道德标准和社会舆论,是慈善事业赖以存在与发展的基础和支柱。热忱于慈善事业被认作一个崇高的境界,也是衡量名人功绩大小的一个重要标准。慈善事业在社会上济贫帮困,救死扶伤,帮助和解救了处于艰难危险之中的贫者、弱者,尽管只是杯水车薪,至多只能对他们救一时之急,解一时之困,但在社会矛盾重重,贫富分化加大,政府又无力、无暇或无意顾及、投入的情况下,慈善机构和个人竭尽全力地以其不需要回报的实际工作,积极地发挥了应有的作用。特别是在战乱灾难爆发之时,难民如潮,生死存亡关头,他们更是作出了巨大的贡献。慈善机构和个人向贫者、弱者提供了最需要和最迫切的援助,其有益于社会的意义不容置疑,其精神尤令人感佩。

上海城厢的各个时期,均涌现出一批热心社会慈善事业的不朽人物,他们常常或带头募款,或捐地筑城、修路铺桥、建寺造庙,或济贫赈灾、扶幼安老、解危救难、布施行善,始终与城厢蓬勃发展同舟共济。他们那种"得诸社会,还诸社会"的思想,积极为社会作奉献的精神令人感佩,也不断影响着当今的人们。

顾从礼(生卒年月不详)

顾从礼字汝由。明正德、嘉靖、隆庆年间人,祖籍松江青浦崧泽。官至太仆寺丞、光禄寺少卿,加四品服。回归故里后,置义田,助里役,济贫睦族。上海立县262年未筑城墙,无城池依托,设防困难,曾五次遭倭患侵扰。时任光禄寺少卿的顾从礼,上奏朝廷,主张迅速"开筑城垣,以为经久可守之计"。他提议筑建上海城墙以御倭乱,得松江知府方廉的支持和朝廷的准许,遂下令征集捐赋,勘定基址。上海县吏民竞相资助,县学博士王相尧拆屋捐地,倾家财助役;陆深夫人梅氏捐银两千两,毁市房而更筑小东门,以便行旅,被誉为巾帼中的英雄;顾从礼捐粟4000石助筑小南门城墙及城门,4000石粟米相当于顾从礼近16年的俸禄。筑城开始,官民齐心,昼夜赶工,一座城池居然两个月筑成。上海县城墙长9里,高二丈四尺,设城门6座,水门3座。顾从礼除了倡议、捐建、主持、督修上海城墙外,还先后出资修筑了大南门外的三里桥、五里桥、草堂桥,重建了城里的抚安桥。顾从礼还为自己的家乡捐地助修青浦县衙,改自家的义塾为青浦学宫,资助地方人才的培养。

王一亭(1867—1938)

号白龙山人、梅花馆主、海云楼主等,法名觉器。祖籍浙江吴兴(今湖州市),生于上海周浦。清末民国时期海上著名书画家、实业家、杰出慈善家、社会活动家与宗教界名士。王一亭曾两次任上海总商会主席。1911年加入中国同盟会,先后资助辛亥革命和二次革命,任中国国民党上海分部部长。上海光复后,历任军政府交通部长、商务总长、中华银行董事。后任南京国民政府中央救灾准备金保委会委员长。曾任中国佛教会执行委员兼常委,上海佛学书局董事长,致力于慈善事业。王一亭是上海最著名的慈善家和慈善界领袖人物,他先后参与策划、创办了上海孤儿院、中国救济妇孺总会、上海慈善团、上海游民习勤所、上复善堂等十多个上海最有影响的慈善组织,并担任国民政府赈务委员会常务委员、中央救灾准备金保委会委员长、上海慈善团体联合救灾会、上海国际救济会等社团的要职。王一亭与高凤池创办的上海龙华孤儿院,由宋庆龄担任院母,社会名流张君康担任院长,在当时得到社会各界的支持。王一亭也是一位具有国际主义精神的慈善家。1923 年 9 月 1 日,日本发生关东大地震,他与朱葆三等人在《申报》上刊登《救济日本大灾召集会议通告》,及时垫募白米 6000 担,面粉 2000 多包及药品、木炭等生活急需品,急速运往日本,为最早抵达的外国救援船,并向日本灾区寄赠一座梵钟,日本人称其为"王菩萨"。

陆伯鸿 (1875–1937)

名陆熙顺,上海南市(今上海黄浦)人氏,近代中国知名实业家、慈善家、天主教人士,并且是上海法租界首位华人公董之一。陆伯鸿出生于上海城厢的顾家弄,年轻时考取过秀才。在国人创办的企业中获得过卓越的成就,同海外人士交往密切,积极从事宗教活动,关心社会慈善事业。他先后操办了新普育堂、上海普慈疗养院、圣心医院、中国公立医院、南市时疫医院、杨树浦诊疗所,合办北京中央医院慈善机构,此外,他还创办了 5 所男女中小学校。

顾乾麟(1909—1998)

1939 年创办全部由私人出资的助学机构,命名为"纪念叔蘋公高初中学生奖学金",简称"叔蘋奖学金"。以纪念其父顾叔蘋,实践其"得诸社会还诸社会"的遗训。顾叔蘋(1890—1926),谱名同藻,1926 年春,其临终前教育 17 岁的独子顾乾麟:"一个人不可无钱,不过要赚得正大,用得光明,不要被钱利用,要好好去利用钱。得诸社会,必须还诸社会。"从此以后,顾乾麟将"得诸社会,还诸社会"这八个字牢记在心,并以此作为人生的努力方向,始终不渝。"叔蘋奖学金"的"原则是只要得奖学生学期成绩在 85 分以上,家境清寒,品学兼优,就可保证其连续取得奖学金"。奖学金起初规定资助学生上中学的学、杂、书费,以后还资助医疗费,成绩特别优秀的可资助膳宿费,升入大学的继续资助学费(私立大学)或膳食费(国立大学),大学毕业后出国留学的资助出国费用。1940 年,"叔蘋奖学金"管理处在《申报》《新闻报》上刊登招生广告。同年 2 月、7 月招收第一、第二期学生,其后每年春、秋两季各招考一期。1941年冬，日军查封冻结怡和公司财产，顾乾麟克服困难，变卖部分流动资产，夫人刘世明也将自己的首饰变卖，以保证得奖学生学业不致半途而废。1945年抗战胜利，事业得以重振。在经济情况大为改观之后，他一方面续办"叔苹奖学金"，另一方面又举办其他慈善事业。

中国的传统文化重视行善积福，《易经》有云"积善之家，必有余庆"，后世儒生颂扬积善余庆及作善降祥的道理，推动了中国古代慈善事业的发展。"劝善和行善是中国社会悠久的传统，善人、善书和慈善团体则是其具体表现。"上海开埠以后，民间慈善事业得到了长足发展，逐渐建立起众多的慈善组织，积累起丰厚的慈善资源，为上海都市社会的发展发挥了重要作用。民间慈善组织在中国历史悠久，而且向来秉持与人为善、救助贫苦的理念，因而深受社会欢迎，也形成了较为深厚的社会基础。当今社会，如何更好地推进慈善事业发展，倡导和光大社会慈善文化，应该是我们必须坚持和努力的一个重要方向。

顾乾麟雕像

兴篇
地方特色

"兴"是《诗经》的修辞手法之一。用朱熹《诗集传》的解释，"兴"就是"先言他物以引起所咏之词也"，即借用其他事物为诗歌将要颂咏的内容做铺垫。最原始的"兴"只是诗歌的一个发端，与诗歌其他部分没有实质意义的联系。如《秦风·晨风》开头"鴥彼晨风，郁彼北林"与下面诗句"未见君子，忧心钦钦"等看不出有什么实质性的关联。又如《小雅·鸳鸯》中"鸳鸯在梁，戢其左翼，君子万年，宜其遐福"用鸳鸯起兴，后两句却是祝福语，前后诗句并无意义上的联系。所以，"兴"在这一类诗歌中，就是起触物兴词，用客观事物触发诗人的情感，引起诗人歌唱的作用。

兴是早期诗歌的特征。从诗歌作者的层次来说，它是民歌的特征；如从创作方式来说，它是口头文学的特征。采用兴的手法的作品多在《国风》之中。汉代以后，虽《诗经》被视为经典，比兴之法被提到很高的地位，但如同《诗经·国风》一样单纯起韵的兴词并不见于文人的创作。"兴"又兼有比喻、象征、烘托等较有实在意义的用法。因为"兴"原本是由思绪无端的飘移和联想而产生的，所以即使有了比较实在的意义，也不是那么固定僵化，而是虚灵微妙的。钟嵘在《诗品序》中指出"赋、比、兴"三义各有特点，各有所长，不能割裂开来对待和运用。他说："若专用比兴，患在意深，意深则词踬。若但用赋体，患在意浮，意浮则文散，嬉成流移，文无止泊，有芜漫之累矣。"钟嵘要求兼采三者之长："闳斯三义，酌而用之，干之以风力，润之以丹彩，使味之者无极，闻之者动心，是诗之至也。"三义同运，以此表达含蓄婉转的诗风，构成诗词风格的另一番特殊意蕴。

"兴"说老城厢传统文化，可触物兴词，用客观事物的触发来赋写传统文化凸显出的民俗特质、文明演化、精神风貌，是让现代人为之引吭高歌的一种手法。

第十八章 近代书院文化的前驱

书院是中国古代民间教育机构，最早出现在唐代，发展于宋代，分官私两类。私人书院最初为私人读书的书房，官立书院初为官方修书、校书或偶尔为皇帝讲经的场所。书院是古代官学的重要补充，蕴含着丰富的文化内涵，是中华古代教育发展史上的一个里程碑。书院在作为上海文化教育发祥地的老城厢，有着承前启后的作用，承镇学、县学改革于前，启现代学校孕育于后。

一、上海的学宫

南宋咸淳三年（1267），上海在今丹凤路附近始有镇学。镇人唐时措、唐时拱两兄弟购方浜长生桥西北（今丹凤路西）韩氏旧屋，改建为"梓潼祠"（即文昌宫），内供孔子像。咸淳五年（1269年）在梓潼祠后筑屋，"清池之上，横以飞梁，为堂六楹"，由士人董楷题额"古修堂"，作为供士子读书和培养学生的"诸生肄业之所"，此为上海最早的学校——镇学。

元至元二十九年（1292）上海立县，至元三十一年（1294）镇学升格为县学，位于县署东（今聚奎街附近），唐时措任教谕。元贞元年（1295），万户长费拱辰出资重修县学，修葺正殿，新建讲堂和斋舍。元大德六年（1302），松江通判张纪、上海县尹辛思仁、县丞范天祯倡议重修，扩大庙基，添建殿轩，又筑垣墙，架桥泮池，并重绘孔子像，复古学宫制。营建的学宫包括：文庙、大成殿、明伦堂和魁星阁（文星阁、聚奎阁）等建筑，作为祭孔、讲学、考秀才和文人聚会的场所。上海县衙东面有文庙、县学、魁星阁和敬业书院。现今的聚奎街得名于学宫里的魁星阁（聚奎阁），"奎"是天上星宿的名称——"奎星"，二十八星宿之一，汉代有"奎主文章"之说，后来奎星就演化成主宰文章兴衰之神，也就是人们常说的"文曲星"。

元至大三年（1310），市舶司提举瞿霆发捐地500亩，在县署西淘沙场（今淘沙场街）建新学宫。元延祐元年（1314）县丞王琰又将学宫迁回原址。以后学宫历经多次修葺和扩建。至清道光年间，学宫内有文昌宫、奎星阁、敬一亭、张公井、天光云影池，池中有芹洲，洲上有止庵、杏坛、盟鸥渚、舞雩桥、洗心亭、酸窝、古井及焦石堂等。

清咸丰三年（1853）八月初五（9月7日）小刀会起义，攻下文庙，占领学宫作为指挥部。刘丽川的小刀会大本营就设在敬业书院，后迁入上海文庙。小刀会利用魁星阁层高，作为战事观察哨所，以关注东门外浦江清军的动静，掌握邑城北侧法租界的动向。翌年底，清军攻入县城，清军与小刀会起义军在学宫发生殊死搏斗，学宫殿阁堂祠毁坏殆尽。后两次在原址重建，均在营建中毁于火灾。地方官绅认为此

第十八章 近代书院文化的前驱

事皆因触犯回禄之神,且"室户尝被不洁"(指曾为小刀会占领)所致。

清咸丰五年(1858)七月,经上海道台和县署同意,在西门内原游击右营废址(今文庙路)建新学宫,营建经费主要由沙船巨商郁泰峰所捐。翌年七月竣工。新学宫占地28亩余,建有棂星门、泮池、大成殿、崇圣祠、明伦堂、尊经阁、儒学署、魁星阁等。咸丰十年(1860)新学宫成为洋枪队营地,建筑大半毁坏。道台丁日昌、知县王府濂号召县民捐款修葺。清同治五年(1866)道台应宝时拨款再次大修。民国以后,新学宫所有机构停办,祭孔活动终止。1931年在学宫建上海民众教育馆,尊经阁改建为市立图书馆。

2002年上海文庙被公布为上海市文物保护单位后,已成为区域内仅次于豫园的古建筑景观。进入文庙有三条观览线路:其一为祭祀崇圣线,包括棂星门、大成门、大成殿、东西

文庙大成殿前孔子像

庑廊、崇圣祠范围；其二为藏经讲学线，包括大中门、明伦堂、尊经阁；其三为学馆线，包括魁星阁、天光云影池、儒学署、六世堂、东西庑廊。

重檐歇山的大成殿立于 0.5 米高的平台上，殿前屹立的是先哲孔子铜像。铜像高约 1.70 米，先哲青带束发，双目炯炯，神采奕奕，双手合于胸前，似在循循诱导，不倦诲人。大成殿正中神龛内是用香樟木贴金雕饰的孔子坐像，两侧站立的是孔门高徒颜回和曾参。殿中梁上悬有 3 块匾：最上为清嘉庆皇帝所题"圣集大成"匾，中间为道光皇帝所题"圣协时中"匾，下面是咸丰皇帝所题"德齐帱载"匾；殿柱上有楹联曰："好学近乎智，力行近乎义，知耻近乎勇，先哲明训；富贵不能淫，贫贱不能移，威武不能屈，今人右铭。"

大成殿东西壁上还镶嵌 16400 多字的《论语》全文碑刻，这在全国所有孔庙中是独一无二的。在明伦堂、尊经阁间庑廊刻有上海县元、明、清 279 位进士的名录，其中有 3 位状元。天光云影池有魁星阁，周围庑廊，内侧设置上海百位名人书法碑林，外侧沿学宫设置店铺。

二、邑城的书院

元、明时期，上海县城内的文化教育有了新的发展，逐渐出现了许多书院。其中著名的有在今淘沙场街的沂源书院、清忠书院（院址无考）；今聚奎街附近的仰高书院；今光启路旧县署东北的启蒙书院等。县学和书院的教学内容主要是传统蒙学教材和经、史、子、集等，基本上为应付科举考试而设置。这些书院都按宋代朱熹创办的白鹿洞书院的规制行事，教学都采用问难论辩式，在某种程度上体现出"百

1. 文庙尊经阁
2. 文庙明伦堂

第十八章 近代书院文化的前驱

家争鸣"的精神，受到文人学者的好评。

至清代，全国各省普遍建立书院。据《上海县续志》风俗条中记载："同治中业，大乱初平，当道注意教育。主讲席者，皆当代硕儒，士风丕变，咸知求有用之学，不沾沾于帖括。当时以广方言馆、龙门书院为盛。"当时老城厢内的著名书院有：初在梧桐路，后迁聚奎街的敬业书院；在今凝和路的蕊珠书院；在今尚文路的龙门书院；在今乔家路北巡道街的求志书院；在今梅溪弄的梅溪书院；初在城内老学宫前，后迁制造局的广方言馆等。在城外的书院有：今北海路的格致书院、今上海县西南马桥镇的吴会书院、三林塘镇的三林书院、南汇周浦镇的芸香草堂等。这些书院的创办和发展，促进了上海地区文教事业和文化知识的传播。

敬业书院

清乾隆十三年（1748），按察使翁藻、知县王侹将被没收为官产的老天主堂（今豫园东安仁街、梧桐路）改建为申江书院，作为举贡生童每月会课之所。乾隆三十年（1765），道台李永书移建大门，增建诚正堂为讲堂，供朱熹位；前有观星台，后有春风楼。乾隆三十五年（1770），巡抚杨魁重修，改名"敬业书院"。乾隆四十七年（1782）和五十九年（1794），书院又经两次修建，春风楼改建为敬业堂，并增建后轩、穿堂、后斋、左右书室。书院聘请社会名流和饱学宿儒讲学、授课，其主旨是使读书弟子研究举业，并旁及其他实用学术。书院发膏火银，资助、奖励学习。沪上"诸生多在肄业"，"他邑亦有负笈而来者，海上文风乎

1. 敬业中学前身安仁里世春堂
2. 敬业书院

日上矣"（杨魁《重修书院记》）。道光年间，两江总督陶澍题"果行育德"匾，江苏巡抚林则徐题"海滨邹鲁"匾。清咸丰十一年（1861），老天主堂地产归还法国天主教会，翌年书院迁聚奎街旧学宫。清同治十年（1871）起兼作考棚，每年两次县考。清光绪三十一年（1905）改称上海县立敬业高等小学。民国年间先后成为县立第一高等小学、初级中学、市立中学。

蕊珠书院

清道光八年（1828），道台陈銮从敬业书院选出36名学生，每月在蕊珠宫（即也是园）内上课，取18人为登瀛上舍榜（优等生）。后因经费不足一度停办。道光十二年（1832），陈銮准院董申请拨款恢复。道光十五年（1835）集资增建珠来阁、育德堂、学舍等建筑。道光十八年（1838）又增建芹香仙馆，学生增至72人。每年官、师各10课，官课由道台、海防同知、知县轮课，专课举业；师课则兼经古，即词章诗赋。清光绪四年（1878）又附设孝廉课。清咸丰十年（1860）至同治元年（1862），蕊珠宫被征用为洋枪队营地，院舍大多损坏，书院再度停办，3年后修复。光绪三十一年（1905）停止课试，组织学务公所，改办师范传习所，开设教育、史地、算学、理科及唱歌、图画、手工等课程。民国初停办。

龙门书院

清同治四年（1865），由道台丁日昌倡办，初借蕊珠书院的湛华堂为学舍。同治六年，道台应宝时从道库拨银1万两，在吾园（今尚文路龙门村）正式兴办，建有讲堂、楼廊及学舍41间。光绪二年（1876），道台冯光拨款增建校舍10间。书院创办时由应宝时出题，苏

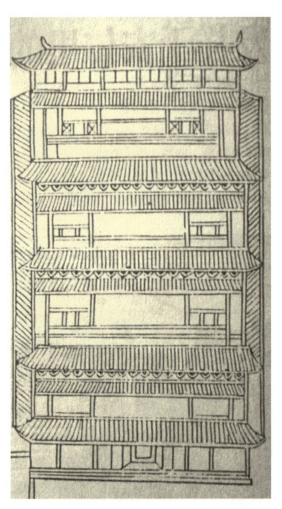

敬业书院旧图

第十八章 近代书院文化的前驱

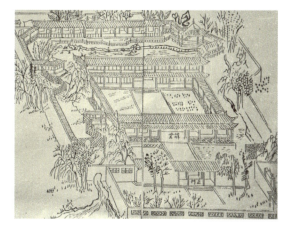

1		1. 龙门书院
	3	2. 龙门书院图
2		3. 龙门师范校舍

州、松江、太仓三府举人、贡生、童生等应答，实得答卷290份，从中选出超等20名、特等22名进行复试，最后录20名作为书院第一期学生。书院规章较完整，每年录取住读生30名，由道台甄别。书院聘名儒执教，学生发膏火银4两。课程以经史性理为主，辅以文辞。担任主讲14年的院长刘熙载生平学行事迹列入清国史馆儒林传。光绪三十一年（1905），

清朝废除科举制度后，书院改为龙门师范学堂，并增建中式楼房24幢、西式楼房7幢。民国元年（1912），改名为江苏省立第二师范学校。1927年，与江苏省立商业学校合并成为江苏省立上海中学。

求志书院

位于小南门（今乔家路、巡道街）。清光绪二年（1876），冯焌光捐银2万两，建屋50余间，创办书院。设经学、史学、掌故、算学、舆地、词章6斋，聘请学者钟文丞、俞樾、高骖麟、刘彝程、张焕纶等主持。书院按季课试近30年。书院还备置与6门课程有关的参考书籍260余部，七八千册，成为当时城内最大的书库。光绪三十一年（1905）书院停止

课试,经费和藏书移至龙门师范。

梅溪书院

清光绪四年(1878),龙门书院毕业生张焕纶在海溪弄旁创办正蒙书院。经费全由私人捐助,教师主要由龙门校友担任,不取报酬。书院一改传统教育方式,规定"不授贴括,以明义理,识时务为宗旨"(《上海县续志》)。设国文、舆地、经史、时务、格致、数学、诗歌、体育等课程,当时被誉为"中国四千年来最先改良小学校"。由于书院开西学之风,初办时社会疑忌甚众,入学者仅40余人,分大、中、小班。后因成效卓著,生徒日增,至光绪八年(1882)已达近百人。道台邵友濂感张焕纶"用志之宏,任道之毅,而虑其力之或不继也"(邵友濂《梅溪书院记》),于是拨4200两银作为办校经费,光绪十一年(1885)再次拨款,赁原址西1.3亩地扩建校舍,改名"梅溪书院",增设英文、法文课程。书院教学以俗语译文言,讲解与记忆并重;注重体育,对学生进行军事训练,组织学生"夜巡城厢";吸收女学生进校,实行男女同班同学,为中国改革书院、建设学堂的先驱。光绪二十八年(1902)奉诏改办学堂,称"梅溪学堂"。民国后改称"梅溪小学"。"梅溪小学"是中国创办的第一所近代学校,其在中国近代教育史上有着非常特殊的地位。

广方言馆

于清同治二年(1863)正月,由江苏巡抚李鸿章,仿京师"同文馆"例,奏请清政府批准创办,是上海最早的外语学校,也是近代培养翻译和承办洋务人员的新式学校之一。首任广方言馆山长(即馆长)为冯桂芬。广方言馆就其培养目标及设立课程、专业而言,已具有近代高等教育的雏形。校址初设于老城厢内旧学宫,即"敬业书院"西偏屋宇(今梧桐路),由书院山长冯桂芬总负责。同治八年(1869)迁入高昌庙"江南机器制造局"(后为江南造船厂)内。

学校学制分上下两班,初进馆者入下班,授算学、代数学、对数学、几何学、重学、天文、地理、绘图及外国语言文字。期年甄别择其优秀者入上班,专习一艺,计分7门:辨察地产,分炼各金(属),以备制造之材料;选用各金(属)材料,或铸或打,以成机器;制造或铁或木各种;拟定各汽机图样,或司机各事;行海理法;水陆攻战;外国语言文字,风俗国政。嗣后改正科、附科,分英文、法文两馆,后又设东文馆。

广方言馆开办鼎盛时全馆学生达200名。入学年龄从起初的14岁以下,改为15岁以上、20岁以下,由有名望的官绅保送至监院报名经上海道面试后,择优录取。一经录取,免费住读就学,伙食费也由馆方供给。学习成绩优秀的学员,馆方可加发膏火银,以资奖励。该馆经费,由海关征收外国船税项下拨发。该馆学制3年,学生毕业时能独立翻译一本外文书籍，且能达到"文理成章"的要求。学生毕业后，由中方、西方教师推荐至"通商衙门考验，请奖为附生"。清光绪三十一年（1905），两江总督周馥奏准改广方言馆为工业学堂。历时42年的广方言馆成为历史陈迹。

老城厢境内还有清光绪十九年（1893）经元善创办于高昌庙的经正书院，光绪二十二年（1896）王维泰创办于大东门省园的育材书塾，虽沿用书院、书塾习称，但教学内容已有更新。

三、沪上首开近代教育

清光绪二十七年（1901），清政府下令改各省书院为学堂。民国成立后，学堂一律改称学校。为此，当年的书院，除龙门书院（今上海中学）、敬业书院（今敬业中学）、梅溪书院（今梅溪小学）外，其余的书院均已不复存在。

清末，随着西学东渐，新学逐渐代替旧学已成为必然趋势。加之经济发展迫切需要外语和科技人才，沪上产生了仿效西方教育制度的近代学校。上海由此在全国开了创办近代教育之先河。一批外国传教士在沪办学，将西方的教育方法引入了中国。旧书院在课程设置和教学方法上也开始有所变革，并演变为上海第一批官办近代学校。

清道光二十九年（1849），法国天主教耶稣会在上海创办教会学校圣依纳爵公学。清咸丰十年（1860），美国基督教长老会创办娄离华学堂，即清心男塾。上海教会学校的设置，从小学到高等学校基本齐全。清同治二

1｜2

1. 由敬一堂变身的梧桐路小学
2. 市立万竹小学大门

年（1863），李鸿章奏准开设上海第一家中国人办新式学堂上海广方言馆，教授外语，兼授其他西学，培养新型科学技术人才。同治六年（1867），江南制造局开设机器学堂，同治十三年（1874）设操炮学堂。同治十一年（1872），官派第一批学生赴美留学，开创了中国的留学生教育事业。

清光绪四年（1878），龙门书院院长张焕纶创办了第一所新式小学正蒙书院，该学校参照外国办学制度，设置课程、发展学生组织、建立作息制度等，兼重德育、智育、体育。光绪二十八年（1902）改梅溪学堂，1912年改梅溪小学。

同时，民间办学进一步兴起，一批私立学校相继创办。清光绪五年（1879）圣约翰书院创办，光绪二十二年（1896）设大学部，成为上海第一所高等学校。同年，盛宣怀奏准开设新型学校南洋公学，设师范院、外院（小学部）、中院（中学部）和上院（大学部），形成三院一贯的新教育制度，成为国内大学、中学和小学三级学制的雏形，初步形成国人办小学到高校的普通教育体系。维新运动兴起后，近代教育进一步发展。光绪二十五年（1899），叶澄衷捐地30亩、规银20万两，在虹口唐山路创办澄衷蒙学堂，光绪二十七年（1901）建成开学。

光绪二十八、二十九年（1902、

1. 旧时大同大学门口
2. 大同中学校园今貌
3. 发祥于安仁里的敬业中学

第十八章　近代书院文化的前驱

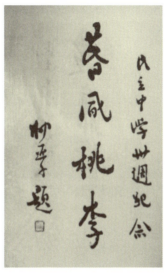

1. 民立中学大南门外新校舍
2. 柳亚子为民立中学题词

1903），清廷先后颁布《钦定学堂章程》《奏定学堂章程》，以官方名义确定具有实际操作意义的中国第一个完整的近代学校系统。光绪三十一年（1905），废科举、兴学堂，上海出现大批新式学校。光绪三十三年（1907），有各类学校271所，其中国人办231所、华洋合办5所、外国教会办35所。

上海还首先在国内发展近代女子教育。清道光三十年（1850），美传教士在沪首创裨文女塾；清同治七年（1868），圣玛利亚女校建立。光绪二十四年（1898）六月，经元善在沪南高昌庙开办桂墅里女子学堂（经正女校），为国人自办女子学堂之始，后在淘沙场陈化成祠设分校。光绪二十七年（1901），蔡元培等在上海组织中国教育会，在公共租界派克路（今黄河路）登贤里开设爱国女学，此为民主革命派创办的第一所女学。翌年，吴馨将家塾迁至小南门内，扩大规模，改名务本女塾。

此后全国首家女子职业学校上海女子蚕桑学堂、女子医科学校、上海女子医科大学、女子体育专门学校和两江女子体育专科学校先后创办。女子上学，男女同校渐成风气。至清宣统三年（1911），上海有女子学堂18所。20世纪初，与社会经济发展相适应的工商实业教育开始勃兴，成为上海教育的重要方面，亦领先于全国各地。清光绪八年（1882），上海电报学堂开办。以后有上海县警察学堂、护士学堂、师范学堂及农林、蚕桑、工业等学堂陆续创立。

其间,各行业公会亦相继兴办小学。成衣业有衣业小学堂、水果业有华实小学堂、质典业有质典业小学、棉花业有花业公学堂、茶馆业有先春义务小学堂,梨园业有梨园子弟学堂,佛教公会有同苓小学堂,商务印书馆有尚公小学校等。同时,各同乡会馆也纷纷兴办同乡子女小学,其中有湖州旅沪公学、泉漳公学、广志公学等。

沪上首开近代教育之风的创举,既为近代上海新一代获得了优先于其他城市接受现代教育的良机,也为上海波澜壮阔的持续发展打下了良好的人才基础。自1748年敬业书院初创之始,知书明理的士大夫与文人志士就静居于这片城厢,品鉴诗文,崇尚礼数,感化世风,从敬业、蕊珠、梅溪、龙门四大书院,到开西学风气之先的大同中学、敬业中学、实验小学等上海名校,大同中学、市八女中、实验小学等历经百余年仍然书香氤氲。先后走出了胡适(1904年入梅溪小学堂,1905年就读澄衷学堂)、蒋经国(1922年入上海万竹高等小学,1924年就读于上海浦东中学)、叶企孙(1905年9岁时入敬业学堂)、周培源(万竹高等小学)、陈秋草(万竹高等小学)等一批名人大家,他们在推进中华文明发展方面产生了深远的影响。至今,这里仍是全上海名校资源集中、教学质量上乘的区域之一。

1. 旧时清心女校(原名庚午校舍)
2. 旧时清心女校校舍
3. 清心女中毕业证书

第十九章 小铺乾坤的旧书文化

上海是一个通洋商埠，五方杂处，中西合璧。生活在这一空间中的上海人，显然比内陆居民多了一份见识，多了一份乐于与世界各国进行文化交流和经济来往的情怀，并因此形成了一种善取他人之长的传统美德。无论是棉花和植棉技术的引进，以及黄道婆对棉纺织工具和技术的改进；还是徐光启对西方先进科学技术的介绍与传播，无不证明了这一点。同样，曾风靡一时的上海旧书业的兴起和发展，也与"取人之长，补己之短"的文化发展模式息息相关。

一、沪上旧书业的兴起

清初顺治年间的北京城，实行"满汉分城居住"。琉璃厂恰处于皇城根外城的西部，所以当时的汉族官员多数都住在琉璃厂附近，后来全国各地的会馆也都建在附近，官员、赶考的举子常聚集于此逛书市，使得明朝时红火的诸多书市转移至此，并逐渐发展成为京城最大的书市。与文化相关的笔墨纸砚、古玩书画等等也随之发展起来，继而形成了人文荟萃的文化街市。

那时，每届春闱一过，琉璃厂就会聚集许多各地赴京赶考的学子，那些考取功名的举子想早早地把自己不再用得着的旧书卖了，而一些落榜的书生则想获得几本价廉物美的好书继续攻读，以待下期科考能够高中，旧书市便这样在上榜与落榜书生之间不经意地拉开了序幕。旧书交易时，常还会夹杂着一些古籍珍本，若被明眼人相中，便能寻得一份新的商机，于是书商们开始纷纷在这里设摊、建室，做起旧书营生。在此寻本旧书，找件古物，选购笔墨纸砚，欣赏古玩字画的文人墨客，以及从事这种营生的客商日渐增多，琉璃厂亦变得热闹起来。

与琉璃厂不同的是，上海图书出版业的发展，得益于西方先进技术的引入。清道光二十三年（1843），上海开埠。英国伦敦宣道会派遣麦都思到上海宣教，他利用负责道路、码头建设和管理英侨公墓之便，圈买了上海县城北门外的大片土地，人称"麦家圈"（今山东中路一带）。麦都思在上海创办了墨海书馆，最初办公场所就在上海老北门附近的大境阁，清咸丰十一年（1861），迁到了英租界山东路"麦家圈"内。第二年墨海书馆采用新的印刷设备、新的技术和新的生产方式来出版书籍，此后很长一段时间内，墨海书馆成为上海的编译出版中心，同时也催发了中国出版现代化在上海的起步。之后，书商蜂拥而至上海棋盘街（今河南中路），并逐渐形成书店林立的局面。是时，凡大书局必于此设立营业窗口，书店亦连绵延伸至整条福州路文化街。

随着上海新书店开始往北京发展，北京琉

璃厂的旧书商们为了生存也开始南下，在上海设立了诸多分店。旧书商们在福建路四马路（今福州路）、三马路（今汉口路）、城隍庙、赫德路（今常德路）、麦家圈等地，做起拾遗补缺的小本经营，店多成市，上海亦慢慢成了古旧书的集散地。作为全国出版业中心城市的上海，不仅拓展出旧杂志和绝版旧平装书籍的新天地，也确立了其在中国旧书业界的"半壁江山"地位。

以前的老上海，大大小小的旧书店、旧书摊遍布大街小巷。旧书店大多居于弄堂口、壁角落、转弯处，街头巷尾，无处不在。业主用木板钉成简易书架，放上旧书就可以对外营业了。古旧书店的从业人员，则在长年累月的觅书、购书、售书过程中，无师自通地成了精通古籍目录学、版本学的专家。据1956年的资料统计，当时上海共有私营古旧书店56家，私营或者个体旧书摊近300个。

二、城隍庙市场的旧书业

一百多年前，上海成了新文化出版中心，同时也成了旧书业交易中心。旧书交易在有着深厚文化积淀的老城厢，具有很大的市场。无论是蕴藏于民间的书籍收藏量，还是历有的旧书交易传统，都是滋养这一交易生长的一方沃土。于是，小街小巷一个不大的店面，路边巷口一方临时搭建的门板，都有可能是老城厢内的一处旧书交易场所。

旧上海旧书交易的文化街，有两处最为著名：一处是四马路（福州路），书店和文具店鳞次栉比；另一处就是城隍庙，旧书店、旧书摊比比皆是。由"小世界"进入城隍庙，经九曲桥、护龙桥，再从小东门出来，一路上起码有数十家旧书店。而从东辕门始至环龙桥的桥堍，差不多全是旧书摊。满地都是旧书、期刊和杂志，价钱十分便宜。铺在地上的叫地摊，搁在板上的叫板摊。有的板摊靠墙搁着，精美一些的书籍放在肥皂木箱里，堆得比人还高。周日逛城隍庙旧书摊最多的是大、中学生。春秋两季开学更是人群簇拥、人头攒动，教科书和各类辞书十分抢手，来城隍庙寻觅旧教材是学生们省钱的好办法。旧书之所以受人欢迎，主要是便宜，由于当时读者的购买力相当低下，店主便从出售一折八扣书的书店，批发来大量低价旧小说出租、出售。一折八扣书起源于新文化书店，书籍标价一元，讨价还价即成一角，再行杀价，便是八分，所以叫一折八扣书。后来大达图书供应社、中央书店群起仿效，大规模专门翻印旧小说和古籍，以致那些封面花花绿绿的折扣书，在城隍庙内沿街书摊中触目皆是。

当时，一些国际化的大都市也有旧书交易，且都具有旧书店多、交易量大的特点。法国巴

第十九章 小铺乾坤的旧书文化

黎的塞纳河边有繁华的旧书市场，日本东京的神田街上有几百家旧书店，城隍庙市场里很早就有大量旧书店的存在，也算得上与国际旧书业发展同步了。说及城隍庙书市，民间留有一段趣闻。一次国民政府主席林森微服私游城隍庙，因随行人员的大意，在摩肩接踵、川流不息的人潮中，居然把政府主席给"跟"丢了，弄得众人惊出一身冷汗，急忙四下寻找。最后竟在旧书摊上找到了林森，只见他正兴致勃勃翻着旧书，此事一时亦被传为佳话。

城隍庙不仅是商场，更是一个包括书市在内的区域文化中心。作家阿英在《城隍庙的书市》一文中描述："要是你把城隍庙的拐拐角角都找到，玩得幽深一点，你就会相信城隍庙不仅是百货杂陈的商场，也是一个文化的中心区域，有很大的古董铺，书画碑帖店，书局，书摊，说书场，画像点，书画展览会，以至于图书馆，不仅有，而且很多，而且另具一番风趣。"文章不仅实景描写了城隍庙有过旧书店、旧书摊数十家的社会风情，更显示出一百多年前的城隍庙已是一个吸引无数文人流连忘返的文化磁场。

三、沪上时下的旧书业

几十年后，老城厢中的文庙也出现了旧书市场。文庙是上海中心城区唯一的儒学圣地，里面除了有夫子庙可供大家拜谒外，文庙每个星期天还有书市，除了交换古籍书画，二手小说、杂志也不乏买家卖家。十几年来，书市的门票从一角涨到一元，摊位费则从三角涨到三十元，仍挥不走那些爱书的人。何以如此？因为在旧书堆里淘"宝"，是爱书一族内心静逸、心灵净化的好办法。不少人靠着文庙旧书市场

1. 文庙旧书市场

2. 文庙旧书市场

方浜路上海老街上的旧书店

读书成才，也有不少人靠着文庙旧书市场成了书业行家，还有不少人在文庙搜罗旧书成了一大藏家，更有不少人在文庙养家糊口而渐入小康。每个星期日去文庙书市转转，是一部分上海人的一种爱好，书市亦常常呈现出觅书求书客流量爆棚的景象。遗憾的是近年文庙旧书市场因多种原因关闭了。

方浜路上海老街也开有一家旧书店，一家逼仄的店铺，里面堆着一屋子泛黄的旧书，其中不乏经史子集古学精华。俗话说得好：百年无废纸。别看这小小的旧书铺，通屋都闪耀着千年儒学的灵光。店主人是一位在老城厢文庙旧书市场书堆里摸打滚爬了好多年的爱书人，而且是个儒雅饱学之士，旧书学识和经营魄力都为圈内人士所敬佩。

上海旧书店中华路店，过去叫群众书店，知名度很高。有着老城厢文化底蕴的那家小店，收购了不少古旧书。由于地处文庙路口，如今依然人气很旺，小小店堂常常挤得转不过身。

如今网店兴起，传统旧书业实体店的发展空间遭到严重挤压。创建于2002年的"孔夫子旧书网"，颠覆了旧书行业传统的交易方法，凭借互联网的力量迅速崛起，目前成了全球最大的中文旧书网上交易平台。其为传统旧书行业与互联网结合而搭建的C2C平台，在中国古旧书网络交易市场拥有90%以上的市场份额。除了"孔夫子旧书网""豆瓣读书"等图（旧）书一类的专业网站外，一些知名的综合性网站也专门开设窗口经营网上图（旧）书的交易，如"亚马逊图书""当当书店""京东图书"。书商是新旧藏书家之间的媒介，无论是实体店，还是网店，因为他们的工作，那些文化典籍，才有了大范围、深层次的流转。

旧书业是城市文化不可或缺的组成部分，也恰恰是一座城市进步和文明的重要标志之一。延续了百多年的老城厢旧书文化与上海城市精神密切相关，精神文化是需要物态载体的。去旧书摊、旧书店、旧书市场淘书的经历，亦是很多文化人难以忘却的幸福时光。"精神食粮很多时候就在经典的老著作里，在旧时的古籍史料中。"旧书业作为一种文化载体，可以直观地反映出前人的思想、行为、理念，人们亦可从中不断丰富其发展内涵、更新发展内容，以达到更好实现文化传承的目的。

　　一个时代有一个时代的历史场景，随着互联网技术在图书流转和交易中的快速应用，传统的旧书市场日渐式微并逐渐远离人们的视野。人们常说，氤氲着书香的城市总是美丽的。当前，在"互联网＋文化"的时势大潮下，怎样使旧书业顺应时代潮流，积极应对经营困境，加快改变过去的单一营销模式等，都是必须高度重视的问题。发挥好旧书原有的调配、利用和交流功能，让旧书市场作为城市的文化亮点，继续点燃人们的求知之心；让读书人多一点对文化传承的真情守望，多一点对城市文化的热情追求，多一点对城市精神的不懈弘扬；让飘香的旧书，为我们的城市加快提升文化品位，从而更好地保留和传承申城的城市文化，无疑都是在推进城市精神文明建设过程中，必须坚持和努力的一个重要方面。

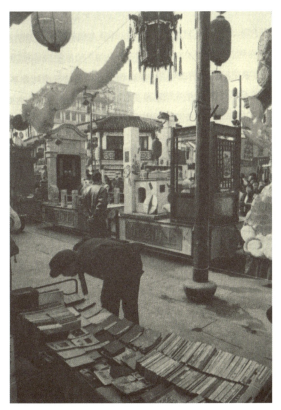

方浜路上的旧书摊

结 束 语

上海是国家历史文化名城,有着七百多年历史的老城厢,是上海城市中心历史传统文化特征最为鲜明的区域。虽然其面积不大,但在上海城市发展史上的地位非常重要,价值十分独特。老城厢是孕育上海现代城市的母体,是滋生上海城市文化的源头,是昭示上海城市辉煌的见证。然而,随着上海建设发展的加速推进,老城厢在汹涌的城市现代化浪潮拍打下,在思考自己的未来发展与保护时,多了几分忐忑,多了几多彷徨,多了几许迷茫。历史城市的文化保护是世界性难题,老城厢同样也面对着怎样处理好发展与保护的关系、怎样更好延续上海历史文脉、怎样留住城市记忆、怎样传承和光大城市精神等一系列难以轻易解答的重大课题。解答好这些课题,需要我们回望历史,需要我们总结过去发展的经验并吸取教训,需要我们确立切实可行的目标并增强信心。

作为上海最早的城市根脉,老城厢从成陆、出现先民聚落、设立上海务和上海镇,再升格为上海县,直至今天,筚路蓝缕一路走来。它曾有过一直是上海政治、经济、文化中心的辉煌,也有过上海日新月异变化后带来的一丝落寞,但在上海开始迈向全球卓越城市的进程中,老城厢以它在这座城市中无法改变的地理位置与无法抹去的历史标识,越来越引起人们的重视与关注。

作为上海本土文化的源泉,源于中国传统文化的老城厢文化,具有鲜明的江南文化特质,其繁衍的海派文化亦独领风骚,迎合时代潮流的红色文化更是熠熠生辉。以明代园林豫园领衔的城市山林,是上海最早走向世界的一张城市名片;历史悠久的敬业书院、龙门书院等众多书院或学堂,是中国近现代教育的前驱;在这片土地上居住生活过的无数科学先驱、教育宗师、文化大师及仁人志士,是引领上海乃至整个中国发展前进的先锋;曾在老城厢公开出版发行的中共中央机关刊物《向导》,照亮过许多人前行的道路;小南门警钟楼的钟声,吹响过上海工人第三次武装起义的集结号;二战时期世界上第一个也是最大的战时平民中立保护区,有效庇护了躲避战乱的 30 万难民。正是江南文化与多元文化的共存发展、城市文明和英雄主义的很好融合,推动了老城厢的社会历史演进,丰厚了上海城市的人文底蕴,彰显了一波又一波的时代风采。

作为近代上海制造的摇篮,老城厢得身处江海通衢之优势,从宋朝海上贸易主要"榷场"起步,逐渐演变为明清时期国内及远东最大的

结束语

港口城市，继而铸就了东门外一带码头林立、舳舻蔽江、货栈毗邻、贸易兴旺的发展盛景。在历史发展进程中，老城厢以创下众多"中国第一"的壮举，为中华民族工业的发展赢得了自尊和骄傲。无论是近代中国创办最早、规模最大的近代军工企业江南机器制造总局，还是机器轮船制造厂、发电厂、水厂、轮船公司等一大批最早的民族工业企业，都为以后的中国制造奠定了良好的基础。一大批伴随数代市民生活记忆的上海老字号品牌，为上海城市在全国以至世界赢得了经久不衰的崇高声誉。

作为上海城市的人文实证，老城厢保留了极为丰富的城市形态与历史文化遗存。明朝中期县署机构和周边街道、为防倭寇犯境而建的环形城墙和护城河及水陆城门、填浜筑路剧烈变化后的独特道路格局等，都仿佛默默诉说着上海城市的发展历史。老城厢中精美的明清江南传统园林和宅第、十分西化的外廊式住宅和独立式花园住宅等，不只是各类风格建筑在时代演进创变后留存的历史痕迹，更是江南吴文化与西方文化兼容互补而形成的一种建筑文化。与之相随的，是经一百多年发展而逐渐延展至整座城市里弄空间中，一种开放、包容和灵活的居住生活与社会生态。百多年来，正是这种社会生态，涵养出上海最平民化的生活场景。这种场景伴着岁月在灯红酒绿的奢华背后静静蛰伏，这种场景给置于其中的人们的感受像无形的空气那样不可或缺，这种场景会钩沉出每条弄堂每幢石库门内的许多"城南旧事"，以及与之相随的许多喜悦、忧伤和惆怅。从人居文化的角度来看，对生于斯长于斯的绝大部分上海百姓而言，有一百多年发展历程的上海里弄，是上海市民聚居的基本生活单元，是上海人心目中极具生命力的家园，更是上海都市生活的一帧独特背景。它被公认为是上海城市风貌特色的重要构成元素，也是今天上海成为全球卓越城市必不可少的历史乡土人文特征。

多元文化的交融和冲撞推动了世界近代文明的演进，前近代的上海人虽与华夏子民同样处于文化相对自闭的皇权天下，但他们有幸首先遭遇了东西方两个世界的相逢和两种文明的冲撞，并在欧亚大陆南北东西文化交汇、融合的前沿，承受了中国汇入世界潮流之初的磨难、困惑和酸楚。同样，与开埠后浓缩了同时期西方科技经济文化的租界一墙相邻、同城相处的人们，在遭受许多不平等待遇的同时，也较早感受到了世界近代城市的文明成果与一缕自由空气。

七百余年历史的上海城厢,给世界留下的是一座庞杂传奇、无比珍贵的文化遗产宝库,其中沧海桑田、海纳百川、有容乃大的故事精彩纷呈。老城厢的历史再次向世界证明,不同文化的碰撞并不可怕,这种碰撞可以激发人类的创造力,可以加快推动社会不断进步。如果没有这种碰撞后留下的那些精彩故事,走向现代的上海便不可能对中国的发展作出后来那些重要的贡献。今天的上海在世界版图上已是一个瞩目的发展坐标,最初上海的无比传奇需要传颂和延续,博大精深的历史文化遗产需要一代代薪火相传。珍藏老上海的城市记忆,让世世代代申城后人,内心永远留有那些诗和远方,是我们十分重要的历史责任。

Conclusion

Shanghai is a famous historical and cultural city in China. With a history of more than 700 years, the Old City Area preserves the most distinctive historical and traditional cultural characteristics of Shanghai. Although it's area is small, it has a unique value and has a very important place in the history of Shanghai's urban development. The Old City Area is the mother of Shanghai, the source of Shanghai's urban culture, and the symbol of Shanghai's glorious history.

However, with the acceleration of Shanghai's construction and development, the Old City Area is beaten by the turbulent wave of urban modernization. In the consideration between historical protection and future development, it becomes confused. It faces the world's difficult problems of cultural protection of historical cities. It also faces a series of major difficult topics such as how to deal with the relationship between development and inheritance, how to continue the historical context of Shanghai, how to retain urban memories, how to inherit and carry forward the urban spirit. To answer these questions well, we need to look back at history, to sum up past development experiences and learn lessons, and to set practical goals and strengthen confidence.

The Old City Area has a long history of glory as the political, economic and cultural center of Shanghai, experiencing a loneliness brought about by the rapid changes of Shanghai. However, in the globalization of Shanghai, the Old City Area has attracted more and more attention due to its immutable geographic location and historical mark that cannot be erased.

The culture of the Old City Area, as the source of Shanghai's native culture, has distinctive Jiangnan cultural characteristics. Shanghai Culture nurtured by the Old City Area culture is unique, and the red culture that meets the trend of the times is shining. The urban forest, represented by the Ming Dynasty Garden Yuyuan, is Shanghai's first city card for the world.

最初上海 老城厢的诗和远方

Many academies or schools, such as Dedicated Colleges and Longmen Colleges with a long history, are the precursors of modern education in China. Numerous scientific pioneers, educational masters, cultural masters, and philanthropists who lived on this land have led the development of Shanghai and even the whole China. The Guide, which was the official publication of the Communist Party of China, published in the Old City Aera, has illuminated the way forward for many Chinese. As the world's first and largest wartime civilian neutral protected area during World War II, the Old City Area provided shelter for 300,000 refugees. It is the coexistence and development of Jiangnan culture and multiculturalism, the perfect integration of urban civilization and heroism, that promote the social and historical evolution of the old city and enrich the cultural heritage of Shanghai.

As the cradle of modern Shanghai manufacturing, the Old City Area is benefited from the advantages of river transportation and maritime transportation. It started from the main "Forum" of maritime trade in the Song Dynasty and gradually evolved into the largest port city in China and the Far East during the Ming and Qing Dynasties. In this historical development, the Old City Area has got many "China First" feats and won self-esteem and pride for the development of the Chinese nation's industry. Whether it is the earliest and largest modern military enterprise established in modern China, Jiangnan General Machinery Manufacturing Bureau, or a large number of earliest national industrial enterprises such as machine ship manufacturers, power plants, water plants, and steamship companies, all has laid the good foundation for Chinese manufacturing. A large number of Shanghai time-honored brands have earned Shanghai a reputation at home and abroad.

As a cultural symbol of Shanghai, the Old City Area retains extremely rich urban forms and historical and cultural relics. The county bureau agencies and

Conclusion

surrounding streets in the middle of the Ming Dynasty, the ring-shaped city walls and moats and water and land gates built to prevent pirate invasion, and the unique road pattern after the drastic changes in filling and building roads, all tell the story of Shanghai's development. The exquisite Ming and Qing Jiangnan gardens and mansions, westernized veranda-style houses and detached garden houses are not only historical traces, but also an architectural culture formed by the compatibility and complementarity between Jiangnan Wu culture and Western culture. Along with it, an open, inclusive and flexible living life and social ecology have been formed. This social ecology fosters the lifestyle of Shanghai people. This lifestyle gives birth to the "old things in the south of the city" and many joys, sorrows and melancholy that follow it. From the perspective of human settlement culture, for most people in Shanghai, Shanghai Linong with a history of more than 100 years, is the basic living unit of the settlement, the most vital home in their minds, and unique scenery of the urban life. It is widely recognized as an important element of Shanghai's urban style and features, and an indispensable historical and cultural feature of Shanghai as a global city today.

The integration of multiculturalism has promoted the evolution of modern civilization in the world. The Shanghai people were the first to experience the encounter between the two worlds, the collision and fusion of the two civilizations, and endure the ordeal, confusion, and sorrow at the beginning of China's integration into the world fortunately. At the same time, influenced by the advanced Western science and technology culture of the imperialist concession, Shanghai also learned about the civilization achievements and freedom of modern cities in the world in advance.

The 700-year-old Old City Area has left a treasure trove of precious cultural heritage to the world. The history of the Old City Area proves that the collision of different cultures is not terrible, but

can stimulate human creativity and accelerate social progress. Without cultural integration, modern Shanghai would not make such an important contribution to China's development. Today, Shanghai is already an eye-catching place on the world map. The legend of the the original Shanghai needs to be honoured and continued. The profound historical and cultural heritage needs to be passed on from generation to generation. It is our important responsibility to treasure the memory of old Shanghai and let future generations remember its poems and dreams forever.

参考文献

1. 《上海通志》编纂委员会编《上海通志》，上海人民出版社、上海社会科学院出版社，2005 年
2. 《上海金融志》编纂委员会编《上海金融志》，上海社会科学院出版社，2002 年
3. 《上海宗教志》编纂委员会编《上海宗教志》，上海社会科学院出版社，1999 年
4. 《上海工商社团志》编纂委员会编《上海工商社团志》，上海社会科学院出版社，2001 年
5. 《上海工运志》编纂委员会编《上海工运志》，上海社会科学院出版社，2003 年
6. 《上海园林志》编纂委员会编《上海园林志》，上海社会科学院出版社，1998 年
7. 《上海港志》编纂委员会编《上海港志》，上海社会科学院出版社，2001 年
8. 《南市区志》编纂委员会编《南市区志》，上海社会科学院出版社，1996 年
9. 熊月之主编《上海通史》，熊月之著第 1 卷《导论》，上海人民出版社，1999 年
10. 熊月之主编《上海通史》，马学强著第 2 卷《古代》，上海人民出版社，1999 年
11. 熊月之主编《上海通史》，熊月之、袁燮铭著第 3 卷《晚清政治》，上海人民出版社，1999 年
12. 熊月之主编《上海通史》，陈正书著第 4 卷《晚清经济》，上海人民出版社，1999 年
13. 熊月之主编《上海通史》，周武、吴桂龙著第 5 卷《晚清社会》，上海人民出版社，1999 年
14. 熊月之主编《上海通史》，熊月之、张敏著第 6 卷《晚清文化》，上海人民出版社，1999 年
15. 熊月之主编《上海通史》，杨国强、张培德、王仰清等著第 7 卷《民国政治》，上海人民出版社，1999 年
16. 熊月之主编《上海通史》，潘君祥、王仰清、张剑等著第 8 卷《民国经济》，上海人民出版社，1999 年
17. 熊月之主编《上海通史》，罗苏文、宋钻友著第 9 卷《民国社会》，上海人民出版社，1999 年
18. 熊月之主编《上海通史》，许敏著第 10 卷《民国文化》，上海人民出版社，1999 年
19. 唐品主编、宋思佳注释《诗经全集》，天地出版社，2017 年
20. 范文兵著《上海里弄的保护与更新》，上海科学技术出版社，2004 年
21. 桂琳、王黎东、樱宁等编著《风情上海滩》，上海三联书店，2005 年
22. 罗苏文著《上海传奇：文明嬗变的侧影（1553-1949）》，上海人民出版社，2004 年
23. 邓明主编《上海百年掠影(1840s-1940s)》，上海人民美术出版社，1996 年
24. 周振鹤主编《上海历史地图集》，上海人民出版社，1999 年
25. 《海上风情(1840s-1990s)》，上海人民美术出版社，1998 年

26. 方昉绘、刘允洲《上海符号：我的老城厢》，上海文艺出版社，2006 年
27. 张伟、黄国荣、侯锦权主编《老上海地图》，上海画报出版社，2001 年
28. 倪墨炎选编《名人笔下的老上海》，北京出版社，1999 年
29. 费慧林著《海派庙市》，文汇出版社，2010 年
30. 曹聚仁著《上海春秋》，上海人民出版社，1996 年
31. 薛理勇著《老上海城厢掌故》，上海书店出版社，2015 年
32. 薛理勇著《街道背后：海上地名寻踪》，同济大学出版社，2008 年
33. 薛理勇著《上海老城厢史话》，立信会计出版社，1997 年
34. 顾启良主编《上海老城厢风情录》，上海远东出版社，1992 年
35. 上海市南市区文物管理委员会编《上海老城厢》，上海大学出版社，1999 年
36. 程秉海主编，费慧林、施海根撰稿《历史在这里流淌：半壁城厢话古今》，文汇出版社，2007 年
37. 程秉海主编，沈嘉禄撰稿《白相城隍庙：百年旺市数今朝》，文汇出版社，2007 年
38. 程秉海主编，费慧林、施海根撰稿《豫园有史足千秋：名园名城与名人》，文汇出版社，2007 年
39. 程秉海主编，王琪森撰稿《海上翰墨雅韵：园庙市楹联匾额集赏》，文汇出版社，2007 年
40. 程秉海主编，惜珍撰稿《品味老字号：商苑奇葩竞风流》，文汇出版社，2007 年
41. 郑祖安著《海上剪影》，上海辞书出版社，2008 年
42. 钱乃荣著《上海话小词典》，上海大学出版社，2017 年
43. 吴亮著《老上海已逝的时光》，江苏美术出版社，1998 年
44. 邱处机主编《摩登岁月》，上海画报出版社，1999 年
45. 张遇、王娟主编《老上海写照》，安徽文艺出版社，1999 年
46. 邓康延著《老照片新观察》，广东人民出版社，1998 年
47. 仲富兰著《民俗与文化杂谈》，上海教育出版社，2000 年
48. 贾月珍、张文超编著《你该知道的中国建筑》，希望出版社，2009 年
49. 刘启贵主编《海派茶馆》，上海远东出版社，2001 年